JN082754

いつまでも、誰よりも大切な妹へ。

あなたがいてくれることに感謝をこめて。

親愛なる日本の読者のみなさんへ

あなたが本書を手に取ってくださったことを、とてもうれしく思います。この本は「ひとりでいること」がテーマです。あるドイツ人女性（私のことです）が体験したひとり旅のこと、ひとりでいることを学びながら自分なりの幸せを探求したこと、そしてその過程で直面したさまざまな課題がここには綴られています。

日本語版の刊行にあたって、こんな質問を受けました。「ドイツでは、〝ひとりでいること〟はどんなふうにとらえられているのですか？」と。

私たちは、それぞれの文化の影響を受けた小さな泡のなかで生きています。ドイツ社会では、ひとりで自由に生きることはおおむね受け入れられているといえるでしょう。それでもひとりでいると、偏見をもたれたり、社会の圧力にさらされたりして、肩身の狭い思いをすることがあります。

世界じゅういたるところで、女性は落ち着いた生活をして、子どもを持ち、既成概念に沿った役割を果たすのが望ましいと考えられています。ひとりでいたり、既成概念から外れた生き方をしたりすると、周囲から懐疑的な目を向けられます。日本でも、ドイツでも、ほかの国でもそれは同じです。

結局のところ、私たちはみんな、同じような問題や夢や不安を抱えているのかもしれません。同じような人生を送っているのかもしれません。いつの日か、住んでいる場所に関係なく、誰もが自分にとっていちばん心地いい生き方を選び、楽しめるようになってほしいと思っています。ひとりのときも、人に囲まれているときも。パートナーがいる人も、結婚生活を送っている人も。子どもがいる人も、そうでない人も。

ときおりでいいからひとりでいる時間を持てば、非常に大きな力になると私は信じています。ひとりでいると、自分自身への理解を深め、自分が求めているものは何かを知るための「スペース」が生じるからです。それによって、この世界を生きていくための自分なりの道を見つけることができるのです。

この本を楽しんでいただけることを心より願っています。

マリー・ルイーゼ・リッター

ハッピー・ロンリネス――群れないドイツ人　幸せのかたち　目次

本文中の〔　〕は訳注をあらわします。

ブックデザイン　小口翔平＋畑中茜＋後藤司（tobufune）
装画　宮田ナノ
翻訳協力　株式会社リベル
DTP　天龍社
編集協力　株式会社鷗来堂

はじめに

ひとりでいることの幸せについて

「このままいくと、死ぬときはひとりよ」母はことあるごとに私にそう言った。たとえば16歳のころ、なんだかしっくりこないボーイフレンドと別れたとき。反抗的な態度をとったとき。あるいは遠縁の伯父のダンスの相手をするのを嫌がったとき。「辛抱してみることも大事なんだから」というのが母の持論だった。

「死ぬときはひとり」という言葉には、どこか恐ろしげなニュアンスがある。道端に捨て置かれ、太陽の熱に焼かれながらゆっくりと死んでいくトカゲと同じ運命を告げられたみたいだ（こんなたとえを思いつくのは、私がいまニカラグアのカフェにいるせいだろう）。幼いときも、10代になってからも、「ひとりでいること」の恐怖のシナリオを突きつけられることは何度もあった。

「ひとりでいること」はいけないことなのか？

ひとりでいること、パートナーを見つけられないことは、世間では「できるかぎり避けるべき状態」だと考えられているようだ。頑固で意地っぱりな私は、そんなふうにしていたら誰からも求めてもらえないよと諭された。「もう少し、まわりにあわせたほうがいい」と。

「あなたに必要なものは全部、とっくにあなたのなかにある」

一昨年の夏、ざらざらした紙に重みのある万年筆を走らせて、私はそんなフレーズを書き込んだ。愛をテーマにした前著にサインをしていたのだけど、ほとんど無意識のうちにそんなふうに書いていた。7月の終わりで汗をかいていたので、きれいなページからできるだけ距離をとりながら手を動かした。全部で700冊サインしたなかで、書き損じたのは一度だけだった。書き込むフレーズは、いくつかのパターンのなかから順番に選んだ。「愛を信じて。でもそれ以上に自分自身をつねに信じて」というのもそのひとつだ。

本を開いてそのフレーズを見つけた誰かが、思わず頬をゆるませ、温かな気持ちのまま続きのページを読む様子を想像すると、思わず幸せな気持ちになった。なかには、自分が抱える問題を頭に思い浮かべて、「そうか。この問題の答えはもう私のなかにあるんだ」と気づいてくれた人もいるかもしれない。どのフレーズにも、こんなメッセージが込められていた。あなたはすべてを持っている。けっして自分を疑わないで。何もかも、いまのままでいいのだから。

私はとにかく、孤独、疑念、満たされない承認欲求といったものとは対極にあるポジティブさを引き出し、読者を勇気づけたかったのだ。あなたのなかにあなたがいるなら、ほかには誰も必要ない——私が伝えたかったのはそういうことだ。

ここニカラグアでは、暑さが雑多な思考を取り払ってしまうので、深い思索だけが、まだ閉じていないブラウザのタブみたいにむき出しになる。私の考え方は本当に正しいのだろうか？　必要なものはすべて、すでに私たちのなかにあるのだろうか？　もしそうだとしたら、それはこの社会や私たち自身にとって、それからつねに目の前にある「死ぬときはひとり」というシナリオに対して、どんな意味を持つのだろう？　必要なものがすでに自分のなかにあるのだとしたら、ひとりでいるのも悪いことではない、といえるのではないだろうか？

以前は、ひとりでいることについてきちんと考えたことはなかった。失恋のショックを引きずったり（その経験はけっして少なくない）、大学の課題に没頭したりして、何日も人に会わないことがあっても、自分がひとりだと実感することはなかった。ひとりで過ごすのは、私にとっては普通のことだった。

ただし、ここでいう「ひとりで過ごす」は、「ひとりで家にいる」ということだ。

四方を壁に囲まれた自宅で過ごすということだ。食事のデリバリーを頼んだり、城塞に住んでいるみたいにクッションや毛布を自分のまわりに高々と積み上げてみたり、お湯がすっかり冷えるまでバスタブで読書をしたり。自宅にいれば安心できた。一緒に出かけられる人が見つからなければ、家にいた。ひとりで映画館やレストランに行ってみようなんて考えたことはなかったし、ましてやひとりで旅に出るなんて、ありえないことだった。

私にとって旅行とは、友達やそのときのパートナーと思い出をつくったり、充実した時間を過ごしたりするための特別なものだった。ひとり旅をするという選択肢は、最初からなかったのだ。

旅で自分の殻に閉じこもってみる

ところがあるとき、友達がガンで亡くなった。あまりにとつぜんのことだったので、別れを告げることも、彼女とのあいだにあったわだかまりを解消することもできなかった。人生では、「それ以前」と「それ以後」を分けてしまうような決定的な出来事が数年おきに起きるものだが、私にとっては彼女の死がまさにそれにあたる。彼女が亡くなったのは1月のことだ。私は何をすればいいかわからなかったし、彼女を失った悲しみや、自分のなかにある罪悪感をどう処理すればいいかもわからなかった。ただ、その状況から抜け出したかった。どこか遠く、できれば海の近くに行きたいと思った。

生まれて初めて、遠い場所でひとりになって、自分の殻に閉じこもりたいと思った。初めてのひとり旅に出る前の心境は、いまでもはっきりと思い出せる。この本で最初に取り上げるのは、このときのひとり旅についての話だ。自分だけで何かを計画し、丸一週間、意識的にひとりになったのは、このときが初めてだった。4年以上前のことだが、この旅をきっかけに多くのことが変わった。

誰かとふたりですることは、じつは全部、ひとりでもできる。世界中を旅してまわったりすることも、贅沢な料理をつくったりすることも、レストランでいちばん高い料理を注文したりすることも。ひとりでしたところで何も問題はない。それなのに、ひとりでしてみると、なんだか妙な気分になる。

家に来客があるとき、私たちは新鮮な花をテーブルに飾り、部屋を念入りに片づけて、棚にしまってあるとっておきのコーヒーを出してもてなす。その後は一緒に、新しくできたレストランを試しにいく。どれも、誰かと一緒だからすることだ。ふたりなら、そうするだけの価値があるから。でもそれだと、私たちは自分以外の誰かのためだけに生きているということにならないだろうか？　とくに旅行の場合には、こんな疑問も浮かんでくる——旅先での体験は、誰かと分かち合ったほうが価値あるものになるのだろうか？　分かち合える誰かが隣にいないと、体験したことの価値は下がるのだろうか？

私たちはすぐに、こんな思考パターンに陥りがちだ。「まずは人生のパートナーを見つけて、そしたら、世界中を旅してまわって、すてきなアパートメントの最上階に引っ越して、思いきって古いオープンカーを買って、昼下がりにはそれに乗って一緒に湖へ出かけるの！」（実際は、すてきな人に出会ったと思っても、朝から晩まで仕事しかしないタイプだったりするから困ったものだ）。

人生は待合室ではない

でも、夢や趣味を分かち合える相手、ときにはあなたのために週末の予定を立ててくれる相手がいないと、あなたは夢そのものをあきらめてしまう。「まあいいわ、たいして重要なことでもないし」と。でも、そんなのは間違ってる！　あなたの夢は大切なものだ！　あなた自身の人生の時間も、その時間をどう過ごすのかも、とても大事だ。**人生は、一緒に何かをしてくれる人が現れるまでじっとしている〝待合室〟ではないのだ。**

それに、もし相手の気が変わって、せっかく立てた旅行の計画が台無しになったり、手に入れたコンサートのチケットが無駄になったりしたら、あなたは大いに落胆するだろう。

私たちは、自分の体験を「有意義な（ふたりの）時間にすること」と「パートナーがいない（ひとりの）時間にすること」に分けて考えすぎる。でも、そんな区分けはナンセンスだ。いますぐやめてしまおう。

「ひとり」といっても、自分の意思でひとりで過ごすことと、嫌々ひとりでいることには違いがある。また、単にひとりで引きこもることと、まわりから取り残されてひとりになることも違う。とはいえ、いずれにしてもこう思う——私たちは、自分に会いに来てくれる誰かのためだけに生きるのではなく、人付き合いだけを優先して生きるのでもなく、自分自身のために（あるいは、何よりもまず自分のために）生きるべきだと。人生を、自分のためにすばらしいものにするのだ。ひとりを楽しめるようになれば、人とのかかわり方もがらりと変わるはずだ。

それにそのほうが、しなやかな生き方ができる。ひとりの時間は「パートナーが現れるのをただ待つだけの時間」ではない。ポジティブにとらえて、もっと有効に使えるようになろう。

サン・フアン・デル・スル［ニカラグア南西部にある海辺のリゾート地］のカフェで、隣に座った同じホステルの宿泊客が、何を書いているのかと尋ねてきた。

「いま書いてるのは……ひとりの時間の楽しみ方についてなの」私は英語でそう答える。

顔を上げ、見慣れない笑顔に目を向ける。初めて話す人だ。

「ひとりだけど、本当の意味でひとりなわけじゃない」。いまのような状況を、前回の旅行中にそう名づけていた。

「その話、もっと聞かせてくれる？　キリのいいところまで書いてからでいいから。僕もひとりなんだ。バーで待ってるよ」

ひとりを楽しむ方法

「ひとりでいること」をテーマにした本書は、私の旅の記録でもある。私はいろいろな国を訪れ、いろいろな人と出会い、言葉を交わした。みな、顔見知りのコミュニティに留まっていたり、パートナーと旅をしていたら、けっして知り合えなかったであろう人たちだ。

そしてそのあいだに、いろいろなことについて考えをめぐらせた。孤独について、そしてそれに耐えることについて。自分をごく身近に感じることについて。わが家のような居心地のよさを感じられる場所について。でも、この本でいちばん伝えたいのは、「ひとり」という言葉を新たに定義しなおす必要があるということだ。そして「ひとり」と「孤独」を、明確に区別する必要があるということも。

私たちが、本当の意味でひとりになることはないのかもしれない。ひとりでいる時間は、「自分のため」の時間にすぎないのかもしれない。古い知人との再会も、新しい人との出会いも、じつはすぐ近くにあるのかもしれない。私たちが軽くほほ笑みかけたり、外国語で簡単な挨拶をしたりするだけで、誰かと結びつくかもしれないのだ。

「いま書いているのは〝ひとりでいること〟について。でもそれだけじゃなくて、このテーマに関連するすべてのことに触れたいと思ってる。人生を自分のためにすばらしいものにするにはどうすればいいか、とか」

しばらくしてバーの椅子にすわった私は、そんなふうに説明した。

もちろん、ひとりでいることにも苦労はある。自分自身に耐えられなくなったり、孤独を感じたり、混乱したり、間違った決断を下したりすることもある。そういう不快な体験は、「ひとり」を学ぶうえで避けては通れないものだ。それでも、ひとりでいることを身につけられれば、人生のさまざまな出来事はいまよりももっとすばらしく感じられるようになる。


私は、すべてを包み隠さず書くつもりだ。いったん入ったホステルから後ずさりしながら逃げ出したこと、当初の計画とは違ってひとりぼっちで空港にいたこと。どんなふうに新しい友達を見つけたのか、どうやってノーと言えるようになったのか、ひとり暮らしの何がいちばん気に入っているのか。心の健康、孤独感や、私の基本的信頼感［世界や自分を肯定的にとらえる感覚］についても書くつもりでいる。

おそらく、私が経験したことのすべてがあなたの人生にも当てはまるわけではないだろう。もしかしたら、あなたにはすでに決まった恋人がいて、その人との関係を維持しながら、もう少しだけひとりの時間を増やしたくてこの本を手に取ったのかもしれない。

あるいは、ひとりで旅をすることや、ひとりで一晩かけて地中海まで車を飛ばすことには興味がないけれど、自分の住む街で新しい可能性に目を向けたり、ひとりでコンサートに出かけたりできるようになりたいのかもしれない。

あなたの求めているものが何であれ、この本を読み終えたあとには、前よりも強くなったように感じられるかもしれない。そして、ときどきひとりで過ごすのはすばらしいことだと思うようになるかもしれない。

ひとりになることを選んだわけではないのに、事情があってひとりになってしまい、その状態を変えようがない、という場合もあるだろう。もしそうなら、なおさらひとりを楽しむ方法を学ぶべきだ。無駄にしてもいい時間なんて1秒もない。人生は待合室ではないのだから。

さあ、この本をバッグに入れて、最寄りのカフェに出かけよう。ベランダや公園でくつろぎながら読んでもらうのでもいい（いま、ビーチに寝そべっている人がいたら、それも正解だ！）。私と一緒に旅に出よう。あなたに読んでもらうことで、私の思い出は〝物語〟になる。まずは、4年前まで時間を戻そう。

1

別れと始まり

初めてのひとり旅を決めたわけ

何か月も前からずっと、ある考えが頭から離れなかった——航空券とレンタルアパートメントを手配して、本を持って、ひとりきりで1週間の休暇を過ごしてみようか。それまで、そんなことをした経験はなかった。正直、そんな考えが浮かんだことすらなかったのだ。

12月になって「年明けに旅行に行こうと思っている」という話をすると、友達はこう言った。

「えっ、私も行く！」

「うーん」と私はためらいがちに答えた。「悪いけど、ひとりで行きたいの」そう言ったとたん、友達の顔に浮かんだ興奮はすっかり消え去った。

「ひとりで……何をするつもり？　ひとりで行ったって……退屈でしょ。それに寂しいし。私ならそんなことしない。旅先であったことを、誰と共有すればいいのよ？」

彼女は明らかに不機嫌になっていた。いい質問だったが、それに対する答えを私は持っていなかった。ひとりで旅に出ようと思った理由は、ただの直感だ。しばらくひとりになる時間が必要な気がしたのだ。

シングルの旅

私はひとり旅についての情報を収集しようと、軽い気持ちで、「シングルでの旅」とグーグルの検索にかけてみた。それまで、ひとりで遠くの街に出かけたことなんてなかった。「シングル」という言葉は、「ひとり」という意味で使ったつもりだったのだが、検索結果を見て、自分の言葉選びが間違っていたことに気づいた――「パートナー募集中の人たちと出かける、お互いを知るための楽しい旅」。そんな情報を求めているわけではなかった。当時、私には恋人がいたので、出会いを求めてはいなかった。スピードデートが旅の目的でもなかった。「出会いのためにひとり旅に出るならどこがいいか」を協議している掲示板サイトはかなりあったし、恋人募集中の人たちと事前にコンタクトをとって、旅先のホテルやバーで落ち合う約束を取りつけている人もいるようだった。

刺激的だし、興味がわかなかったと言えば嘘になるが、旅先での予定をあらかじめ決めようとは思わなかった。少なくとも今回の旅では、誰にも邪魔をされずにひとりで静かに過ごしたかった。じっくり考え事がしたかったし、友達の死を悼みたかった。泣くことすらできていなかったのだ。とにかく、どこか遠くへ行きたかった。

無限にも感じられるほどたくさん開かれたタブからは、情報の洪水があふれてきた。私はすべてのタブを閉じた。大量の情報は、私を混乱させただけだった。ネット上の知らない誰かに助言を求めるのはもうやめにした。私はただ、読書をしたり、美術館を訪れたり、路地や通りを散策したりしながら快適に過ごしたいだけだ。それができるヨーロッパのどこかの街までの、安いフライトを予約したいだけなのだ。


私は行き先をポルトガルのポルトに決めた。街が大きすぎることもなく、飛行機で3時間半で行くことができ、海に面していて、そして何より航空券が驚くほど安かったからだ。さっそく、往復の航空券を予約した。火曜日に出発して、次の火曜日に戻る。本当にどこかに出かけた気分を味わうには、1週間程度は必要だという気がした。

旅行前の数日間、私は妙にそわそわしていた。お金を節約しようと、フライトは手荷物だけで予約していたのだが、この思いつきは、1月のヨーロッパでは（じつに意外なことに）とても名案とは言えないことがわかった。

結局、鮮やかな青の機内持ち込み用スーツケースには、重ね着に使えそうなありきたりの衣類ばかりが収まることになった。タイツ、数枚のワンピースとカーディガン、パンツが1本。スポーツウェアはあきらめた。スーツケースはやたらと小さい。外はこんなに寒いのに。それに丸一週間ずっと同じジーンズで歩きまわるなんて耐えられないかもしれない。

火曜日の朝、私はイライラで爆発しそうになりながら、荷物が多すぎてうまく閉まらない安物のスーツケースの上にすわって、ぐちゃぐちゃの寝室を見まわした。この状態のまま部屋を出ることになるのは、ほぼ確実だった。私は初めて自分に問いかけた。いったい何を考えて、こんな旅に出ようと思い立ったんだろう、と。

2

ポルトガルのポルトにひとり

どうしていいかわからず途方に暮れる

自宅のアパートメントのまわりでうなる風の音が、私の思考を妨げる。今日は、噛んだガムをゆっくりと伸ばすような速度で時間が流れる。まだ午前11時。私はかなり真剣に、旅行をやめるべきかどうかを考えていた。飛行機がポルトに向けて出発するのは、今夜7時半だ。それなのに、何ひとつ準備ができていない。頭のなかも旅行モードからはほど遠い。何かをひろい集めたり、ものの置き場所を変えたりしながら、部屋をぶらぶらと歩いてまわった。旅先で何をすればいいかもまったくわからず、過大な要求を突きつけられて頭が麻痺してしまったように気力がわいてこない。

いまの住まいは気に入っているし、暖かいし、この1週間、家にいるのも悪くないかも——そんなことを思いながらも、飛行機に間に合うように部屋を出たのはなぜか。白状すると、いちばんの理由は、友達に笑われたくなかったからだ。すでに何人もの人に、「来週、1週間の休暇をとってひとりで旅行するの」と得意げに話してしまった。だから、とりあえず空港までは行くことにした。どうするかを考えるのはそれからだ。でも、考えるのもひとりだ。私に連れはいないのだから。

いよいよひとり旅へ

それは1月の、ひどく寒い日だった。私はぼんやりしたまま荷造りを終え、夕方になると玄関の鍵を三重にかけて、アパートの出口までの階段を半分降りたところでもう一度部屋に引き返し、本当に鍵がかかっているかを確かめて（驚いたことに鍵はしっかりとかかっていた）、ついでにごみを出してから地下鉄の駅に向かった。

話をする相手はいない。わずらわしい自分の思考があるだけだ。興奮しているわけでも、期待に胸を膨らませているわけでもなかった。そういった感情は、誰かと高め合わなければわいてこないものなのかもしれない。そもそもこの旅は、楽しい気分で出かけるような休暇旅行ではないのだ。

一度電車を乗り換えて、20分後には空港に着いた。いつものように搭乗券のスキャンはスムーズにいかず、航空会社のカウンターでは「若い女性が手荷物だけなんて！」と驚かれた。私はちっぽけなスーツケースを片手に、小さなリュックサックを背負い、その女性にほほ笑みかけた。彼女に「よい1日を」と別れの挨拶をしているところも、ここまでは堂に入《い》ったふるまいができているところも、見ている人は誰もいない。でも、少なくともまだ引き返してはいない。それだけでじゅうぶんだ。

空港のゲートの前で、ひとりですわってフライトを待った経験はほとんどなかった。ひとりだったのは、仕事の用事で1日だけミュンヘンやチューリヒに行ったときだけだ。今回のように、仕事もせずに、ただここにすわっているのは初めてだった。手元には、空港の書店で買ったばかりの小説が2冊だけ。私はまったくのひとりぼっちで、陽光降りそそぐ南へ向かう飛行機が出発するのを待っていた。

ところが、天気予報アプリをチェックしてみると、そのイメージすら間違っていたことに気づいた。ポルトは7日間ずっと雨の予報で、気温は12度しかない。1月だから仕方ないのかもしれない。

でも、それにしたって、12度しかないとは。おまけに雨だなんて。行き先はポルトガルだ。ポルトガルはいつも晴天だと思っていた。事前に天気を調べなかったわけではないが、楽天主義の私は、奇跡のような天気に恵まれることを期待していたのだ。

うんざりした気分になり、家に帰ってしまおうか、と3分ほど真剣に考えた。そう考えたのは、おそらくこれで17回目。すでに搭乗は始まっている。現地で誰かと会う約束もないのだから、旅行を投げ出したって誰にも気づかれはしないはずだ。

でも、すぐにばかばかしくなった。いま考えていることは、不満を言ってばかりの強情な子どもと同じではないか。私はひとり旅をしてみたいと思った。必要な予約をすべてすませ、お金も払った。家にいたところで、どうせ鬱々《うつうつ》とただベッドに横たわり、大好きなドラマ『グレイズ・アナトミー　恋の解剖学』を見るだけだろう。「ひとりで旅に出る」という私の冒険のことを、すでに知人には伝えている。それなのに、ここで逃げ出すのは、ひどくばかげたことに思えた。この旅が気に入らなければ、ポルトでベッドに横になり、『グレイズ・アナトミー』を見たっていいのだ。

それに、どこかで太陽が顔をのぞかせることもあるかもしれないし（楽天主義がまたここでも顔を出した）。気温が12度しかなかったとしても、ハンブルクにいたら気温がマイナス7度まで下がることもあるかもしれない。寒ければ、コーヒーを飲んで温まろう。そう考えると、心はようやく穏やかになった。

ポルトに到着

あらゆることに現実味がなかった。飛行機に乗っていることにも、いまひとりで旅行しようとしていることにも、ポルトに着陸しようとしていることにも。頭にずっと綿が詰まっているような感覚がある。外からの圧力がずっしりとのしかかっているようで、頭がぼうっとしてうまく働かず、思考がまとまらない。ただ自分自身と、自分の周囲にあるものだけを感じ取っていた。熱くほてった肌と重たいまぶた。航空機が立てる規則正しい飛行音。うしろの乗客の苦しそうな息づかい。靴にべったりと貼りついている、鉛のように重い私の足。

予約した部屋は、ネットに書かれていたよりも小さかった。だまされたような気分で、すっかり冷えきったピザの箱を持ったまま、夜の11時半にシングルベッドに倒れ込んだ。ギシギシという音が部屋に響く。天井は低く、暗い穴倉みたいだ。暗澹《あんたん》たる気持ちで目を閉じる。こんなところで、私はいったい何をしているんだろう？

ひとりで迎えるポルトガルでの最初の朝。ついさっき、カフェで朝食をとったときに言葉をかわした女性のホールスタッフ以外、今日はまだ誰とも口をきいていない。英語で「タピオカパンケーキをください。それからアーモンドミルクのラテマキアートも」それだけだ。

言葉がジェットコースターみたいに口のなかをぐるぐると暴れまわって、いまにも飛び出しそうになる。私は独り言をつぶやく寸前だった。誰かに向けて話をするためだけに、友達のディアナに6分間のボイスメッセージを送った。窓から見える裏庭の眺めのことや、ポルトの街の美しさや、人々や、装飾タイルのことについて、楽しげに話をした。言葉を吐き出すと、ようやくすっきりした気分になった。

話そうと思えば、カフェ〈ゼニス〉で隣にいた女性と会話をすることもできた。私たちはどちらも、窓に面したひとり用のテーブルにすわっていた。私は本を読んでいて、その女性は慌ただしくメニューのページをめくっていた。

彼女は訛りがあることがはっきりとわかる英語で注文をすませると（訛りをばかにしている

わけではない。私だって英語を話そうとすると、とてもドイツ人らしい発音になる。でもだからといって話すのをやめようとは思わない。つねに堂々と言いたいことを口に出そう）、ｉＰａｄを開き、「メールボックス」とドイツ語で書かれたアイコンをタップして、やはりドイツ語で「おはよう……」と打ちはじめた。彼女が私の母国語を話すことは明らかだった。

私は彼女にほほ笑みかけた。でも何も話さなかった。そのとき持っていたのは英語で書かれたソフィー・キンセラ『レベッカのお買いもの日記』シリーズなどで知られるイギリスの小説家」の小説だったので、私がドイツ人だとばれることもなかった。まるでスパイにでもなったような感じがした。

ひとりの食事

ひとりで朝食をとるのは簡単だ。コーヒーを飲んで、太陽の光を楽しみながら、本を読む――１日のうち、朝がいちばんひとりで過ごしやすい。カフェで仕事や書きものをしていても、少しも目立たない。でも、夜はどうすればいいのだろう？

夕食のときも、パスタを食べ、ワインを飲みながら本を読めばいいのだろうか？　でも、たいていのレストランは読書をするには暗すぎる。まわりにいる人たちをじっと見ていればいいのだろうか？　女性のホールスタッフと会話をする？　ほかの食事客のテーブルに押しかけて、知り合いかのようにふるまい、「この人誰だっけ？」と困惑している彼らの様子を眺める？　おもしろそうだとは思ったが、その思いつきを実行するのはやめておいた。

結局、夕食は〈ドス・サボーリス〉というレストランのビュッフェでテイクアウトすることにした。どこかにすわって食事をする気になれなかったのだ。１週間の始まりがうまくいかなかったとき、ハンブルクでも同じことをしている。そんな日は、デリバリーを頼んで、カウチでブリトーみたいに首まで毛布にくるまっている。でも、ポルトガル語でデリバリーを頼むことはできなかったので、ブーツを履いて部屋を出た。レストランは空っぽだった。６時半という時間は、ポルトガルでは食事をするには早すぎるらしい。スペイン同様、ポルトガルの１日のリズムは、私の生活リズムとはまったく異なるようだった。

地元の人たちは、きっと私がベッドに入るころにレストランに出かけるのだろう。店に入ると、女性のホールスタッフはうれしそうな顔をしたが、食事を持ち帰りたいと告げると、彼女の表情は少し曇った。私はレンタルアパートメントに帰り、ラザニアを持ってふたたびベッドに潜りこみ、満ち足りた気持ちでノートパソコンを開いた。

ところが、ショックな出来事が起こった。『グレイズ・アナトミー』は、ポルトガルでは見られないのだ。いろいろなＶＰＮサービスをダウンロードした。ＶＰＮは自分のＩＰアドレスと居場所を隠せるプログラムで、これを使えば、現在地をドイツだと偽ることができるはずだった。それなのに、何も起こらない。大のテクノロジー音痴の私には、大好きなドラマシリーズを再生することはできなかった。そうとわかったとたん、シーズン７がどんな展開から始まるのか、どうしても知りたくなってきた。デレクはどうなるの？

イジーは戻ってくるの？　知りたいことはたくさんあるのに、答えは見られない。

突然のホームシック

不意にホームシックに襲われた。出発前にパートナーに預けてきた犬が恋しかったし、自分のベッドも、雑然としたキッチンも、日が射すと汚れているのがはっきりとわかる窓も、意地の悪い犬を飼っている、隣人のインド人女性までもが恋しくなった（さまざまな学問を修めて、博士号もいくつも持っているという輝かしい経歴の彼女に、いまいくつなのかと無邪気に尋ねて以来、無視されているが。グーグルで検索すると、彼女は42歳だった）。

雨は絶え間なく窓をたたいている（思わず「ここはハンブルクだったっけ？」と言いたくなる）。私の指は、どうしてもフライト予約サイトに向かってしまい、帰りの飛行機を探しはじめる。まるで禁酒中のアルコール依存症患者にでもなったような気分で、何度も繰り返しこうつぶやいた――や、り、遂、げ、な、い、と。や、り、遂、げ、な、い、と。いまはここに留まるのだ。適当なフライトは（幸いにも？）なかった。かろうじて見つかったのは、乗り換えが2回必要なうえ、250ユーロもする便だけだ。私はそこまで切羽詰まってはいない。なんとかして、やり遂げないと。

2日目の朝、ついに勇気を出して部屋の貸主に電話をし、いまの薄暗い部屋からもっと広い屋根裏部屋に変えてもらった。それだけで、気分はだいぶ上向きになった。最初の部屋ではどうしてもくつろげなかったが、のびのびと息ができるようになった。それにここなら、天窓から差し込む光を楽しむこともできる。旅行に限った話ではないが、快適な環境に身を置くと、何もかもが変化する。

前の部屋から見えたのは、1メートルしか離れていない建物の壁と、ほとんど日の射さない路地だけだったが、いまはこの美しい街に広がる屋根を見下ろすことができるし、雲に覆われた空の下にそびえる教会の塔や、隣接する建物の屋上テラスも眺められる。ポルトの印象も、まったく異なるものに感じられた。いままでの自分に欠けていた、先を見通す目が手に入ったような感覚すらある。この目があれば、これまでとまったく違った視点からものごとを理解できる気がした。

新しい部屋には、小さな部屋がふたつと大きな屋上テラスがあり、キッチンユニットも、前のようにベッドから手が届く距離にあるのではなく、広々として快適なカウチの横にある。ひとりで使うには少し贅沢な部屋かもしれないし、追加の出費も痛かったが、この幸福感を思えば、それだけのお金を使う価値はあった。どこに滞在するかはとても重要なのだ。とくに丸一週間、どこかでたったひとりで過ごすようなときには。これは、今回の旅で得た最初の教訓だった。

騒音や、感じの悪い隣人や、薄い壁や部屋の寒さのことで一緒に憤慨してくれる人はいない。それに自分に勇気がないからといって、「貸主に電話してくれない?」と頼める人がいるわけでもない。快適な環境のおかげで、心はようやく落ち着いた。自分で自分を落ち着かせるには、私はあまりにも不安定すぎたのだ。

軽い足どりで旧市街を歩き、誰かに話したくなると友人たちにボイスメッセージを送った。それでも1日の大半は、まだ何をしていいのかわからなかった。することならたくさんあった。街をもっと見てまわりたかったし、本の執筆もしたかったし、Eメールの受信箱にはやるべき仕事が溜まっていた。この街のカフェをいろいろと試してまわってもいいし、本も2冊持ってきている。でもほとんどの時間、私が感じていたのは退屈だった。いい加減、そんな自分に嫌気がさして、ここでの時間を有意義に使おうと決意した。この旅で何をするかを、あらためてきっちりと計画するのだ。

ひとりでどこに行く?

1日は美術館を見て、1日は海辺に行こう。古い街並みの残るフローレス通りも見たいし、川を渡ったところにある対岸の街、ヴィラ・ノヴァ・デ・ガイアにも行ってみたい。週末には、バーやクラブにも行きたくなるかもしれない。私のレンタルアパートメントはにぎやかな通りにあるから、店の選択肢はたくさんある。ショッピングができる通りも遠くないし、有名な図書館も、大学生が集うカフェやヴィーガンカフェなど、すてきな店がそろっていて、何もかもが近くにある。屋上のテラスの上を、数羽のカモメが輪を描きながら飛んでいた。すると、ここに来て初めて、厚い雲の隙間から太陽が顔をのぞかせた。

あたりの屋根と家並みが暖かな色で照らし出される。ポルトで心地のよい時間を過ごすのは、本当はそう難しいことではないのだ。この2日間の不機嫌さと、私はこのときようやく決別することができた（ひとりでどこかに旅に出るのがあなたにとって普通のことだとしたら、あなたの私に対するいら立ちは、遅くともこの時点で最高潮に達しているに違いない。私もこのとき、自分に対して心の底からいら立っていた。本当に）。

ひとりで過ごすのは、残り4日。「この挑戦、受けて立ってやる」モチベーションを鼓舞するように、2時間前から頭のなかでそう繰り返していた。いまの部屋は気に入っているし、朝のコーヒーを楽しめるバルコニーもある。今日は天気もいい。それに今日という日はまだ終わっていない。私はブーツの紐を結んで、レンタルアパートメントを出た。


翌朝、鼻先をくすぐる朝の光で目覚め、部屋のなかを見まわした。不意に、自分の存在を身近に感じた。まるで瞑想のまっただなかにいるみたいにだ。この街のリズムに、私自身がなじんだみたいに。自分は、まさに正しいときに正しい場所にいるのだと思えた。感傷的になり、もう一度目を閉じる。

あとで気づくいまがいちばんよいとき

私はよくこんなことを考える——**満たされた時間というのは、そのただなかにいるときには気づかない**。たいていはあとになってから気づくものなのだ、と。「考えてみれば、あれはとてもいい休暇だった」とか、「あのときのアパートメントは、間違いなくこれまでいちばん住み心地がよかった」とか、「大学時代は人生最高のときだった」とか。でもそのときは、「いちばんよいとき」がいまなのだとは気づかない。

大学時代にスウェーデンに留学していたころ、ひどく居心地が悪く、自分を理解してくれる人は誰もいないように感じていた。世界の間違った場所にいるような気がして、真っ暗で、マイナス17度の寒さのなかで、深い孤独を感じていた。でも、いまは思う。あのときの時間こそが、いまの私をつくったのだと。あの暗さと孤独を体験したことには、大きな意味があったのだと。時間が経たなければそうした認識を得られないというのは、考えてみればおかしな話だ。

その状況にいるときにそのことに気づけたなら、私たちはいまよりもずっと人生を満喫できるのに。だからこそ今日から、ポルトでの1週間をこうとらえようと心に決めた——いまは、心を慰めるときなのだと。そのためにどうしても必要な休息の時間なのだと。あとで振り返ったとき、あのときの私はなんて自由だったのだろうと思えるような時間にしようと決意した。

7時半になると、さらに上にあるもうひとつの屋上テラスにのぼった。寒いなか、太陽が昇る様子を眺めていると、自分でもまったく気づかないうちに、喜びの涙が頬を伝っていた。マフラーをもっときつく巻きつけたり、かぶっていたパーカーのフードをもっと前に引っぱったりしているうちに、私の顔はどんどん涙で濡れていった。気温は4度しかないのに足元はソックスだけで、顔はびしょ濡れ、髪はぼさぼさだった。

空の色は濃紺から紫へ、そして燃えるような赤に変わり、その後オレンジ色の範囲がだんだんと広がっていって、最後にはすっかり明るくなった。まるでさっきまでの空の色の変化など、なかったことのように。

ドウロ川のほとりで

数時間後、私は街を流れるドウロ川のほとりにすわり、目を閉じていた。頭上で聞こえるカモメの声。流れる川の音。川岸にいる私のまわりには、人があふれていた。誰もがあたりのカフェにすわって、気温は13度しかなくても上着を脱ぎ、日光を楽しんでいる。エンジン音をたてながら進んでいく船や、船に押しのけられた水がふたつに分かれ、波になって、船が去った数秒後にまた穏やかになっていく様子を眺めた。水面はきらきら光って、まぶしいくらいだった。

腰を下ろし、ただ呼吸をし、陽があたっている顔の部分を自分の頭のなかでなぞってみる。私はそばかすができやすい。きっとこれから顔のあちこちにそばかすが出現するだろう。それも1月に。こんなにすてきなことがあるだろうか？

その日の夜は、ここに来て初めて、7時を過ぎてもまだ外にいた。いままでは、遅い朝食をとり、昼はおやつ程度ですませて、早めの夕食をとって、遅くとも6時半には部屋に戻っていたし、寄り道をしたとしても、せいぜいスーパーに行って、水やトマトやコーンワッフルを買う程度だった。それで、1日はおしまいだった。

でも、今日は思いきって夜に出かけることにした。もう一度、川のほとりまで歩いて〈カフェ・ド・カイス〉のテラス席に腰を下ろした。にぎわうレストランで人をかき分けてひとりでテーブルにつくよりも、外にすわるほうがハードルは低いように思えたのだ。なかに入るくらいなら、外の寒さを我慢したほうがましだった。

ただし、外ではメニューにあるものを自由に注文できるわけではなく、食べられるのは軽食だけということだった。私は若い男性ホールスタッフの襟元をつかんで自分のほうに引き寄せ、押し殺した声でこう言いたくなるのをぐっとこらえた。「ちょっと、お兄さん。私はひとりで旅行してるの。それだけでも大変なんだから、何をどこで食べるかくらい好きにさせてよ」。でもそう言う代わりに、声を低めて英語で「軽食で大丈夫です」とだけ答え、簡易版のメニューを受けとった。

フライドポテトとビールを注文し、本を読み、ときどき読むのを中断しては、ポルトの街にかかる橋がライトアップされている光景を眺めた。体はすっかり冷えきってしまい、指がふるえた。ポンチョをきつく体に巻きつけ、ガーリックソースにポテトを浸した。それでも、店のなかには入らなかった。

「すごい！　私にもそんな勇気があったらいいのに！」少ししてから、感覚の麻痺した指で届いたメッセージを見ていると、そんな言葉が目に入った。けれども私はいま、気温7度のなか、こんなところにすわっているのだ。それも、ポテトの油で指をギトギトにしながら。思わず、盛大に吹き出してしまった。ここは綺麗な街だ。それは間違いない。それにいままでは、ここにいることを楽しんでもいる。でも、自分に勇気があるとは少しも思えなかった。

トラムの旅

翌日の昼。古い木製のトラム［路面電車］はがたがたと音をたて、きしみながらふたたびゆっくりと動きはじめた。ドウロ川が窓の外を通りすぎていく。ポルトは大西洋から川沿いに少し内陸に入ったところにあって、海に出るには20分もかからない。人でいっぱいになったトラムは、停まり、また走り出し、ときには川のすぐ隣を通って、ときには手を伸ばせば触れられそうなほどに家々が近いところを走った。下車することを知らせるために、私の隣にいた年輩の女性が紐を引いた。紐は車内に張りわたされていて、その先はベルにつながっている。私は赤い座席に終点まですわりつづけた。

トラムの終点「フォス」の大西洋岸には、大きな岩がいくつもあった。ここにサーファーはいない。砂の上を歩き、何度か波をよけ、突きでた石の上にすわって何ページか本を読んだ。そのあと、1月で人っ子ひとりいないレストランに入って腰を下ろした。パスタとポートワインを注文したが、ワインは口に合わなかったので、少ししてからビールを頼んで、そのあとでおかわりも注文した。

波が砕けてはまた引いていき、岩を覆ってはまたあらわにする、一連のサイクルを眺めた。カモメの声と波の音。聞こえるのはそれだけだった。そこにすわって考えをめぐらせながら、ぼんやりと波を見た。静寂を乱す人の声はない。私の思考に深い平穏が訪れた。私はただ、自分の思いに浸った。亡くなった友達のことを考え、短すぎた彼女との時間のことを考え、もし彼女に何か言葉をかけることができたらなんと言うだろう、と考えた。暗くなってからようやく、帰り支度を始めた。


ひとりでここに来たのは正解だった。ぐちゃぐちゃになった頭のなかを、少し距離を置いて整理することができた。数日間何もせず、ただそこにいるだけの時間も持てた。人の死を悼むのに、正しい方法など存在しない。**はっきりしているのは、その人は去り、自分はこの世に残されたということ、そして自分はこの先も、ひとりで生きつづけなければならないということだ。**私は帰りのトラムのなかで膝の上に手帳を開き、ずっと自分の考えを書きとめていた。

ポルト最後の日

丸一日ポルトで過ごすのは、今日が最後だった。でもある意味、ついさっきここに着いたようなものかもしれない。不意に、時間を無駄にしたような気になった。まだ使っていないドウロ川クルーズのチケットがあったし、ヴィラ・ノヴァ・デ・ガイアでぶどうの木々のあいだを散歩してもみたかった。ここで本を2冊読み終え、雰囲気のいいカフェもたくさん見つけ、心の充電をすることも、考えをめぐらせることも、ここ数年の感情的なストレスから解放されることもできた。それ以外、たいしたことはしていない。ほとんどの時間を、私は屋上で日光浴をして過ごしていた。

ここにあるような屋上のテラスには、すばらしい利点がある。はっきりした視野が手に入るのだ。狭い路地や、道の両側から威嚇するように空に向かって伸びている家並みや、逃げ道をふさぐように四方八方から聞こえてくる会話や、ありとあらゆるネガティブなものからくる圧迫感で気分が沈まなかったのは、このテラスのおかげだ。

飛行機で雲の上を飛んでいるときにしか感じられないような解放感で、ここにいると、問題も、心配ごとも、携帯の受信状態のことも、遠い世界の出来事のように思えた。何もかもが遠く離れていた。ここに存在するのは太陽と私だけだった。頭上には空があり、足元には街の屋根が広がっていた。

私は最後の1日を、ほかの日よりも深く吸収しようと決意して、スマホの電源を切った。外の世界との連絡を断ち、写真に「いいね」を付けたり、ボイスメッセージを聞いたりして、他人の人生にかかわるのはやめにした。いまここにある、自分の人生だけに集中するのだ。カメラは充電してあるし、この1日を写真に残す準備はできている。

私はフローレス通りに朝食をとりに行き、その足で、プライベートの撮影ツアーの案内をしてくれる地元のガイドを予約した。彼と一緒に橋を渡り、軍の記念碑まで歩き、また元の場所へ戻ってくると、いくつもの路地を抜け、川のほとりに下りて、近くの展望台に行った。立ち並ぶカフェの横を通りすぎたときには、ガイドのアンドレは、どうしてもコーヒーをおごると言いはった。

旅先では人に合わせようとしてしまう

彼と過ごしたその3時間は、私にとって、この1週間でいちばん話をした時間だった。おもしろいことに、**旅先では、人はつねに目の前にいる相手に合わせようとするのだと気づいた**。片言の英語を話す彼にも理解できるよう、私も同じように、切れ切れに、単語だけで話をした。

ツアーは楽しかった。私たちは声をあげて笑い、カメラや観光客について長々と語った。

私はアンドレを気に入った。3時間で彼が請求した金額は、たったの20ユーロだった。彼はいつもプライベートのツアーしか受けないのだと言った。ひどく不相応な料金に思えたので、最後にチップとして、ツアー代とは別に30ユーロを手渡した。夜には、歩数は2万歩を超えていた。背中が痛く、首はマッサージが必要なほど凝っていた。それでも、私は幸せな気持ちで熱いシャワーを浴びた。

「旅先であったことを、誰と共有すればいいのよ？」友達からの問いかけが、また頭のなかによみがえる。その答えはいまならわかる。自分のなかだけに留まる思い出には、とてつもない力があるのだ。ポルトガルで過ごした時間は、永遠に私だけのものだ。人は孤独を感じながらも、幸福でいることはできるのだろうか？

シャワーのお湯が降りかかってきたとき、自分でもほとんど気づかないうちに、目から涙が流れていた。

3

好んでひとり？

自分自身をもっとよく知るには

ポルトガルから戻ると、私はひとり旅について書かれた本を何冊も注文した。それらの著者の多くは中年の女性で、パートナーはおらず、社会的に成功していて、仕事を辞めたあとや離婚したあとに（あるいはその両方を経験したあとに）ひとりで世界を旅してまわっていた。どの本も、だいたい60ページ読んだあたりで部屋の隅に放り投げ（ずいぶん芝居がかったことをしたものだ）、次に自宅のアパートメントの1階まで下りるときに、玄関ホールにある「ご自由にお持ちください」と書かれた共有棚に持っていった。

どの本も、ただただ自信に満ちあふれていた。どれも私を畏縮《いしゅく》させただけだった。私は自分のことを考えた。レストランのテラス席で寒さにふるえていたこと。日が暮れる前にはレンタルアパートメントに戻っていたこと。そうした自分の経験を、ひとり旅がごく普通のことでもあるかのような本の描写と重ねあわせることができなかったのだ。共感できなかった。

意気地なしの本音

本自体が悪いわけではない。いまさらながら白状すると、そういった本を通して映し出される自分の不安定さが問題だったのだ。ほかの女性たちのひとり旅が、私の旅といかに違ったものであるかを突きつけられた。そこに描かれていた作者たちの感情も体験も、自分とは無縁のものだった。もしかしたら彼女たちが妬ましかったのかもしれない。ひとり旅に夢中になっている知り合いは大勢いるが、ひとりで旅をすることは、私にとってはまったくたやすいものではなかった。街のリズムに自分を合わせなくてはならなかったし、乗りこえるのに苦労したこともたくさんあった。

私は正直に書かれている本が読みたかった。ときには何もかも嫌になる瞬間があったことや、トラムの冷たい窓ガラスに顔を寄せると涙が流れてきたこと。街をくまなく見てまわって最大限に楽しむ代わりに、何時間もただふらふらさまよい、あとで考えても自分がどこにいたのかわからなかったこと。そして、ホテルの部屋に引きこもっていたことなどについて書かれている本が。私はただの意気地なしなのかもしれない。

でもそれなら、自分を全能の教祖みたいに語る人たちの本ではなく、ほかの意気地なしたちの本を読みたいと思った。私は腰を下ろして、この本の書き出しを打ちはじめた。頭のなかにあることをすべて書くつもりだった。

そのころ、私は遠距離恋愛中だった。週末は彼と一緒に過ごせるように、平日は長めに仕事をしていた。ひとりで出かけるのはいつも居心地が悪かったので、ひとりで何かをしようと考えたことは一度もなかった。たとえば、レストランのテーブルはたいていふたりがけだ。ひとりでレストランの席につくことなんて許されないことのように思っていた。ひとりでいたら、ほかの客全員がこちらを見て、私のことをあれこれと邪推するに違いないと思い込んでいた。

それに、おしゃれなレストランにひとりでいても、どうしていいかわからない。ついでに気持ちよく本を読んだりできる屋外や水辺のほうが、ひとりでいる場所には適しているように思えた。世界を「ひとりで快適に過ごせる場所」と「ひとりでは快適に過ごせない場所」に区別していたのだ。では、こうした居心地の悪さはどこからくるのだろう？　ひとりでいることが、普通ではない状況というのもあるのだろうか？　ひとりでいることが、これほど奇妙に感じられるのはなぜなのだろう？　パートナーや連れを求める私たちの願望は、どこからくるのだろう？

私は母の言葉（死ぬときはひとりよ）を思い出し、それから友達からの質問（ひとりで何をするつもり？）について考えた。**女性は子どものころから、ひとりでいることは不完全な状態だと教えられる。いまの時代、必ずしもそうとはいえないのに、そのような思想は遺伝的な遺産として深く根づいている。すでに私たちの心に刻み込まれてしまっているのだ。**脳のなかにしっかりと踏みならされた小道があって、何かものを考えるときにはどうしてもそこを通ってしまう。なぜならそこにすでに道ができているからだ。

「私たちは『ひとり』という言葉を、『孤独』や『望まないのにひとり』というイメージと――たとえば社会から締め出された人や、人から好かれない人や、友達やパートナーを見つけられない人というような――結びつけてしまいがちです。きわめて外交的なこの社会では、人とのつながりの多さは人気とステータスの象徴と見なされます。

それは、中世のころからそうでした。ひとりでいるのは、隠者として隠遁生活を送ることを望んだ聖人や、精神的な病を抱える人たちだけでした。現代人は、人とのつながりの多さが人気や成功の物差しとして機能する接続過多《オーバーコネクテッド》な社会に生きているのです」と心理学者のウルズラ・ヴァーグナーは述べている。(注1)

さらにこの社会には、カップルを過大に評価する一方で、独身者を同情の目で見る傾向がある。たとえば、私の両親がアパートメントを手に入れられたのは、結婚をして子どもができたからだ。あるいは、アパートメントが欲しかったから、両親は結婚をして子どもをつくったのかもしれない。人間は本当に、どんなふうに生きるかを自由な意思で選択できているのだろうか？　世の中には、自由に生き方を選べるとはとても思えないような空気が漂っているというのに。

ドイツのジャーナリスト、ジルヴィア・フォルマンは著書の『A Single Woman（独身女性）』（未邦訳）で、家族の祝いごとにパートナーと一緒に顔を出しさえすれば、失業したことやヘロイン依存症であることを打ち明けたとしても、誰からも文句は出ないかもしれない、と書いている。(注2) これを読んだとき、私は思わず大笑いしてしまった。

ひとりでいることは避けるべきこと?

ひとりでいることは「極力回避すべき、同情に値する孤独な状態」というイメージは、独身の男性よりもむしろ女性につきまとう。「どうしてまだひとりなの?」パーティーなどの社交の場では、あたりまえの質問であるかのように、そんなふうに尋ねられる。そしてこの質問には必ず、「パートナーは欲しくないの?」や「お願いだから、いい加減ひとりでいるのはやめにして。でないとあなたとどう付き合っていいかわからない」といったニュアンスが含まれている。どこか見下したような同情のこもったまなざしと、自分がひとりでないことへの安堵のため息と、会場のどこかで酔っぱらっている自分の配偶者をちらりと見る目も合わせて。

パートナーは身を守るための盾であり、なかにはとりあえず誰でもいいからパートナーを欲しがる人もいる。重要なのは、人々の餌食にならないこと。ひとりでいる女性というのは、森の空き地でスポットライトに照らされて、いまにも狼たちの餌にならんとしているおびえた鹿のようなものなのだ。女性で、ひとり。「助けて!」――私たちは、そうした女性をどうやって救えばいいのだろう?

女性たちの闘い

家父長制の社会では、女性は昔から男性に従属する「弱い」性と見なされてきた。フェミニズム運動の先駆者であるフランスの劇作家、オランプ・ド・グージュ（1748～1793）は、フランス革命のさなかの1791年、革命で掲げられた自由と平等の原理を引き合いに出して、男性と同等の権利と義務を女性にも与えるべきだと主張し、その結果、処刑台に送られた。彼女は父権社会に異議を唱えた最初の女性で、その後多くの女性がそのあとにつづいた。

オランダの作家、コニー・パルメンの著書『De zonde van de vrouw（女性の罪）』（未邦訳）は、マリリン・モンローと、フランスの作家であるマルグリット・デュラス、アメリカの作家であるジェイン・ボウルズとパトリシア・ハイスミスの生きざまについて綴った本だ。

彼女たちは社会の慣習から逃れ、「慎みと自分たちの性別と、社会における支配的なモラルという3つの壁」（注3）を突き破り、望む生き方は許されないが、打ち壊すこともできない男性優位社会から逃げ出した。そして社会的に破滅して、姿を消した。社会には、守るべき規範が存在するのだ。それはつまり、こういうことでもある——集団から逸脱するのは、社会のルールが理解できなかった者たちだ。だから遠ざけられても仕方がない。

ドイツにおける女性が自己決定権を得るまでの道のりもまた、長いものだった（いまでも完全にゴールにたどり着いたとは言えないが)。女性がようやく選挙権を勝ち取ったのは1918年のことで、夫の許可なしに女性たちが家の外で働けるようになったのは1977年以降だ。夫婦間の合意のないセックスがレイプだと見なされるようになったのは、なんと1997年7月(!)で、それ以前は、セックスは夫婦間の、それもほとんどの場合は女性の義務だと考えられていた。

こうしたことを調べているうちに、私たちよりも前の時代を生き、私たちのために道をならしてくれたすべての女性たちに心から感謝の念が湧いてきた。

たとえば、インターセクショナル・フェミニズム[人種や社会階層などによる差別を分けて考えるのではなく、さまざまな要素が交差して生まれる差別を複合的にとらえて問題を理解しようとするフェミニズム理論]の提唱者であるアメリカの弁護士、キンバリー・クレンショーや、すべての人間に平等な権利を与えることを求めて闘いつづけたアメリカの活動家、マーシャ・P・ジョンソンのような人たちだ。(注4)

昔は、何もかもがいまよりよかったわけではない。女性たちは自活することができず、女性がひとりで暮らし、生きるには難しい世の中だった。今日《こんにち》のような暮らしはおよそ不可能だったのだ。

結婚は女性にとって生きる手段のひとつであり、愛する人と結婚する場合もあっただろうが、ほとんどの場合は自分を養える相手と結婚した。女性自身には決定権がないことも多かった。結婚とは〝そういうもの〟だったのだ。男は生活費を稼ぎ、女はテーブルに食事を用意するもの（古い固定観念！）だと思われていた。しかし現代の女性は、男女の賃金格差はまだあるにしても（注5）（2022年のドイツの賃金格差は18パーセントだそうだ！）、経済的に自立できるし、食卓の用意ができなければ、通りの先のデリバリーに食事を運んでもらえばいい。

ありがたいことに、現代の私たちは、料理の腕や（私個人は料理がからきし駄目だが、キッチンはピカピカだ）妻や母としての能力以外の才能を社会で発揮することもできる。しかしそれでもなお、家父長モデルはいまだに私たちのＤＮＡに深く刻み込まれている。そのことは、祖父母を見ればよくわかる。祖父母の世代の人たちは、結婚しないことと生存の不安が同義だった時代を生きていた。結婚は祖父母たちにとって、生活し、跡継ぎを確保するための手段だった。現代人が持つ自由は、彼らの知らない自由であり、求めても手に入れることができなかったものなのだ。

ひとりでいることが、最初は居心地悪く感じられるのはそのためなのだ。別の生き方をするには、まずは自分たちに刻み込まれた古い価値観から自由にならなくてはならない。その居心地の悪さは——もしいまとは違う生き方を望むのなら——解き放たれるべき窮屈な繭であり、脱ぎすてるべき古い皮膚なのだ。**私たちはひとりひとり異なっている。同様に、ひとりひとりの人生設計も違っていていいはずなのだ。**

変わる婚姻関係

今日《こんにち》の未婚者数が増えたのは、(注6) 結婚に対する社会的な締めつけが消滅したことと、ある年齢に達したら誰かと婚姻関係やパートナーシップを結ぶことがあたりまえであるかのような、伝統的な価値観が弱まったことが原因だろう。「女性が経済的に自立し、それによって精神も自立できて初めて、女性の解放は実現するだろう」とドイツのフェミニストであるヘートヴィヒ・ドームは、すでに100年以上前に書いている。(注7)

自分ではっきりと意識していたかどうかはわからないが、私はかなり若いころから働いていた。10代のころの夏休みにはアルバイトをしていたし、高校卒業試験［ドイツの進学校であるギムナジウムには卒業試験があり、その成績によって入学できる大学が決まる］の前の1、2年は、農場でイチゴとアスパラガスを売って、18歳になるとそのお金で初めて車を買った。私が求めていたのはつねにただひとつ――自立することだった。私にとって、自立は自由を意味していた。

そして幸いなことに今日《こんにち》では、私たちはかつてとは異なる理由からパートナーシップを結ぶようになった。「愛情から」「お互いを豊かにできるから」「良質なパートナーシップによって満足感を得たいから」「パートナーとともに成長したいから」――パートナーを求める理由としては、こうしたことが重要な位置を占めるようになった。(注8)

社会的な生きものである人間が、人とのつながりを求めるのは当然のことだ。私は愛することが好きだし、そもそも人間の体と脳は、結び付きのホルモンであるオキシトシンが放出される状況に自分を誘い込もうとする。誰かのそばにいること、誰かに触れられることには中毒性がある。

しかし、だからこそ、ひとりでもいられるようになることには大きな意味がある。**絶えず人に愛されることへの依存を断ち切るべきなのだ——自分で自分に愛を贈ることもできるのだから。ひとりでいることが、私たちにとってまさに正しい場所である場合もあるのだから。**

それに、人はつねに誰かと一緒にいると、その関係がどんなに良質のものであろうと、その人の能力を完全に発揮できないのではないだろうか。誰かが横にいると、自分の力を伸ばしたり、夢を実現させたり、自分が持つ願望や欲求について分析したりすることは難しいのではないか。

あるいは、自分で自分をそういったチャンスから遠ざけてしまう場合もあるかもしれない。なぜなら、人付き合いには妥協がつきものだからだ。**無意識のうちに妥協して、自分にとって大事な何かより、人付き合いのほうを優先してしまうこともある。**

夢の実現を遠ざける関係

親しい友達に、まさにそういう人がいた。彼女は何年も前から自分のアパレルブランドを立ち上げることを夢見ていたのに、毎晩いろいろな人とデートしていた。彼女の人生はもっぱら男性を中心に回っていて、自分の目標のための時間をつくらずに、何時間も男性たちとチャットをしていた。

あるとき、彼女は頭を振って、こんなふうに言った。「来年になったら動き出すかも。とにかくいまは時間がなくて」。彼女の注意が男性のほうに逸れていたのは、男性たちのせいではない。本人の優先順位のつけ方が間違っていただけだ。あとになって、彼女はようやくそのことを自覚した。間違ったパートナーや仲間は、意図せずとも、自分の未来にとって重要なことや、前進したり、幸せになったりするために必要な行動を妨げてしまう。

パートナーがいるのは心地がいい。とりあえず誰でもいいから相手を求めてしまうこともある。私たちにとって、誰かに求められたり愛されたりすることは、呼吸するのに必要な空気みたいなものだ。でもパートナーがいると、フルタイムで働くのと同じくらいの時間や労力を、その人との関係に割かなければならないときもある。

友達のメリーナは、パートナーとの関係を終わらせると、自分のアパートメントを買うという夢を即座に実行に移した。それまで彼女は、ヨーロッパに住みつづけるつもりのなかったパートナーの人生設計にしたがって、自分の夢をあとまわしにしていた。ひとりになってようやく、自分にとってはどこでどんな暮らしをするのが幸せなのかを考えられるようになったのだ。そしてその暮らしをあっさりと実現した。その際、パートナーのエゴに気を遣う必要はもちろんなかった。
「もうペニスは十分。時間も労力もかかりすぎるもの」その数か月後、彼女はそう言った。「女の人が相手だと、あんなに時間や労力を取られることは絶対ないのに。まあ、同じことはその気になれば女にだってできるわけだけど」確かに。私も気をつけることにしよう。

現代女性の多くの選択肢

一夫一婦制、異性愛、そしてすぐに結婚して子どもや家を持つこと以外にも、人間の生き方には多様な選択肢がある。現代の女性は、どう生きるか、そしてどんなふうに愛するかを、かつての女性たちよりもずっと多くの選択肢から選ぶことができる。自分にはどんな人生設計が適しているかを、じっくりと考えられるのだ。私たちは自由に生き方を選択できる最初の世代と言ってもいいだろう。目の前にある多様な生き方のなかから、好きなものを選べるのだから。

それどころか私たちは、ひとりで生き、ひとりでときを過ごし、ひとりで旅に出ることを、自ら選ぶこともできる。ひとりでも、価値あるすばらしい人生をつくり上げることができるのだ。よい人生を送るには、それほど多くのものは必要ないのかもしれない。世間で言われるような完璧な人生の伴侶などいなくても、よい人生を送れる可能性はあるのだ。

もしかしたら、自分ひとりで十分なのかもしれない。ときには、ひとりでいることに対する偏見と闘わなければならなかったとしても。まわりから奇異の目で見られることや安全面に対する不安から、あるいはただ単に退屈するのが怖くて、ひとりで遠出したり外出したりすることを、ときには躊躇《ちゅうちょ》することがあったとしても。

私がこの本を通して伝えたいのは、ひとりでいることを学び、ひとりの状態をポジティブにとらえられるようになろうということだ。ただし、意識的にひとりでいたり、頑なにひとりでいたりする人生だけを勧めようとしているのではない。この本で語る私の物語には、決まったパートナーはほぼ登場しない。でもそれは、意図的ではない。結果的にそうなっただけだ。

ひとりの時間を確保するのは、長年のパートナーがいたとしてもやはりとても大事なことだ。パートナーがいながらも、望めばいつでもひとりの時間を楽しめるというのは、とてもすてきなことではないだろうか。これは私にとって大事なことなので、もう一度繰り返しておく――ひとりでいる時間をすばらしいものにしよう。

この呼びかけは、けっしてパートナー関係を否定するものではない。すでに触れたが、私は愛することが好きだ。私が言いたいのは、「パートナーのいる人生だけじゃなく、それ以外の生き方も、同じくらいすてきなんじゃない？」ということだ。**そしてひとりを楽しめるようになれば、いままで経験することのできなかった何かが、あなたを待っているかもしれない。**

この4年のあいだに何度もひとり旅をしたが、ポルトでの1週間は、最も印象的な旅のひとつとしていまでも心に残っている。私はすぐに思い出を美化したり、起きた出来事をポジティブにつくり変えたりしてしまうので、ポルトの旅によいイメージが残っているのも、そのせいかもしれない。マイナス面よりも、どちらかといえばプラス面のほうをつねに覚えているタイプの人間なのだ。

極端な例を挙げると、私の心をズタズタに引き裂き、踏みにじった元彼たちのことも、とつぜん「考えてみればいい人たちだった」と思えることがあるし、極限まで追い込まれてへとへとになったマラソンのトレーニングも、「実際、それほどきつくはなかった」と思えることだってある。同様にポルトへの旅も、思い出すたびに記憶のなかでどんどんすばらしいものになり、さまざまな経験をしながらも、ゆったりと楽しめた気楽な旅、という印象に変化している。

人生最良の1週間

実際に、この旅の2か月後には、その経験を「人生最良の1週間」として私は周囲の人に話していた（おめでたすぎる……）。ピザやラザニアを食べながらひとりで孤独を感じた夜のことは、記憶の外に追いやってしまったのだ。人間の認知バイアスには、自分にとって重要な情報だけを選び出して認識する「選択的知覚」のほかに、自分の興味や価値観と一致する情報だけを記憶する「選択的記憶」というのがあるそうだ。気に入った情報だけを記憶に残すというのも、ある意味、理にかなっているのかもしれない。おそらく脳の自己防衛機能のようなものなのだろう。

ポルトへの旅が強く印象に残っているのは、それが初めてのひとり旅だったことも影響している可能性がある。ひとり旅を始めるきっかけになった旅だったし、私自身を知る旅も、あの旅をきっかけに始まったのかもしれないのだから。

いずれにせよ、ひとりで過ごしたあの時間は、私のなかに深く刻み込まれている。**ひとりで過ごす時間には、つねに特別な力があると思う。そのあいだにあったことを体験するのは自分ひとりだけだからなのかもしれない。すぐに誰かの批評にさらされることもなく、その体験は自分の頭のなかだけに留まることになる。**

ひょっとしたら、ただ体験するだけでなく、その場で消化しはじめているのかもしれない。ひとりのときに考えたことはすべて、外に放出されることがないために、どんどん私たちの奥深くに入り込んでいくのかもしれない。旅の思い出は、内側から私を輝かせてくれた。勇気を出してひとりで旅に出たことを、誇りに思った。

次にひとり旅をするならどこに行こうかと、私は長いあいだ考えていた。そしてその機会は、思いがけない理由からすぐに訪れた。

4

「意図しなかったひとり旅」スコットランド・エジンバラ

孤独に耐えることを学ぶ

4月にエジンバラへ行く計画を立てたのは、クリスマスのころだった。恋人とふたりで行くはずの旅で、何もかもすでに手配済みだった。それなのにとつぜん、私たちの関係は終わってしまった。彼からメッセージが届いたのは、出発前夜のことだった。行くことができなくなったという。プロジェクトが遅れているせいで仕事がとても忙しく、休暇を取れなくなった、と。

その数日前、遠距離恋愛をしていた彼から「少し離れたほうがいいと思う」というメッセージを受け取っていた。「僕らの関係は先が見えない」私はこみ上げてくる涙をこらえた。それでも、すでに手配済みのこの旅行がまだ残っていることに望みをつないでいた。予約していたのは、エジンバラまでの往復のフライト、ふたりで泊まるレンタルアパートメントの部屋、そしてバスティルというバンドのライブのチケットが2枚。

この旅は、ふたりの関係を立てなおす最後のチャンスだと思っていたのだ。それなのに、彼は来ない。本人に強い思いさえあれば、人はどうにかして都合をつけるものだと思う。私はそのメッセージに「わかった」とだけ返した。感傷的になって、自分の思いをすべてぶつけてしまう前に（そんなことをしたってどうにもならない）、携帯を脇に置いた。この旅行は、ただの旅行ではなかった。彼の誕生日を祝うための旅行だったのだ。

けれど彼は、この旅行のために都合をつける気も、時間を取る気もないらしい。私抜きで誕生日を過ごしたいのだ。そんな予感はあった。でも、予感は当たらないような気もしていた。最後まで、彼が出発直前にゲートに現れるのを期待していた。そこで場面がスローモーションに切りかわり、仲直りをして、スコットランドで夢のような3日間を過ごす光景を頭に思い描いていた（どうやら私は自分の人生を映画だと勘違いしてしまうときがあるらしい……）。しかし、その空想が現実になることはなかった。どうやら、これから2度目のひとり旅が始まろうとしているらしかった。

彼は別れたがっている

彼が私との関係を終わらせたがっていることは、じつのところ、もっと前から彼の言葉や態度で気づいていた。でもそれを信じようとしなかった。すでに答えが出ていることをわざわざ人に問いかける——私はよくこういうことをしてしまう。容赦ない言葉を面と向かってたたきつけられるまで、目の前にある現実から目を背けてしまうのだ。短剣でぐさりと刺されるような言葉を投げかけられないかぎりは、相手の言動を心から信じることができないのかもしれない。

でも本当は、相手がどんなふうにふるまっているかを、関係を維持するためにどれだけの労力を割いているかを観察すればすぐにわかる。そのときに、自分が感じたことを信じればいいだけだ。とっくに答えが目の前にあるなら、わざわざそれを相手に問う必要はないのだ。


旅行に行かないというはっきりしたメッセージを彼から受け取ったのは、出発前夜の22時だった。フライトは朝の6時に出発する。そのメッセージが届いてから、私は割増料金を払って飛行機の座席を変更した。23Cから4Fへ。その列には埋まっている席がまだひとつもなかった。13ユーロ余分に支払い、前のほうの、隣が空席の座席に変更した。雲の上で大声をあげて泣きはじめてしまったときに、隣席の人に好奇の目で見られたりしたらたまらない気がしたのだ。

3時39分に目覚ましが鳴ったとき、このままベッドに横になっていようかと、真剣に考えた。一睡もしていなかった。このままハンブルクにいたら、誰かに気づかれるだろうか？　こんなに短い期間の小旅行に、本当に行く価値はあるのだろうか？　ポルトへの出発前と同じような感覚を覚えた。

誤解しないでほしいのだが、旅行そのものは大好きだ。旅行に行ける金銭的な余裕があることにも心から感謝しているし、普通なら、旅の機会をこんなにあっさりと放り出すことはありえない。でもあの朝、あの瞬間、まだ暗いなかでまもなく空港に向かわなくてはならないというのに、心の痛み以外、何も感じることができなかった。

恋をして捨てられた経験のある人にならわかってもらえると思うが、まるで麻痺したように、頭のなかがぼんやりしていた。自分は望まれていないという事実を目の前に突きつけられたショック。それでもいつかは通りの先に車が停まるのではないかと期待して、何時間も窓の外を見つめつづけるような切ない気持ち――私なら、こんな別れの告げ方はしない。

どうしてあなたはこんなに一方的に別れを告げることができるの？　――けれど、そんなふうに思うのは、大間違いだというのもわかっていた。あの人は私ではないのだから。自分とはまったく別の人間なのだから。その朝は、何もかもがつらくてたまらなかった。

横たわったまま天井を見つめ、ポルトのときと同じように、これからどうすべきかを考えた。家にいれば、まわりの人からは「エジンバラに行くんじゃなかった？」と訊かれるだろうが、そうしたプレッシャーから結論を出すつもりはなかった。私はときどき、まわりの意見の影響を受けすぎてしまうことがある。しかしいまは、自分ひとりが納得できる答えを出せればそれでよかった。旅行をやめてここに留まったとしても、何ひとつ困ることはない。だから、今回のエジンバラ行きを知っている人がひとりもいなかったとしたらどうするだろう、と考えた。

ひとりで出発

周囲からのプレッシャーは考慮に入れず、自分ひとりのために結論を出すのだ。私の出した答えは、出発する、だった。たとえ彼がいなくても。エジンバラをこの目で見るために。ライブのために。それにスコットランドにはずっと行ってみたいと思っていた。誰と行くかはたいした問題ではないのだ。そう考えると、自分の決断に確信が持てた。少しのあいだ心の痛みには気づかないふりをして、疲れた体を引きずり、熱いシャワーを浴びに行った。

ここ数日のハンブルクは気温の振り幅が大きく、14度から23度のあいだを行き来していた。温度調節のための重ね着、たとえば、Tシャツの上にはおるデニムジャケットが必要な、典型的な4月の不安定な天気だった。私は服を着て、おぼつかない足どりで家を出た。暗く寒いなかを歩いていると、自分のなかの何かがこわばっていく感覚があった。機械的に足を交互に動かした。頭のスイッチが入ることは結局一度もなかったが、30分後、どうにか正しいゲートの前にたどり着くことができた。

チェックインのときには、親切でやけに仕事熱心な青い制服姿の係の女性に、手にしていた機内持ち込み用のスーツケースをもぎ取られた。私はほとんどそれに気づかず、お礼を言うこともできなかった。すわる列の座席は全部空いているのだから、機内持ち込み用のスーツケースをわざわざ預ける必要など、本当はなかったのだが。この失恋の苦しみと恋人に捨てられた痛みも、チェックインのついでにさっさと剥ぎ取ってくれたらいいのに。どこか遠く離れた場所に運んでくれたらいいのに。できない？　わかった。残念だけどあきらめよう。小さな飛行機に乗り込んだ。何もかもが、もうどうでもよくなっていた。

1時間半のフライトのあいだ何度も、うとうとした。最初は窓にもたれていたが、頭がガクリと前に垂れたり、ガクンとうしろにのけぞったりするたびに驚いて身をすくませた。13ユーロ投資して空いている列に席を変更したのは、やはり大正解だった。エジンバラは深い霧に沈んでいた。ようやく滑走路が見えてきたのは、座席を元の位置に戻すほんの数秒前のことだった。パイロットは、どうやってこんな芸当をやってのけるのだろう？

彼に激しい怒りを感じた。私をここでひとりにさせたことに。もうずっと前からはっきりしていた別れに、そして私たち自身に、猛烈に腹が立った。住んでいる場所が遠すぎただけでなく、いつのまにか互いが考えることまで遠く離れるようになっていた。ヘッドフォンからは、フローラ・キャッシュの「You're somebody else」、フェンネ・リリーの「What's Good」、ボン・イヴェールの「Perth」が流れている。私は、悲しげな音楽で自分をもっと悲しい気持ちにさせて、そのなかにどっぷりと浸りまくるという偉大な才能を持っている。

エジンバラに到着

着陸後にふたたび携帯の電源を入れると、「よい旅を願う」という彼からの新しいメッセージがいくつか届いていた。みるみるうちに涙がこみあげてきて、私はほとんど何も見ることができなくなった。初めての、ひとりではないひとり旅。なぜならひとりでいることを、自ら選んだわけではないからだ。意図していなかったひとり旅だった。おまけに、失恋の痛みという荷物まで抱えている。私はふらふらと飛行機から降りて、線に沿って空港の敷地を歩き、出入国審査を過ぎて、手からもぎ取られたスーツケースを待った。

ターンテーブルの前で、フォロワーの女性にとつぜん話しかけられ、あわてて涙をぬぐった。彼女は当然泣きはらした私の目に気づいたはずだが、気遣ってくれたのか、それについては触れなかった。少しのあいだ冗談めかした会話をかわし、その場の流れでバスティルの2枚目のライブチケットを彼女にプレゼントした。それから私たちは、一緒に街へ向かうトラムに乗った。

霧は街じゅうを覆っていた。中心部までは、トラムで40分の距離だった。そこでマーシャというその女性に別れを告げ、荷物を置くために、予約してあるレンタルアパートメントに向かった。気温は5度しかなく、霧雨が降っている。髪は広がり、コートは濡れ、スーツケースの取っ手を握る指はかじかんでいた。いつものことだが、間抜けな私は、4月半ばのエジンバラでマフラーや手袋が必要だとは思っていなかったのだ。あるいは、北極探検隊並みの防寒着が必要になるとはもっと思っていなかった。しかし寒さにふるえながらも、この街に心から感銘を受けていた。

霧は家々の隙間にまで深く入り込んでいて、おまけにどの家も、ひとつの例外もなくすばらしく美しく、古く、街じゅうがまるで映画のセットみたいだった（私の人生がついに映画の一部になった！）。J・K・ローリングがここでハリー・ポッターのキャラクターを思いついた光景を、鮮明に思い浮かべることができた。死にそうな寒さに凍えながらも、この街に魅了されていた。

カフェをはしごする

何枚も重ね着しているのに肌までしみ込んでくるこの湿った寒さは、とても言葉では表せない。それでも気持ちが落ち着いてくると、悲しいながらも、いま自分がスコットランドにいることに幸せを感じた。たったの3日だが、ここでの時間は自分だけのものだ。ひとり旅では、まったく何もしなくても、あるいは、何時間もせかせかと動きまわって街の隅々まで探索し〝時間を最大限に活用〟することに幸せを感じなくても、誰からも文句を言われない。ここで何をしようと、それを知る人はいないのだ。空港に着陸してからの数時間、私はカフェを2軒はしごして、ここで感じたことをノートパソコンに打ち込みながら過ごした。

カフェの前ではチェックのスカートを穿いたスコットランド人がバグパイプを吹いていた。いくつものハリー・ポッター・ツアーのグループが、通りすぎていった。霧はいまなお古い壁と壁のあいだに粘り強く漂っている。13時ごろになると、ノートパソコンのバッテリーが切れそうになったのでアダプターを買いに行った（アダプターを持ってくるのを忘れていた）。そのあと、暖かいバスのなかから街を見ようとふと思いつき、エジンバラの市内観光バスに飛び乗った。雨はどしゃ降りになっていたが、気にもならない。太陽が出ているときはこの街がどんなふうに見えるのか、想像もつかなかった。

まわりの人は皆、私にはほとんどわからない、きついスコットランド訛りで話していた。ここでもたいていの人たちはふたり連れだ。そんななか、私はひとりで、ノートパソコンを開いてすわっていた。マーシャと別れて以来、ほとんど誰とも口をきいていない自分の状況が、なんだか奇妙に思えた。でも考えてみれば、家で仕事をしている火曜日は、1日を通して誰とも話さないことだってある。そう思うと、いまの状況は、ついさっきまでよりもずっと普通のことのように感じられた。

ひとりでいることには、心細さもあった。旅行中のすべての厄介ごとに、自分だけがまともにさらされているような気がした。自分の面倒は、すべて自分で見なくてはならない。計画を立ててくれたり、何かを提案してくれたりする人はいないのだ。イニシアチブをとってくれる人も、おいしいランチが食べられるレストランを探してくれる人もいない。ただその反面、異国の地で、これほどしっかりと自分自身に責任を持つというのは、ある意味爽快でもあった。自分が何をしたいのか、じっくりと考えた。わずらわしくはあったが、気分は悪くなかった。それでも、歴代最高の恋人だった彼のことが恋しかった。

期せずしてひとり旅をしていると、自分が求めるときにいつでも誰かがそばにいてくれるわけではないことが、妙に実感できた。自分が誰かと一緒にいたいからといって、その相手も必ず自分といたいと思ってくれるわけではないのだ。どんなにつらくても、相手のノーという答えや拒絶を受け入れるしかない。ずっと降りつづく雨は、いまの私の気分に合っていた。もしいま、誰かが隣にいたら、何が違っていただろう？　何度もそう考えた。しかし誰かと一緒だったら、それはもうまったく別の旅となっているはずだ。「もし誰かがいたら」という空想の呪縛から逃れるには、まずはそのことに気づかなくてはならない。

西欧社会の呪縛

西欧社会には「あなたが私を完全にしてくれる」という言いまわしがある。そのせいで、私たちは人生の伴侶を探すべきだと思い込まされている。陰陽のマークみたいに互いにぴったりとくっつき、自分の欠点や弱点はすべて相手がカバーし、お互いを完璧に補い合いながら、永遠に幸せに暮らせる相手がいるものだと信じ込んでいる。でも私はいま、ひとりでいることに満足している。これから先もひとりで十分だと思うのは間違いなのだろうか？　恋愛とよい人生には、どのくらい関連性があるのだろう？　パートナーや仲間がいれば、よい人生になるのだろうか？

ロマンチックな恋愛への憧れは、ティーンエイジャーのころに見たラブコメだけによって形成されたわけではない。その期待は、最近になって初めて、目もくらむほどの高みへと押しあげられたわけではないのだ。フランスの哲学者、ジャン＝フランソワ・リオタールは、自身が提唱したテーゼ「大きな物語の終焉」でこんなふうに述べている――政治と哲学が信頼されていた時代（物語）が終わり、社会の個人主義化が進んだいま、最後に残された唯一の偉大な〝物語〟は、ロマンチックな恋愛である。(注9)唯一残った物語である恋愛には、私たちの幻想が凝縮して投影される。人生をともにする相手がいかに真実で、偉大で、すばらしいものか、説得力をもって語られる。それがいないというだけで、自分が体験することの価値が無になるなど本来はありえない。それでも、社会の一員として生きながら、同時に社会の呪縛から自由になるのは容易なことではない。しかしその一方で、私の場合、仕事で成果をあげたり、行きづまりを打破したりすることでキャリアが前進するのは、たいていはパートナーがいない時期だ。ただそれがわかっていても、私は人を愛することが好きなので、また恋をしては、自分を見失ってしまうのだが。

自分にぴったり合う人というのは、確かにいる。私は、比較的最近付き合っていた彼氏に「あなたといると、まるでひとりでいるみたい」と言ったことがある。それは最高のほめ言葉で、彼といるときはありのままの自分でいられたのだ。しかし、たとえ何もかもがぴったりの完璧なパートナーがいたとしても、それで私が完全になることはない。**自分を完全な存在にできるのは、自分自身だけだ。私たちは独立した個々の人間であって、自分以外の誰かを通して初めて何者かになるのではなく、すでに完全な存在なのだ。**完全になるために、エジンバラのような見知らぬ街を、ふたりで歩く必要はないのである。

私たちは、自分の人生には別の誰かが必要だと思い込んでいる。でもまずは、自分にこう問いかけてみてはどうだろう。パートナーがいれば、本当にあらゆることがいまよりもよくなるのだろうか？　カップルを見ると、ときどきこんなふうに自問する――こういうパートナー関係を、私は本当に望んでいるのだろうか？　正直な目で冷静に観察すると、ほとんどの場合、答えはノーだ。

なぜ自分に合わない人を選んでしまうのか？

これまでの人生で知り合った女性はたくさんいるが、出会った当時の彼女たちは漏れなく、パートナーがすでにいるか、パートナーを募集中のどちらかだった。自覚はなかったが、私もほとんどの場合そうだったかもしれない。クラブに行けば、すぐにいい感じの人はいないかと店内に目を走らせていた（いや、正直に言おう。チェックしていたのは自分好みのイケメンがいるかどうかだ)。

つい最近知ったのだが、スペイン語には、まさにこのとおりの行動を表す言葉があるのだそうだ[注10](Putivueltaというらしい)。バーやクラブなどで、店内を歩きまわりながら好みの相手を探す様子を指す言葉で、あまりにも自分と重なるので、私は早速この単語を自分のボキャブラリーに追加した。

ただなぜか、自分とぴったりなパートナーを探しているつもりでも、いつも自分にはまるで合わない相手ばかりを選んでいた(それをテーマに1冊本を書いたほどだ。その本には『Vom Nichts suchen und Alles finden〈何も探さずに、すべてを見つけることについて〉』という美しいタイトルがついている)。そうして付き合った彼らは、クラブで〝Putivuelta〟をしていたときに見つけたわけではないのだけど。

私はなんの迷いもなく、付き合う男性たちのことを人生のパートナーと呼び、その出会いをいつも心待ちにし、彼らが私を完全にしてくれるという高揚感を期待していた。しかしその関係はたいして続かず、ある人からまたある人へと、次々と恋人を変えていた。とりあえず何か感じるものがあればそれでよかったし、何よりもつねに誰かに求められていたかった。自分を求めてくれる人なら、相手は誰でもよかった。

ようするに、恋愛に依存していたのだ。「恋愛依存という概念には、じつにさまざまなものが含まれます。誰かに寄りかかりたいという願望もそうですし、感情的あるいは経済的に必要以上に相手に自分をゆだねてしまうのも依存の一種です。根底にあるのは、その誰かがいなければ生きていけないという感情です。恋愛依存に陥ると、相手からの愛情やサポートを切実なまでに求めたり、見捨てられる不安を感じたりといった症状が表れます」と精神分析医のウド・ラオホフライシュは述べている。(注11)

昔の自分を振り返り、厳しい目で見つめなおしてみると、男性からの注目を集めることや、アペロールスプリッツ［アペロールというリキュールをベースにつくるカクテル］を飲むことや、ポテトチップスの袋を開けることも、私はまったく自分をコントロールできていなかったと思う。ただ退屈だというだけで男性にメッセージを送り、なんらかの告白（私のことが恋しいなど）を引き出そうとすることもあれば、誰かの気を引いておきながら、すぐにその人への関心を失うこともあった。私はただ、とにかく相手の優位に立ちたかったのだ。

狩猟欲求と承認欲求

こうした欲求の根底にあったのは、相手に勝ちたいという狩猟欲求である。自分に無関心な人がひどく魅力的に見えるのも、やはり狩猟欲求をかき立てられるからだ。つねに相手に勝ちたいという欲求は、どうやらカードゲームをするときだけに留まらないらしい。

一方で、私の友達には、恋人との関係が順調すぎると、退屈になり、決まって関係を壊しにかかる人もいる。いずれの場合も、求めているのは同じものだ——誰かの注意を引くこと、そして承認欲求を満たすことである。**私たちは、自分が愛すべき人間だと誰かに認めさせたいのだ。相手の目のなかに自分への思いを読みとって、それを実感したいのだ。——君はすてきだ、君のおかげで僕の人生は豊かになる、と。**

承認欲求があるのは、人間として普通のことだ。そこに疑問の余地はない。それは全員に共通することだ。そしてその事実に気がつけば、次のステップも明確に見えてくる。自身の性格の不健全な、あるいは有害な（この表現は好きではないが、この場合に限ってはぴったりくる）特徴を見きわめるのだ。

そうした特徴は、どんな人にもある。幼少期やその後の経験を通して形成された特徴を取り除くのはたやすいことではないが、承認欲求を高めたり、パートナーとの関係に依存しすぎたりしないためにも、過去の体験を掘り起こし、自分にこう問いかけてみよう——ひとりでいることが、心地よく感じられない理由はなんだろう？

そしてその答えが出たら、今度は自分の現状をチェックしてみるといい。私は本当にこの人といたいのだろうか？　それともこの人と一緒にいるのは、ただ退屈しているからだろうか？　ひとりでいたくないから？　誰かの気を引いたり、誰かに好かれたりしたいだけ？　どんな人にも、何度も繰り返してしまう失敗のパターンというのは必ずある。そのメカニズムを突きとめ、自分の頭のなかでそのパターンを明確に描き出してみよう。そうすれば、すべてが変わる。少なくとも、私の場合はそうだった。

もちろん、人に好かれるのは心地がいい。それが嫌だという人はいないだろう。でも、相手に受け入れてもらえなかったとしても、なんの問題もない。私たち自身も、出会う人全員に好感を抱くわけではない。互いの印象に、正しいも間違いもない。うまくいかなかったとしても、それはただ、鍋とふたのサイズが合わなかっただけのことなのだ。

友人関係に置き換えて考えてみるとよくわかる。新しく知り合った人としっくりこなくても、それを自分のせいだと思うことはまずないだろう。誰とでもすぐに打ち解けられるわけではないという事実が、明確になるだけだ。人間関係を築くには、お互いをもっとよく知る必要があったり、時間がかかったりする場合もある。それなのに、未来のパートナー候補と知り合うときに限って、まるで何かの試合のように、なぜ最初の段階で相手の注目を勝ち取ろうとするのだろう？

あいまいな喪失

これからはこんなふうに考えるようにしよう――すべての人に好かれる必要はない。私は私が好きだし、親しい友達の何人かも、おそらく自分を好いてくれている。それで十分だ。それ以外はボーナスのようなもので、誰かに好かれればうれしいが、どうしても好かれる必要はない、と。

それに、誰かを愛することや、誰かに夢中になることや、自分のそばにいてくれることを無理強いすることはできない（これは経験上、本当だ）。好きな人に望まれないのはつらいことだ。不本意な別れを経験し、その結果生じる失恋の痛みというのは、そのつらさを乗りこえ、普段の生活に戻るための、ある種の悲嘆のプロセスなのだ。そのあいだに何を感じるか、自分でコントロールすることはできない。なかには鏡に映る自分に向かって、こう言い聞かせる人もいるかもしれない。

「しっかりしなさい。泣くのはやめて。誰かが死んだわけじゃないんだから」

ある意味では、誰かが死んだようなものなのかもしれない。自分のそばに、恋人はもういないのだから。だから、失恋をしたときには、どんな気持ちになってもかまわない。悲しみや怒りを感じても、不安定になっても、自分のことをわかってくれる人は誰もいないと感じても。好きな人に捨てられるというのは、コントロールを失うことと等しい。足下の床が取り払われてしまうような感覚だ。そこには、また新たに自分で色付けしなおすべき空虚さしか残らない。

心理学には、こうした空虚さを表す「あいまいな喪失」という言葉がある。不確実性が伴う喪失や、はっきりした形のないものを失う喪失に対して用いられる言葉で、たとえば子どもが行方不明になった場合や、誰かが昏睡状態に陥った場合がそれに当たる。喪失したことは確かでも、まだ望みを捨てられず、何かを失ったことを完全には受け入れられなかったり、消化できなかったりする状態を指す。

広義には、さまざまな種類の別れや人生における大きな変化など、何かを失ったときに感じるあらゆるタイプの悲嘆のプロセスもそこに含まれる。恋人との別れもそのひとつだ。

いずれの場合においても、悲しむ対象を明確に認識できないため、悲しいという感情が適切かどうかもわからない。

悲しみは理解のプロセス

スコットランドの旅で痛いほど感じた彼との別れは、私にとってはそうしたあいまいな喪失の一種だった。ただの別れではなく、彼とともに過ごすはずだった人生の見通しや希望までもが失われてしまったのだ。悲嘆のプロセスは、当然のことながら、失ったものを取り戻すことは二度とできないと認識した瞬間からスタートする。

「悲しみは、自分を守るための体の健全な反応です。静かにときを過ごしながら傷を癒し、自分はどんな人間だったのか、いまの自分はどんな人間なのか、これからどんな人間になりたいのかを理解するためのプロセスなのです」と心的外傷学の専門家、ドクター・ハイケ・ゲーベルは述べている。(注12) スコットランドの旅は、恋人を失った結果としてのひとり旅だった。ひとりでいることを受け入れるのは、自分のなかにある悲しみにしっかりと向き合うことを意味していた。彼とともに過ごした人生の一時期が終わったことを悲しみ、彼との未来を断ち切るために。

次のふさわしい人が自分の人生に現れるまで前のパートナーをきちんと手放そうとしない女性たちを、私はたくさん知っている。はたして本当に、私たちにはつねに決まった相手が必要なのだろうか？　絶えず周囲の人から影響を受けつづけている私たちだが、もしそうした人たちがいなかったとしたら、自分はどんな人間になっていたのだろうか？　私たちはある人に対するイメージを、その人自身だけでなく、その人のパートナーとの関係性も含めてつくり上げる。

パートナーという言葉は、私たちに、完全ででき上がった何かを連想させる。パートナーがいないと、とくに女性の場合は、パートナーのいる人よりもどこかつかみどころのない存在になるし、独身者に対する偏見の目にもさらされる――独身男性は自立しているが、独身女性はみじめに思われがちだ。独身男性は自分が求めるものを理解していると見られるが、独身女性は選り好みが激しいと見られてしまう。

また女性は、すぐにパニックを起こすとよく思われるが、どこかの誰かがこんなことを言っていた。「女はなんでも大げさに騒ぎ立てるって言う人は、歴史の本を読むといい」これは、私がこれまでに読んだなかでいちばんよい言葉かもしれない。パートナーがいてもいなくても、それは個人の成功や失敗とはいっさい関係ない。ただ、たまたまそういう状態にあるというだけの話だ。

あふれだした悲しみ

エジンバラでの2日目の朝、〈カフェ・パピー〉で朝食をとり、ハリー・ポッター・トレイルツアーに参加して、年金生活のご婦人のように手をうしろで組んで、ローリングがキャラクターの名前を思いついたという墓地を歩きまわった。

午後には美術館とエジンバラ城に行き、パブでビールを飲んで、夜になると、ここに来た目的のひとつでもあるライブのために、身支度をととのえた。ライブ会場の人混みのなかで偶然マーシャを見つけ、彼女と軽くハグを交わした。「Oblivion」という曲で、観客がライターの火やスマホのライトをいっせいに付けたときは、鳥肌がたった。私は、自分がふるえていることに気づいた。

その夜、エジンバラの街を歩きまわった。夜も更けて、寒く真っ暗ななかで、多くの人でにぎわう暖かそうなレストランの横をいくつも通りかかった。曇った窓ガラスの向こうでは、カップルがワインを飲みながら会話を楽しんでいる。その光景を目にしたとたん、とても言葉では言い表せないような痛みを感じた。私は骨折をしたことも、膝の腱を切ったことも、支社に飛ばされたり何度か職を失ったこともあるが、このときほどの痛みを感じたことはない。人生にぽっかりと穴が空いた事実を、あらためて目の前に突きつけられた気がした。それを埋めてくれる人はそう簡単には見つかりそうにない。もしかしたら、一生ひとりなのかもしれない。

山あいを流れる急流のように涙が流れ、まわりを見ることも、自分がどこに向かっているのかもわからなくなった。悲しみが一気にあふれ出した。自分がどうやってレンタルアパートメントに帰ってきたのかも覚えていなかった。このときようやく、自分がいまひとりだという現実を認識したのかもしれない。「私たち」はもはや存在しないのだと。何もかも、もう終わってしまったのだと。だけど、それでもきっとなんとかなるはずだ。私は、きっと大丈夫。

自ら望んだわけではなく、そばにいてほしい人がいるのにひとりというのは、おそらくひとりのなかでもいちばんつらい状態だろう。愛する人に去られて、私はとても苦しい思いを味わった。でもそのときから、私はようやく自分自身への愛を見いだしはじめた。ほかに選択肢がなかったからだ。恋愛においては、誰かに無理やり自分を愛させることはできない。恋愛は自由意志だ。でもその一方で、悲しみに浸るのも個人の自由だ。相手の決断を受け入れず、希望を捨てないでいるかぎり、ずっと宙ぶらりんのままで生きることになる。

自己憐憫を終える

パートナーがいない人のなかには、何年もそうした状態から抜け出せない人も多い。けれど、自己憐憫はそろそろ終わりにしよう。言うは易く行うは難《かた》しだが、このことに気づいたとき、そしてその気づきが自分のなかにしっかりと根を下ろしたとき、私は何もかもが容易に感じられるようになった。自分といることを望まない相手と、どうして付き合いつづける必要があるだろう？　それではあまりに自分自身をないがしろにしすぎではないだろうか？

自分を哀れみの目で見なくなり、自分のまわりのいっさいを同情すべきものとしてとらえなくなる準備が整いさえすれば、ひとりは、ものすごい力を発揮しはじめるかもしれないというのに。

私は、失恋したあとに誰もが通る道をひととおり経験した。家に引きこもり、泣いて、気を逸らすためにいくつか新しいプロジェクトを探し、以前よりも友達に会うようになり、アイスとチョコレートを食べながら何日も1日じゅうベッドでごろごろし、そしてそのうち、またせっせとデートに勤しむようになった（そのことについて書いた、ピンクの表紙の楽しい本もある。タイトルは『Tinder Stories（ティンダー・ストーリーズ）』だ）。

失恋は苦しいものだ。それを否定する人は嘘をついているに違いない。心の痛みは体じゅうに広がって、何日もベッドを離れることができなかった。そして数か月が過ぎたある日、本当にとつぜん、なんの前触れもなく、また何もかもが元どおりになった。

5

オーフス、ミュンヘン、夏

ひとりでいることを満喫する

私が住むエルベ川沿いのこの街は、完全に無風だった。自分の足をつたう汗を見て、それからバルコニーの手すりにとまって堂々と羽を広げる蝶の姿に視線を移した。4月は終わり、気温が7度ほどしかなかったスコットランドの旅も終わった。この夏は何もかもがよい方向に向かうはずだと確信していた。失恋の痛みも、ひとりでいることも。

ある晩、家でくつろぎながら、毎週受信箱に山のように溜まってしまうニュースレターをスクロールしていると（不要なニュースレターを定期的に解約できている人はいる?）、大好きなバンド、ライズ・アゲインストのライブがデンマークのオーフスで開催されるという知らせを見つけた。オーフスなら、ハンブルクからはそれほど遠くない。

少し考えてみたが、すぐにこのバンドのファンだという人を思いつかなかった。私の友達のなかに、ライズ・アゲインストを聴いている人はひとりもいない（もしかしたら新しい友達が必要なのかも……）。しかしだからといって、誰かを説得して無理やりライブに付き合わせるのも気が進まなかった。なぜなら前に触れたとおり、何かを愛することを人に無理強いすることはできないから——でしょ？　そこで私は、いままで一度も経験のないことを実行することにした。ライブのチケットを、自分用に1枚だけ購入するのだ。

いつも、何かおもしろそうなイベントを見つけると、とりあえずチケットを2枚買ってから、誰か一緒に行ってくれる人はいないかと探しまわっていた。誰も見つからないときには、せっかく買ったチケットを2枚とも、また売ってしまうこともあった。でも、今回は違う。心臓が高鳴る。買い物カゴにチケットを入れる。支払いデータを入力する。購入完了。ひとりでライブに行くのだ。それも、車で4時間離れたところにある街で開催されるライブに。興奮で、体じゅうがむずむずした。

不安だった車の運転

車の免許を取って数年、運転することはまったく好きではなかった。それが変化したのは、20代半ばごろだ。そのころ私はアルコールを飲むのをいっさいやめていたので、フェスティバルの季節になるとしょっちゅう運転を引き受けるようになったのだ。

仲間は誰ひとりとしてテントには泊まりたがらなかったし（贅沢な話だ）、週末のフェスティバルは大雨であたりが水浸しになることも多かった。そこで私たちは、たいてい近くのペンションやコテージに宿をとった。私がアルコールを飲まないことがわかると、当然こういう流れになる――「じゃあ、運転してくれるよね?」(えーと、もちろん。朝の4時にくたくたに疲れた体で田舎道を運転して、いくつも村を通り抜け、酔っぱらいの集団をペンションまで運ぶことほど楽しいことはない。それに飲まない人間が運転するほうが、安全だし、名案のように聞こえるのは間違いない)。私は説得に負け、運転を引き受けた。初めて運転をした夜は、フェスティバルのあいだじゅう、駐車場で友達の車の運転席にすわるのが怖くてたまらなかった。運転経験はほとんどなかったし、おまけに運転するときに背中に視線を感じると、どうしても落ち着かなくなってしまうのだ。でもいまは、運転するしかない。何時間も前から、まるで体じゅうの水分が抜けきってしまったかのように、レッドブルとコカコーラ・ライトを何リットルも飲み干した。慣れない車をスタートさせ、集中し、目的地に着いて車をとめたときには、自分が誇らしくなった。

そして2度目も無事に運転を終え、5度目の夜も同じように無事に運転し終わったとき、ふと気づいた。運転は、別に怖いことじゃないと。その夏、私は恐怖に立ちむかったのだ。この出来事でいちばん誇らしかったのは、運転できるのを仲間に証明したことではなく、何よりもそれを自分自身に証明できたことだったのかもしれない。仲間は、私が運転に不安を覚えていたのにまったく気づいていなかった。

そして2年後のいま、私はこれから始まるロードトリップ［車による長距離の旅］にいっさい不安を感じていなかった。大好きなバンドのライブを見にいくことが、とにかく楽しみで仕方なかった。スナックをいくつか買い込んだあと、高速道路の7号線に乗ってハンブルクをあとにした。オーフスまでは、このまま数時間、まっすぐに車を走らせればいい。高速道路を乗り換える必要もないので、走るルートに注意する必要もない。完全にリラックスして、運転とプレイリストの音楽を楽しんだ。到着すると、レンタカーを中心部の屋内駐車場に入れ、もやの立ち込めるオーフスの街を歩きはじめた。6月だったが、雨の降る肌寒い日だった。

ライブ会場到着

ひとりだったので、思考が外に解き放たれることもなく、その日はスポンジになったみたいに、頭に浮かんだことを次々と自分のなかに吸収していた。このとき浮かんだ考えは、すべて私だけのものだ。ひとりでライブ会場に向かっているとき、喉から心臓が飛びでてしまいそうなほどドキドキしていた。この先に待ち受けているのは、これまで行ったなかでいちばん小規模なライズ・アゲインストのライブだ。きっと一体感のある雰囲気と、最高の音響が楽しめるに違いない。

バーでコーラを買うと、飲みものが出てくるのを待っている隣の男性たちにほほ笑みかけ、それから人混みをかき分けて、最前列に陣取った。踊り、歓声をあげ、青あざをつくり、あまり背の高くないデンマーク人男性に思いきり足を踏んづけられて、申し訳なさそうな笑みを向けられた。汗まみれの腕と腕が触れ合う。汗びっしょりの髪をポニーテールにして、手からすべり落ちて誰かに踏みつぶされてしまう前に、スマートフォンをウエストポーチにしまい込んだ。

ライブ会場を出たのは真夜中近くだったが、デンマークの外はまだ明るかった。今日は夏至なので、ようやく日が暮れはじめたばかりだ。街を抜けて駐車場まで歩いていると、自分の体がふわふわと浮かんでいるような気がした。

ハンブルクに戻ってエンジンを切り、車の座席に体を沈めたのは、朝の3時か4時ごろだったと思う。私はまぶたを閉じた。耳のなかではまだ音楽が鳴りつづけている。踊る大勢の観客も、彼らの幸せそうな笑顔も、まだごく身近に感じることができた。

この夜、ひとりが寂しいとは一度も思わなかった。この夜のライブに出かけた自分がとても誇らしく、その後も30分はじっと車にすわったままで、その気持ちをかみしめていた。翌朝も、携帯で撮った動画を延々とスクロールしながら、にやにやと心の中で笑みを浮かべていた。けっして誰にも取り上げることのできない、私だけの思い出だ。恐れずに、ひとりで行動を起こしてみれば、人生の可能性はいまよりもずっと多彩に広がるものなのだ。

夏のあいだにたくさんデートをし、自宅のリビングですばらしいコンサートを開き、週末は友人たちとフェスティバルに出かけ、暖かい夜はアルスター湖で新しく買ったカヤックを漕いだ。メインイベントをぎゅっと詰め込んだようなその年の夏は、私のそばをただ通りすぎていった。

私はその一部にすぎず、夏の日々は猛スピードでかたわらを過ぎ去り、それらをいったんは吸収しても、自分のなかに留めておくことはしなかった。カチンと音をたてるふたつのグラス。夜の街。朝5時に起きてアルスター湖のほとりで日の出を眺め、夜中の2時になってもまだメッセージで誰かとやり取りした。世界は一気に活気づき、鮮やかになった。

ミュンヘンへひとり旅

9月になると、仕事のためにしばらくひとりでミュンヘンに滞在し、空いた時間は、初日の夜にマッチングアプリのティンダーを通して知り合ったパウルと一緒に過ごした。彼だけでなく彼のルームメイトたちとも知り合い、一緒に食事に行き、そのあとは夜の街に遊びに出た。最後の夜は、パウルのアパートメントでワインを飲みながら、私はミュンヘン滞在中にしたことや、いつか書きたいと思っていたこの本について話をした。「ひとりを楽しむことを学ぶ」というテーマに興味を引かれていた。でも、考えようによっては、私はずっと前からこのテーマに関心を持っていたのかもしれなかった。

「だけどさ、ルイーゼ。僕はめちゃくちゃ社交的なタイプで、いつもたくさんの人に囲まれていたいんだ。もちろんひとりでいられないこともないけど、いまのところ、好んでひとりになりたいとは思わないな」

「今回私がミュンヘンに1週間ひとりでいたみたいに、ひとりで旅をしても、実際にひとりでいる時間はあまり多くならないと思うけど」

「君のこの1週間はひとり旅じゃないだろう。いまだって僕らと一緒にいるんだから」とパウルは私の話を遮った。

「そうだけど、ここで言うひとり旅っていうのは、普段の自分の生活を引きずらずにどこかへ行くってこと。ここに友達はひとりも連れてきていないでしょ。だから、私はいまひとりなのよ。だけど実際には全然ひとりじゃない。新しい人との出会いにオープンになってるから。友達と一緒にミュンヘンに来てたら、きっとあなたたちとは知り合ってないと思うわ」

「次は遠慮せずに友達を連れておいでよ」と彼は笑った。

「真面目に言ってるのよ。もし私が女子旅をしてたら……」

「女子旅」と言うときには、その言葉を皮肉な意味で使っていることが伝わるように、人差し指と中指をチョンチョンと曲げ、指で引用符をつくってみせた。

「……自分たちだけで固まって、自分たちのしたいことをしてるわよ。あなたたちと知り合うことは絶対ない」

「じゃあ君がひとりで来てくれてよかった」

「私もそう思う」

「マーティンは、今日はもう戻ってこないだろうな」しばらくすると、パウルはそう言って、ルームメイトの空っぽの部屋を指した。「彼女のところに行ってるんだ。お決まりのパターンで、また揉めててさ。なんか別れられないらしいんだよな」

「どうして？」気になった私は尋ねた。

「かわいそうだからかな？　どうも関係を切れないんだって。別れたいとは思ってるらしいけど、ずっと先延ばしにしてる。あの厄介な彼女の世話なんか焼かずにひとりになれば、いろんなことができるのに。多分、マーティンもひとりになりたくないんだろうな」

「その彼女のこと、好きじゃないの？」

「なんて言うか、ハンドブレーキみたいな女性なんだよ。マーティンを動けなくしてる。あのふたりに必要なのは、恋愛コーチじゃなく、別れるためのコーチだな。マーティンはしょっちゅう不満を並べたてる。だけどいまのままにしておくほうが、きっと楽なんだと思う」

「ひとりになりたいと思うには、まずはものすごく不幸にならなきゃいけないのかもね」考えるより前にそう口に出していた。それから私は考え込んだ。誰かのもとを去ることを、難しく感じる理由はなんだろう？　私たちは本当に、ものすごく不幸にならなくては、ひとりになりたいと思えないのだろうか？

最高の夏

その夜、答えを見つけることはできなかった。フリーになって半年ほど経つが、自分はどういう人間で何を求めているのか、自分自身についてまたきちんと考えるようになったのも、また誰かとデートをするようになったのも、つい最近のことだ。この夏は、思い出に残っているかぎり最高の夏だった。もしかすると、ひとりだったからこそ最高の夏になったのかもしれない。夏じゅうひとりで過ごしたのは、本当に、本当に、久しぶりのことだった。ひとりを楽しもうと試みたのも、初めてのことだった。

勇気を出してひとりで外に出ていけば、自分の力でどんな可能性を開けるのかを垣間見ることができた。ひとりで幸せを感じるには、冒険を道連れにして、まずは自らひとりを楽しもうとするべきなのかもしれない。その冒険がゴールにたどり着くことには直接つながらなくても、しばらくは何も探さずに、自分ひとりでただ楽しむことが必要なのかもしれない。ひとりでいることを肯定しながら。ひとりを楽しもうとする私の物語は、このときようやく本格的にスタートを切ったのかもしれなかった。

6

イビサ島で乗らなかった飛行機と、4人の新しい女友達

新しい人と知り合うには

9月の終わり。私は空港の前で待っていた迎えの車に乗り込んで、リュックサックを隣の座席に投げ出した。車が高速に乗り、進行方向から風が吹きつけてくると、髪と両手を窓の外に差し出した。いまは7時をちょっと過ぎたころ。古い友人たちとひと晩じゅう踊り明かしたバルセロナのバーから空港に直行し、朝一番のフライトで、仕事の用事でスペイン国内のイビサ島に着いたところだ。

バルセロナから帰る前に、ここに寄り道をすることになったのは予定外だった。あるプレスイベントに招待されたのだ。昨晩はきちんと寝ておくべきだったかもしれない。くたくたに疲れていて、頭がぼんやりしていた。日の出は淡いピンク色をしていた。親切な運転手の男性は、ブラックコーヒーを手わたしてくれた。そしてこれらのうちのどれが決め手になったのかはわからないが、私はイビサにひと目で恋をした。今日1日しかここにいられないことが、とても残念に思えた。夜にはもう帰国する予定だったのだ。

イベント会場は、カタマラン［ふたつの船体を平行に並べ、甲板でつないだ船］の船上だった。同じ業界の知った顔もいくつかあった。あちらこちらで挨拶をかわし、ハグをし、それからバーの列に加わった。こういう場に来たときのお決まりの流れだ。

体のなかでは、船首の下でチャプチャプと音をたてる波と同じリズムで、サングリアが音をたてていた。カタマランにじりじりと照りつける直射日光の下で5時間も踊りつづけたせいで、体じゅうがずっしりと重い。私は、自分の体の一部には感じられない両腕と、日焼けした肌と、白っぽく変色した腕の産毛を眺めた。そして睡眠不足のせいなのか、サングリアのせいなのかはわからないが、そのときふと、帰りのフライトを延期して、ひとりであと数日ここに残ろうと決意した。

イビサのホステル

イビサでひとり。せっかく来たのだから、それも悪くない気がした。イビサに来たのは、何せ今回が初めてなのだ。目を細めながら恐る恐る口座の残高を確かめたあと、いままで経験していないことを試してみることにした。

あるホステルに向かい、今日と明日の2泊分、ドミトリーを予約した。ホステルに泊まったことはまだ一度もなかったし、ドミトリーで見ず知らずの人たちと相部屋になったことも一度もなかった。友達のヤンネは、いつもホステルでの体験を熱っぽく語る。その午後、私は衝動的に彼女のまねをしてみたくなったのだ。とにかく一度試してみよう。

ホステルの外観は、ストリートアートのアーティストが思いきり暴れたように極彩色で描かれていて、建物の内装とはまったく合っていなかった。フロントでクレジットカードをカードリーダーに通し、1泊15ユーロの宿泊料金がチャージされると、自分は大胆で、勇気にあふれた人間になったような気分になった。

予約した3階の女性用ドミトリーにドキドキしながら足を踏み入れ、自分の目の前に広がる光景を目にしたとたん、私は一気に冷静になった。204号室の床は、荷物からあふれ出る宿泊者の持ち物と使用済みの下着で、足の踏み場もない状態だった。6平方メートルもないスペースに2段ベッドが3台詰め込まれていて、そのうち5つのベッドが使用中のようだった。あちこちにリュックサックが積みあげられていて、部屋は私の家のバスルームよりも狭く、室内には鼻をつくような汗の臭いが漂っている。

宿泊者用の小さな個人用ロッカーも置かれていたが、それを施錠するための鍵も持っていない。ロッカー用の鍵を持参しなくてはならないなんて知らなかったのだ。知らない人たちのなかで、自分のものをどうやってしまっておけばいいのかなんて考えてもみなかった。鍵をかけて収納するのだ、もちろん。

無理だ、と思った。荷物を空いているベッドに放り出し、ほぼそれと同時に部屋を出た。こんなところにはいられない。さっきまでの勇気は瞬時に消えさり、こみ上げるパニックで喉が締めつけられた。軽く肩をすぼめ、視線を床に落として、階段に足を向けた。一度も顔を上げないまま、ちっぽけなプールの脇にビーチチェアが並ぶ中庭に出た。殺風景な灰色の壁。見すぼらしいプール。すわり心地の悪そうな椅子。どこからともなく聞こえてくるＤＪのテクノ音楽。この小さなアウトドアエリアにいると、まるでベルリンのどこかの中庭にいるような気分になった［ベルリンには、建物に囲まれた中庭のある建築物が多い］。

痛む頭で、今日、これからひとりで何をすべきか考えた。時間はまだ16時だ。私のために予定を決めてくれる人は誰もいない。不意に、自分はひとりなのだと感じた。私はいま、まったくのひとりぼっちなのだ。考えをめぐらせようとしても、暑さのせいでなかなかうまくいかなかった。

抜け出したホステル

私は自分自身と格闘していた。そのあいだじゅう、プール脇で隣にいた世界旅行中だというブラジル人男性が、しつこく話しかけてきた。根掘り葉掘りいろんなことを尋ねてくる。もう、透明な存在になりたかった。体はいまだに自分のものじゃないみたいで、気づいたときには、彼に別れを告げて部屋に向かい、荷物を持って、できるだけこっそりとホステルを出ていこうとしていた。頭はしきりにここに留まるように訴えていたが、体は、もうその声に耳を傾けていなかった。

「いま着いたばかりでしょ？　なんで出ていくの？」部屋のバスルームで顔にラインストーンを貼っていた小柄なブロンド女性が、英語でそう尋ねてきた。フロントの人が部屋を間違えたらしい、というようなことを、つかえながらもごもごと言った。

そうだ。フロントの前も、こっそりと忍び足で通らなくては。係の人には絶対気づかれたくなかった。出ていくことがわかれば、彼をがっかりさせてしまうような気がした。自分がここを居心地悪く感じていることに、私は罪悪感を覚えていた。フロント係の男性も、ここにいるほかの人たちも、さまざまな人や会話でごった返しているこの場所にいるすべての人たちを、傷つけてしまうような気がした。

そうして私は30ユーロを無駄にしたあと、ビーチの目の前のホテルに284ユーロ支払った。新たな宿泊先のドアを開けると、そこには少なくとも20平方メートルはある部屋と、2台並んだクイーンサイズのベッドが光を放っていた。まるでスイートルームを借りきったような気分だった。部屋は明るく、家具はターコイズブルーで統一されていて、小さなキッチンユニットと仕事机もある。なかでもとくに気に入ったのは、窓からプールではなく緑が見えることだった。ここでなら、ガンガン鳴りっぱなしのエレクトロ音楽から距離を置いて、ゆっくりくつろぐことができそうだった。私は荷物を解いた。

荷物のなかに見つけた読みかけの本を持って、サン・アントニオのビーチに寝そべった。ところが3ページほど読むと、いつのまにか本に突っ伏していたので、そのままの姿勢で横になることにした。微風が吹いている。私は肌に触れる温かな風を楽しんだ。まわりの会話は、近くから聞こえているようにも、ほどよい距離から聞こえているようにも感じられる。

自分がまわりの人たちや自然に溶け込んでいる感覚があった。ここ数日は慌ただしく、自分のための時間は1秒もなかったが、ここではゆったりと安らげるような気がする。つま先を砂に埋め、貴重品が全部入っているビーチバッグをしっかりと抱きかかえて、本に突っ伏したまま眠りに落ちた。

ストレスを引き下げるための時間

ここでひとり過ごすのは、まさに一時停止ボタンを押すようなものだった。この夏の体験をようやく落ち着いて消化することができそうだし、リラックスする時間も持てそうだ。これまでは、感情が移り変わる速度があまりにも速すぎた。ジェットコースターに乗って、自分のそばを人生が猛スピードで通りすぎていくのを、ただ眺めているようなものだった。目まぐるしくいろいろなことがあったせいで、心が追いついていなかったのだ。

私たちは、慢性的な刺激の洪水のなかで生きている。私たちの脳には、私たちを取りまく環境やソーシャルメディアから、毎日大量の刺激が投げつけられる。15秒おきに他人の感情に侵されて、おまけにいつまでそれが続くのか、終わりも見えない。しかしそうした刺激を体が消化するには、時間がかかる。休暇を取ると、頭がそれを理解して、新しい環境に慣れるまでには数日かかるが、そうした現象が起こるのも、やはり同じ理由からだ。私たちには、日々の仕事のストレスを引き下げるための時間が必要なのだ。本当の意味での休息がとれるのは、そのあとである。(注13)

それがよいストレスだったとしても、ストレスには違いない。ひとりで時間を過ごすことは、そうしたストレスを消化するのに役に立つ。日常生活や、義務や、友人や、やるべきことから自分自身を解き放つことができる。まっさらな手帳を用意して、ここ数か月を振り返ってみれば、ほとんどのものごとがまたクリアに見えてくる。うまくいっていることと、そうでないことを書き出してみるのも、自分を把握するには有効な手段だ。自分はどんな願望を持っているのか、どんなことを求めているのかを、前よりも明確に認識できるようになる。

誰かとふたりでいるときは、重要な問いの答えからは遠ざかってしまいがちだ。でもひとりでいれば、自分自身を観察し、理解できるだけの自分独自のスペースが生まれる。自分の内面を映し返し、ときに即座に答えを返してくれる他人というスクリーンは、ひとりのときには存在しないからだ。自分で自分に問いかける以外に選択肢はない。だからひとりになってようやく、私はこんなふうに自問することができた。

この夏の数か月間を、どんなふうに感じただろう？

何に幸せを感じて、人生で何を目指しているのだろう？

そしてその理由は何だろう?
自分の人生をどんなふうに過ごしたいだろう?
今年、仕事面で到達したい目標は?
逆に変えたいと思っていることは何だろう?
いままわりにいる人たちは、自分にとってプラスになっているだろうか?

ひとりきりの夕食

その夜私は、初めて、あたりまえのようにひとりでレストランに入り、窓際の空いているテーブルにつき、メニューを持って来てくれるよう頼んだ。実際にやってみると、本当に聞いていたとおりだった。私のことを気にする人なんて、ひとりもいなかった。少し離れたテーブルにいた年輩のカップルが励ますような笑みを向けてきたが、彼らはまたすぐに別の方向に視線を移した。私は感じのいい男性ホールスタッフに、メニューのなかでいちばんおすすめのベジタリアン料理はどれかと尋ねた。

新しいものを試してみるのが大好きな私のモットーは、「何をすすめられてもイエスと言う」だ。男性ホールスタッフはその好奇心とオープンな態度を歓迎してくれ、それから数分間、地元の料理の自慢できる点を話してくれた。食事に行くというのは、基本的に、誰かとコミュニケーションを図るための社交上の行為だ。そのため、ひとりでテーブルについて公の場で食事をとることを、肉体的な拷問だと感じる人もなかにはいるかもしれない。けれど私には、ひとりの食事もそう悪くないと思えた。

そのあと、手帳を持って、数あるバーのなかのひとつに入り、あたりの様子を眺めた。カラフルなミニパラソルが添えられたカクテルを注文し、人々のにぎわいを吸収した。私がその一部である必要はなかったが、その気になれば、そのにぎわいに加わることはいつでもできた。


「あら、奇遇じゃない！」キーラから心のこもったハグを受けた。彼女とは、前日にカタマランで知り合ったばかりだ。キーラと再会したのは旧市街だった。タクシーの運転手は、私を旧市街の端で下ろしていた。夕方の太陽はすでに細い路地から姿を消して、白い家並みも私たちも、いまは青みがかった夜の光のなかだった。

キーラと私はその夜一緒に食事をし（高かった）、バーに行って何杯か飲んで（こっちはもっと高かった）、最後には、何人かの女性たちが開いているというハウスパーティーに行き着いた。パーティーは港のすぐ目の前にある邸宅で開かれていて、キーラはそこに泊まるよう招待されているという。その女性たちとキーラは、別のいくつかのプレスイベントで知り合ったらしかった。その夜はなかなかお開きにならず、結局、キーラと一緒にその邸宅で夜を明かした。

そこからたいして遠くない場所にわざわざお金を払ってとった部屋があるというのに、

屋上テラスの隣にある、最上階の空き部屋で眠った（これでふた部屋無駄にしたことになる。まるでお金を燃やしてしまったようなものだ）。そこにいた女性たちは楽しい人ばかりだった。そこで翌朝、私は自発的にホテルから荷物を引き上げて、完全にその邸宅に移ることにした。

フランキーという女性

フランキーのことは、すぐに大好きになった。会った瞬間にピンときた女性だった。彼女の皮肉なユーモアのセンスが気に入ったし、ほかの女性たちは1日じゅう邸宅のいたるところで自撮りをしまくっていたというのに、彼女はそのことにまったく興味を示さないのもおもしろかった。

パーティーの翌朝、「あんなくだらないこと、二日酔いがひどすぎてとてもする気になれないわよ」と私に小声で言いながら、むき出しの足をキッチンカウンターの上に乗せ、前日食べたケーキのくずをかき集めた。そんなふうにして、数日が過ぎた。

カクテルをつくり、一緒に街じゅうのレストランを試してまわり、私はブーツを、彼女たちはハイヒールを履いて、クラブの入場料にお金を使いすぎ、一緒に出かけ、別々に戻ってきた。

戻りが別々になるのは、たいていは、私がそのうち自分の殻に閉じこもってしまうせいだった。帰ってきたときに、グループのひとりが玄関前で寝ているのを見つけたこともある。ひとつしかない家の鍵を自分が持っていたかどうか思い出せなかったのだそうで、私は笑って彼女をおんぶして、上に運んだ。

この島で、最初はひとりで静かに時間を過ごし、この夏の体験を振り返っていたが、いまは図らずも、ミニスカートを穿いて毎晩近くのクラブに繰り出す女性たちのグループと何日も一緒に過ごしている。**ひとりで旅をしているからといって、必ずしもひとりでいる必要はないのだ。私はひとりでいたおかげで、新しい出会いにオープンになれた。気分次第で自由に動くこともできた。**

それに当時はまだ知るよしもなかったが、フランキーと私はその後、親友となる。一時期、彼女がベルリンに引っ越してきたこともある。私たちは一緒に旅行をし、感謝祭の食事をともにして、何度もパーティーをして年越しを祝った。イビサで私はひとりだったが、頑なにひとりでいつづけようとしたわけではない。そのおかげで、旅行から帰ったあともずっと続くような友達を見つけることができたのだ。

それにもかかわらず、私は自分に腹を立てていた。とにかくお金を使いすぎていたのだ。すぐに心を落ち着け、スイス人の実業家、ロルフ・ドベリの本のひとつで読んだ「サンクコストのワナ」の理論を頭に思い浮かべた。(注14)

簡潔に言えば、「使ったお金はもう戻ってこない」という理論だ。お金を払っているからとつまらない映画を最後までみたり、すでに収益はあがっていないのにさらに投資を続けたり、もう7年も付き合っているからというだけで恋人関係を続けたり。私たちは決断を下すとき、それまでに費やした時間やお金を計算に入れて考えてしまう。でも、それがどれだけ長く続いていようと、どれだけお金を注ぎ込んでいようと、それまでのことは無視してこう自問するべきなのだ。

「いまこの瞬間、これは自分にとって意味のあることだろうか？」と。私はこの言葉をいつも心に刻んでいる——つねにいまを基本に決断を下すこと。これまでの出費の額に、こだわるべきではないのだ（ただしその翌月、ゆでただけの味のないパスタと、何も塗っていないパサパサのパンだけを食べて過ごすはめになった）。

同様に、浪費したお金のことで腹を立てても意味はない。すでに終わってしまったことなのだから。それに私は、自分が居心地よく感じる状況を、自らつくり出すことができたのだ。初めに思いきって新しい一歩を踏み出したものの、そこでは快適に過ごせそうになかった。いままで経験したことのない何かを試そうとしたが、勇気が足りずに挫折した。でももしあのままあのホステルに留まっていたら、フランキーと知り合うこともなかっただろう。もしかしたら、ほかの誰かと知り合っていたかもしれないが。結局はどんな決断にも、なんらかの意味があるのかもしれなかった。

価値ある旅

たったひとりで心から楽しめたのは、この旅が初めてだった。ポルトとスコットランドもよい旅だったし、刺激的ではあったが、友達を亡くした悲しみや、失恋の痛みを抱えていた。どちらも私の孤独を象徴するような旅だった。

でも、1週間近くひとりで過ごしたイビサの旅は、初めて自分の意思で選んだものだった。ひとりでいることのすばらしさを実感できたし、新しい人にも出会うことができた。そしてイビサで、私は何かが起こるのをただ待っていたわけではなく、自ら進んで選び、心地のよい体験を自分のものにした。

お金は使いすぎたかもしれないが、そして確かに一度計画したことを投げ出しもしたが、あれから何年か経ったいまでも、あの旅は価値のある体験だったと確信している。私にとっては、重要な出来事だった。力と自信を与えてくれ、人生の転換点になった。ひとりでいることや、ひとりで決断を下すことを学んで、実行し、ひとりでいることをポジティブにとらえられるようになった。

オープンになって、新しい人たちと知り合ったり、新しい何かに挑戦することを学んだ。見知らぬ人と知り合うには、ホステルがいちばんだ——ただし、チェックインした直後にまたチェックアウトするのでなく、ホステルに滞在するときちんと決めて、そこに留まらなくては駄目だが（私がホステルに泊まるようになったのはもう少しあとのことだ。それについてはのちにご報告しよう）。

ひとりでいるのは退屈なことでも寂しいことでもないと学んだ。ひとりでいると、チャンスもたくさんある。この夏は、オーフスにライブに出かけたことで始まり、イビサで終わった。ひとりで楽しむことを学んだ夏だった。

この旅行のあと、私はふと思い立ってベルリンに引っ越した。デートをして、とてもすてきな彼にも出会った。これを書きながら、いま私はフランスのボルドーにある大きな広場で裸足で彼と踊ったときのことを思い出している——彼が放つ輝き。クラシックカーのガタガタという音。一緒に田舎に滞在したこと。レンガの壁のうしろに広がっていた畑。彼のぬくもりと抱擁。また目を開いても、まだ心地よい余韻が残っている。温かく満ち足りた気持ちが波のように私のなかを流れた。

あれから2年半が経った。ベルリンに引っ越してまもなく新しいパートナーができたが、そのうちまたひとりに戻った。そして、人生は旅のようなものだと考えるようになった。すばらしい章にはいつも始まりがあり、多くの場合は(残念ながら?)終わりがある。そういうものなのだ。それでは、私の物語を続けることにしよう。

7

孤独

「望まない隔離」ひとりで生きることの頂点とどん底

やっとの思いでバスルームまでたどり着き、キッチンでコップに水を入れ、それを持って寝室に戻ると、また気絶するようにバタリとベッドに沈み込んだ。新型コロナウイルスのパンデミックが始まって1年後の春、私はウイルスに感染し、それ以来、世界はすっかり停滞していた。もう何日も体のコントロールがきかず、腕を上げることすらままならない。

自宅にある8メートルの廊下を歩くにも、永遠とも思えるほど時間がかかる。ようやくベッドに戻ったときには、息も絶え絶え、数分間は呼吸が苦しく、いつかまたここから出られる日が来るとは思えなかった。この体はここでギブアップするのだろう。そして私の命は尽きるのだ。

最後に人の顔を見たのがいつなのか、もう思い出すことができなかった。視線を1センチずつずらしながら、寝室の天井を探るように隅から隅まで眺めた。これまでは、自分が望めばいつでも人のいる場所に行くことができた。でもいまは、人生で初めてそれができない。否応なしにベッドに縛りつけられ、しかもそのベッドはどんどん大きくなっているように思えた。空虚さに押しつぶされてしまいそうだった。

誰も私を訪ねることは許されないし、外に出ることも許されない。出ようとしたところで体は言うことを聞いてくれない。気の置けない誰かにほほ笑みかけてもらえるなら、何を差し出しても惜しくない気がした。誰かに心から抱きしめてほしかった。でも、いま目の前にあるのは、戸口に置かれた生ぬるいスープと、7件の不在着信だけだ。私はふたたび目を閉じる。これほどの孤独を感じるのは生まれて初めてだった。

コロナの苦しみ

1週間経ったころ、新鮮な空気を吸いにアパートメントの外に出てみようとしたが、部屋から1階に下りるまでの道のりは、まるでマラソンを走っているようだった。1段下りるごとに足を止め、できるかぎり深く息を吸い込んだ。溺れかけのような息苦しさを覚えることもあった。咳をするたびに、背中から肺にかけてナイフで刺されたような痛みが走る。私はゆっくりと動いた。生きる意欲はこんなにあるのに、心と体がまるで一致していなかった。

ふたたびベッドに戻ってしばらくじっとしていると、涙があふれて止まらなくなった。

デリバリーで頼んだカレーは、ふた口食べただけでシーツの端に押しのけてしまい、それから3時間眠りつづけた。いまのこの体には負担が大きすぎたのだ。また目を覚ましたときには、カレーはとっくに冷えきっていた。食べものを口にしたのは、ここ何日かで初めてのことだった。

「今日は、少しはよくなった？」私を気遣い、毎日いろいろな人から同じようなメッセージが届き、受信箱に溜まっていく。よい返事を期待されていることに、またプレッシャーを感じる。それでも私は「なってない」と返す。ほかには何も書かずに。それが正直な答えだった。何よりも、自分自身に対する正直な答えだった。いまはまだ言葉にできない、もやもやしたものがたくさんあった。あるいはそのもやもやを、まだ言葉にはしたくなかったのかもしれない。

部屋の天井を見つめながら、答えを探した。自分のなかの何かが壊れてしまったような気がする。でもその一方で、別の何かが目覚めてもいた。その何かとは、これから長いあいだともに歩いていくことになる予感がしたが、それが何なのかはまだわからなかった。明日には、また新しい1日が始まる。1日1日が、ポジティブに前進するための自分への挑戦に思えた。

孤独は、パニック発作のように私を襲うようになった。ぞくっとするような冷たい感覚がせり上がり、喉を締めつけた。バスルームの鏡に映る青白い顔を見る。目のなかをのぞき込んでみる。そこには空虚しかない。どこかに取り残されてしまったような、内側から体を感じることはできなくなってしまったような、奇妙な感覚だ。自分自身とのつながりが失われてしまったような気がした。

孤独という病

あと2か月もすれば、私は浜辺で海を眺めることになるのだが、そのころはまだとても想像することができなかった。人生の喜びは、あまりにも遠いところにあった。あと何週間、こうして時間を無駄に過ごすことになるのか、見当もつかなかった。

孤独は、ドイツで最も広く蔓延している病かもしれない。しかし、ひとりでいることと切り離せないこの感情について、この本ではまだほとんど考察をしていない。

ある調査によると、ドイツ人の17パーセントが頻繁に、あるいはつねに孤独を感じており、30パーセントの人が、少なくともときどきは孤独を感じているという。[注15] そして回答者の3分の1が、充足感を得るには自分以外の誰かの存在が必要だと答えている。孤独を感じる理由としては、現在の生活環境やそのときの気分、自分の精神状態などのほか、個人的なコミュニケーションの欠如といった答えが挙げられている。

ハーバード大学のグラント研究［ハーバード大卒の男性と恵まれない環境で育った男性約700人を75年にわたって追跡調査し、人間の幸福度について調べた研究］によると、よい人生を送るために最も重要なのは、温かな人間関係なのだそうだ。[注16] 人に囲まれているときは、病気にもなりづらく寿命も延びるが、反対に孤独は寿命を縮めるという。「人間関係が希薄な人が今後9年以内に死亡する確率は、人間関係が充実している人と比べて2、3倍高い」(注17)というWHOの調査もある。

いちばん最近付き合っていたパートナーと、彼の家族のことを考えた。互いにとても親密な関係を築いている家族だった。私がそれまでかかわった家族のなかで、一番ではないかと思う。うまく説明するのは難しいのだが、空気のように家じゅうを流れる愛情や、何度もかわされるハグや、互いを尊重し合う彼らを見ていると、私のなかの何かが揺り動かされた。初めて彼の家を訪れたときも、そのあとも、居心地の悪さを感じたことは一度としてなかった。私も家族の一員になったような気がしていたし、自分に新しい家族ができたような感覚だった。

私は、これまで見てきたじつにさまざまな家族のかたちや、友達や恋人たちの記憶を次々と頭のなかに思い浮かべた。誰かと親密だと感じること。その感覚は、どのようにして生まれるものなのだろう?

そして、ひとりでいることを自ら選んだわけではないのに、やむを得ずずっとひとりで過ごさなくてはならないとき、それは私たちにどんな影響を及ぼすのだろう? 健全な心と体を維持するには人といることが大事だとわかっていても、それができない場合にはどうしたらいいのだろう?

英語には、孤独を表す言葉が3つある。ぞっとするような響きの「isolation」、高貴な響きの「solitude」、どこか切ない響きの「loneliness」だ。ドイツ語で孤独を表す言葉は「einsam」。でも、この言葉が現在のような意味で用いられるようになったのは、マルティン・ルターの聖書の翻訳がきっかけだ。中世には、「einsam」はラテン語の「unus」、ドイツ語でいう「Einssein(自らとひとつの存在であること)」と同じ意味で用いられていた。つまり、自分自身と一体であること、完全であること、という神のようなあり方を表す言葉だったのだ。(注18)

しかしその一方で、神と一体化すること(Einssein)を表すには、もうひとつ別の「Erlösung(救い)」という言葉もあった。そこでルターは、einsamをラテン語の「solus(孤独)」と同じ意味で使い、それによってeinsamには、それまでとは異なる意味が与えられるようになった。不幸のどん底にあり、神の助けを求める人間の状態を表す言葉として用いられるようになったのだ。(注19)

孤独は人間存在の中心

アメリカの作家、トマス・ウルフは、エッセイで孤独についてこんなふうに書いている。「私は基本的に、人生における孤独というのは、けっして稀有で特異な現象ではないと信じている。それどころか人間存在の中心を成す、避けられない事実だと考えている(注20)」

私たちはつねに、他人との社会的なつながりのなかで生きている。人間は、親密な人間関係と形式的な人間関係、そして集団のなかでの人間関係という3つの関係性によって形づくられる。誰かとの別れや見知らぬ街への引っ越しといった人生における変化は、深い孤独感を引き起こすきっかけともなる。

パンデミックもそうだ。パンデミックは私たちを、ふたつのタイプに振り分けてしまった。孤独を感じる人間と、状況の許す範囲でできるだけ楽しもうとする人間に。そして、できることが限られているがゆえに生じた時間を意欲的に活用しようとする人間と、できることが限られているという事実に無言で打ちひしがれる人間に。パンデミックをきっかけにして、孤独に注目が集まるようになり、今日《こんにち》では、「孤独のパンデミック」が蔓延しつつあることが、折に触れて取り上げられるようにもなった。

他人から尊重されていないと感じる人は、生活が不健康になり、自分にも注意を払わなくなる傾向がある。なかには過剰に人とのいさかいを求めるようになる人もいる。人とのつながりの薄さを、人とぶつかることで埋めあわせようとするのだ(注21)。

慢性的な痛みに悩まされていたり、なんらかの理由で一般的な社会生活を送ることが困難になったりすることで、家のなかで世間とは隔絶した生活を送らざるをえなくなる人もいる。そういった人たちもまた、孤独を抱えてしまいがちだ。自分がいなくても滞りなく進んでいく誰かの人生を目にしたり、自分の状況を人に理解してもらえなかったり、「そのうちまたなんとかなるよ」と空疎な慰めの言葉をかけられたりしているうちに、孤立感はどんどん深くなっていく。

現在のデジタル社会も、社会における私たちの緊密な結び付きをどんどん弱める要因になっている。しかし一方では、病や障害のせいで自宅を離れることができず、現実的な社会生活を持てない人が、デジタル社会のおかげで以前よりももっと社会に関与できたり、気の合う人とつながったりすることができるようにもなった。それによって、孤独が軽減された人も少なくない。

古いアパート

このアパートは建物が古いため、暖房の温度調節ノブをいっぱいに開けても寒くてたまらなかった。ボイラーの配管が音をたて、ラジエーターにお湯が送り込まれていく［ドイツの暖房は、ボイラーでつくられた温水を配管に循環させて各部屋のラジエーターに送り、室内を暖めるシステムになっている。暖房の強さは調節ノブをどのくらい開けるかで設定できる］。

窓台に置いてあるろうそくには火を灯してあるが、そのうちのひとつはかなり斜めに傾いている。そのせいで、その隣に置かれているサボテンが炎に包まれる情景が目に浮かぶ。窓の外にある木は葉がほとんど落ちかけていて、かろうじて木とつながっている状態だ。私はしばらくのあいだ、微風に吹かれて葉がゆさゆさと揺れ、ふたたび動きをとめる様子を眺めていた。葉の動きに合わせて、向かいのアパートの窓がいったん隠れ、そしてまた見えるようになる。

その窓には1年じゅう、自動車学校のショーウインドウで見かけるような、赤と緑と青のライトが目まぐるしく点滅する類のイルミネーションライトがきらめいている。気がつくと、あそこにはどんな人が住んでいるのだろうとぼんやりと考えていた。私はそこの住人を知らなかった。このあたりに住んでいる人たちを、ほとんど知らない。社会的な連帯感や、親密な人間関係を求める欲求は、大都市では失われてしまいがちだ。狭い空間に密集して人が住んでいるぶん、それぞれの家の狭間には、冷ややかなマントのような匿名性が横たわっている。

都市における共同生活は、小さな町よりもずっと、無作為に集まった人たちの集合体という性質が強く、それだけにずっと冷たく、そして当然の帰結として――ずっと孤独だ。しかしその一方で、大都市の人混みは、ひとりでいても孤立を最も感じずにいられる場所だ。大都市は、孤独な魂の受け皿なのだ。「自由を愛する者は、孤独を愛する者だ」とドイツのバンド、プロヴィンツは歌っている。

孤独は、私と一緒に、ひとまずここに留まることになるのだろう。主を務めるには大きすぎるようにも感じられるし、自由にのびのびと呼吸をするには小さすぎるようにも感じられる、このアパートメントに。

この本を書くために調べものを始めたり、4年間のメモとそのあいだの思い出を掘り起こしたりするようになったころから、ようやく、会話のなかでこう口に出せるようになった――私はときどき孤独を感じることがある、と。そうすると、場合によっては会話の相手に怪訝な目で見られることもある。「それで、どうしてほしいの?」と問いかけたり、「そんなことを正直に言われても困るし、どうしていいかわからない」と訴えたりするような、困惑の色を浮かべた目で。

しかし、口に出すことが鍵なのだ。孤独を感じることがあってもいいのだと、肯定的な気持ちになれる。だから問いかけられた相手は、「そう」とだけ答えてくれればいい。口に出すだけで孤独はかなり力を失い、きっと肩をすくめて、そういうものだから仕方ない、と受け入れられるようになるはずだ。私たちのなかに、ポジティブな感情とネガティブな感情が同居しているのは、あたりまえのことなのだ。

もちろん、ひとりでいることが必ずしも孤独だとは限らない。外が春らしくなるにつれ、コロナ感染をきっかけに感じていた孤独は、徐々に私のなかから姿を消した。私はふたたび元気になり、長時間眠り、健康にも気をつけた。自宅の小さなキッチンテーブルにラッパズイセンを飾り、いろいろな友人たちと息が切れるほど長電話をした。いろいろな計画を立て、新しい体験をしたくてうずうずしていた。人生への渇望があふれ、それを満たすには当分時間がかかりそうだった。そして私は、ひとりでいる時間を1日ごとに、1年ごとに、どんどん楽しめるようになっていった。

孤独を癒すために役立つもの

・孤独を感じる原因を突きとめ、それに対して何か具体的な対策をとることはできるか、あるいは、孤独を受け入れることができるかを考える
・充足感をもたらしてくれる活動に取り組む——たとえば私の場合は、そのひとつに水泳がある
・友達とやり取りをする
・加重毛布をかぶる
・自分はけっしてひとりではないと意識する——いまこの瞬間、同じように感じている人は無数にいるはずだ
・孤独感に深刻な原因がある場合はセラピーを始める
・単独でスポーツをするか、スポーツのグループに参加する
・人のいる場所へ行き、新しい人と知り合う
・頭を悩ませていることをすべて書き出してみる
・友達を探す目的でマッチングアプリを試してみる
・隣人へのサポートを申し出たり、ボランティア活動をしてみたりする——何か意義のあることをすれば、自分自身からほかの人へと注意を逸らすのに大いに役立つ。深い幸福

感を覚えたり、自分に新しい課題を与えたりすることもできる

・犬を拝借する——もとい、友達に数日、犬を貸してもらう（自分で犬を飼ってもいいが、その場合はもちろん熟考が必要）

・先々の旅行の計画を立てるなど、何かを待ち望むうれしさを感じられることをする

・まだ会ったことのない人や、まだ見たことのない場所、これから経験すること、いまはまだ手の届かない未来のことについて想像をめぐらせる

8

ひとり暮らし

私はどのように
ひとりを
楽しんでいるか

ガタンと音をたて、電車がビューロー通り駅を出る。私は、曇った小さな窓ガラスの向こうを見る。ベルリンのシェーネベルク地区の街並みが過ぎていく。街の詳細な風景は、そこに住む人間だけが見ることができる。つかの間ときを過ごすだけの訪問者の目にはとまらない。この街に、地平線が見える場所はない。視線の先にはいつも何かがあって、頭に浮かんだ考えは、味気ない建物の壁にはね返されて、放り投げたブーメランみたいにまた戻ってきてしまう。

建物は、もうこれ以上広がりようがないくらい、隙間なくぎっしりと建てられている。浜辺に立って、広い海原を眺めると心が癒されるのは、そのせいなのかもしれない。私はノレンドルフ広場駅で電車を降りた。

近くのカフェの椅子にすわっていると、初めてのデートらしい会話が耳に入ってきた。ふたりとも、どこか居心地悪そうに腕をテーブルの上に乗せている。肩には力が入っていて、笑い方も控えめだ。ふたりともひとりでいた時間が長すぎたのかもしれない。感染症の影響で、カフェの営業はようやく再開されたばかりだった。散歩以外のレジャーを楽しむことができるようになったのも、つい最近のことだ。

パンデミック中のカップル

ここ1年のあいだに知り合ったカップルは、娯楽が極端に制限されていたせいで、普通のデートを楽しみ、思い出をつくることはできなかったに違いない。おしゃれなレストランに行く代わりに家で会って料理をして、外出するにしても、せいぜい公園へ出かけるくらいで、コンサートや近所の博物館に行くことができなかったのだ。望んだわけではないのに、家に閉じこもらなくてはならなかった。

店内に視線をさまよわせ、ふたりの様子を見ているうちに、私の頭にはふとこんな疑問が浮かんだ。世の中のカップルは、いまようやくお互いを知りはじめているところなのだろうか？　付き合っている相手が本当はどんな人間なのか、彼らにはまだわかっていないのだろうか？　いまの私たちは、本来の自分からはほど遠いのか、それとも、かつてないほど本来の自分に立ち返っているのか？

家に戻ると、部屋は空虚で冷え冷えとしていた。建物が古いこのアパートメントを居心地悪く感じることが多いのは、この薄い壁と壁のあいだを私ひとりの体温で満たすのに、エネルギーを要するからかもしれない。親しい友達の約半分は、パートナーと一緒に暮らしているか、ルームシェアをしている。残りの半分は私のようにひとり暮らしだが、ほとんどの人には決まったパートナーがいる。

19世紀、ほとんどの人はまだ大人数で住んでいた。単身世帯は多く見積もっても1パーセント程度だったと推測されている[注22]**（当然だろう。社会的にも経済的にもほかに選択肢はなかったのだから）。今日《こんにち》では、ドイツ人の半数近くがひとり暮らしだ**[注23]**。**

土曜日の朝、ブランチに行きたくなった私は、友達のグループにメッセージを送った。ほとんどの友達からは返信がなく、ひとりの友達はいま旅行中だと書いてきた。付き合ってくれる人はいないようなので、ひとりで出かけることにした。「友を得る最良の方法は、自分が自分自身の友になることである」と、アメリカ人の哲学者、ラルフ・ウォルドー・エマソンも書いている。

男性に比べると、女性がひとりでいることは、社会から（社会っていったい誰のこと？）普通の状態と思われることは少ないし、女性がひとりを楽しむことも許容されづらい。女性の場合、ひとりでいると、むしろ下に見られる傾向がある。童話に登場するひとり暮らしの女性は、魔女やひねくれ者として、あるいはたくさんの猫に囲まれて暮らす風変わりな人物として描かれる。

しかしこうしたイメージとは対照的に、概して女性はひとり暮らしに向いているのだという――「ひとりで生活する力、つまり、緊密な社会的ネットワークを構築し、親密な人間関係や人と対話する機会を見つけることにおいて、女性は優れた能力を持っている。自分ひとりのために料理をすることも、旅行の計画を立てることも、あるいはそのほかのひとりで生活するために必要なこと全般に関しても、女性は明らかに男性よりもひとりで快適に過ごせる才能を備えている」(注24)。女性が男性よりもひとり暮らしに向いているのは、もしかすると、女性は身のまわりのことを自分でするよう教わったり、弱い部分を人に見せることができたりするせいもあるかもしれない。

男性は孤独に弱い?

男性は孤立感を覚えやすく、パートナーを求める傾向が女性よりも強い。男女のパートナー関係には、男同士の友情にはあまり見られない優しさが存在するからだ(注25)。女性の解放を促進することは、同時に、男性が弱さを見せられるようになることでもあり、主体性が強いという世間一般の〝男らしさ〟のイメージから逸脱する個性や生き方を見つけられるようになることでもある。

女性はひとりで生活することに向いているだけでなく、彼女たちは実際に、広い社会的なネットワークを有してもいる(注26)。それでも、ひとり暮らしの場合はうつを患うリスクは高くなる。なぜなら、自由と孤独は隣合わせだからだ(注27)。

1950年代以降、ドイツの都市部における単身世帯の数がつねに増えつづけていることは、何かにつけて批判の目で見られ、孤独のパンデミックの要因として挙げられる。(注28)けれど私は、孤独に関する研究状況がいまとは違っていたら、と思ってしまう。現代の孤独に関する研究は、伝統的な役割分担と核家族の喪失を嘆き、そこへ立ちもどることが孤独のパンデミックの解決策だと指摘するようなものがほとんどだ。

パートナーとの関係性においても、共同生活のあり方においても、社会的交流の仕方においても、私たちはつねに進化しつづけている。都市部の匿名性がそうしたのか、私たちが都市部の匿名性を選んだのか、それはわからない。ひとりの生活が自ら選んだ結果ではない人もたくさんいるが、その一方で、自らの意志でひとりを選んだ人もたくさんいる。過去に立ちもどることは解決策にはなりえない。孤独を解決するには、きっと何か別の方法があるはずなのだ。

社会における私たちの世代の孤独は、「どのように暮らしているか」だけではどのみち説明しきれない。孤独は統計上の数字で把握できるものではなく、何よりもまず感情の問題なのだ。私たちがひとりなのは、スマホの画面のうしろに隠れて絵文字をさかんに打ち込んでいるせいで、身ぶりや手ぶりを全部吸い取られてしまった結果なのかもしれない。きちんとした言葉づかいも、スマホで略語を使っているうちに失われてしまう。

人と人とがつながるのは以前よりもずっと容易になったというのに、かつてないほど孤独でもあるというのは、なんとも皮肉めいている。人と話すことを望まないのなら、話さずともすんでしまうのだ。

落ち込んだときにすること

私の場合、気分が落ち込んでいるときというのは、実際にはただお腹がすいているだけだったり、睡眠が足りていなかったり、運動不足だったり、まわりが散らかっていたりすることが原因である場合がほとんどだ。だから軽く何かを食べたり、昼寝をしたり、スポーツをしに出かけたり、部屋を片づけたり、徹底的に掃除をしながら親友と電話で話したり、オーディオブックを聴いたりして、遅くならないうちにベッドに入れば、気分の落ち込みの85パーセントは解消される。

残りの15パーセントは、戦略が必要になる。落ち込む理由は何もないのだとすぐに思えるように、自分が心から快適だと感じることをする。私は夜、ひとりでゆっくりとくつろぐのが大好きだ。

アパートメントと同じ通りにあるベトナム料理店で、いつもと同じ料理（厚揚げ入りピーナッツカレー）をテイクアウトするか、あるいは自分で料理をして、台詞をほぼ暗記している大好きなドラマシリーズを見る。私の古いアパートメントが暖まるまでにはしばらく時間がかかるが、部屋が暖かくなって、音楽のボリュームを上げて、パスタの鍋を火にかけるころには、自分がなぜひとり暮らしを好きになったかをまた思い出している。背後にあるドアをつま先で閉めたり、帰宅して犬に挨拶をしながら、今日ここにいるのは私たちだけ、という事実を噛みしめたりするのが、たまらなく好きなのだ。

ときには、同居人がいたらいいのにと思うこともあるだろう。とくに具合が悪かったり、体が思うように動かせなかったりするときは。でもそれは、ひとり暮らしの快適さと引き換えに支払わなくてはならない対価だ。

ひとり暮らしなら、3晩連続でパスタをつくってもいいし、朝6時だろうが真夜中近くだろうが、時間を気にせずキッチンで踊りまくることもできる。ごみに出す段ボールを廊下に積んでためておくことも、ベッドにノートパソコンを置いたまま眠ってしまうこともできる。ヨガ用のスペースにヨガマットがずっと敷きっぱなしになっていたり、物干しラックが出しっぱなしになっていることもある。

ときどき、発作のように部屋の隅から隅まで徹底的に掃除をしたくなることもある。朝食でシリアルを食べるときに使ったボウルがキッチンテーブルに夜まで置きっぱなしになっていても、文句を言う人は誰もいない。部屋をきれいに保つのは私の仕事だからだ。おまけに、家のどこで踊ってもいい。それもひっきりなしに。それがこの部屋や、周囲の環境とのあいだにつながりを感じるための私なりのやり方なのだ。そうすると、自分は生きていると実感することができる。

ひとり暮らしは私に多くのことを教えてくれた。そしてひとりで暮らすうちに、わかったこともある――何かがあっても、それを自分から友達に言わないかぎりは起きていないも同然で、誰かの耳に入ることも、誰かに知られることもないのだと。助けが必要でも、助けは頼まなければやって来ない。自分が何を経験するかをコントロールできるのは自分だけで、どんなふうに暮らしを快適にするかもすべて自己責任だ。それが私には、とても、とても、心地がいいのだ――ひとりでいるせいで、さまざまな形で孤独を感じなければならないことがあったとしても。

男性との同居

これまでに男性と同居した2回半の経験を振り返ってみると、快適なこともあったし、孤独ではなかったことは確かだが、ひとりより暮らしやすかったわけでもなければ、恋人といることで日々がロマンチックになったわけでもなかった。

元彼のひとりは、部屋に髪の毛が1本でも落ちていることが気に入らないらしく、毎日大げさに腹を立てながら私のあとをついてまわった（私の髪はダークブラウンでおまけに長くて、ときどき頭から最寄りの床へと動いていくことがある。最初のデートで髪をあんなにほめちぎったのだから、早い時期にそのことには気づけたはずでしょ、シャーロック）。

また別の人は、私のインテリアの好みや、私の犬や、食洗機に皿を入れるときのやり方について文句を言った（食洗機についての文句はよく耳にする内容だったが）。そうして気づいた。よい面と不快な面があるのは、髪の毛だけではないのだ。男性も同じだ。正直、全体的に見てみれば、ひとりでいるほうが絶対に楽しいとまでは言いきれないが、ひとりのほうが暮らしやすいのは確実だった。

そのことを、私はことあるごとに実感する。日曜の朝7時に大音量で音楽をかけながらバスルームの床をごしごしこすっているときや、どうせ同じパスタ料理をつくるからと昨日使った鍋をもう一度使おうとするときに。1日じゅう同じティーカップを使ったり、床に寝そべって仕事をしたり、同じ曲を2時間ずっと聴きつづけたり、ひとりでいるときしかしないような、ありとあらゆることをしているときに。つねに誰かと一緒にいると気づかないが、人に見られていない生活というのは、とにかくとても快適なのだ。

ひとりで時間を過ごしてみると、初めのうちは驚くに違いない。ルームシェアをしていたり、パートナーがいたり、誰かといるのがあたりまえになっていると、自分が実際にはどれほどひとりになりたがっているかに気づけない。

誤解しないでほしいのだが、友達は好きだ。けれどルームシェアをしていると、ひとりになる機会はめったにないし、人から離れて心から自由になることもない。生活するうえでのルールを決めなくてはならないし、そのルールに注意をしたり、互いに配慮し合ったりしなくてはならない。私にとってひとり暮らしとは「なんでもできる暮らし」を意味している。それも自分がしたいと思う何かを、いつ、どこで、どんなふうにするかも、すべて自分ひとりの裁量で決められるのだ。

ひとりで住むにはもちろん、経済的にもそれが可能でなければならない。家賃や光熱費などの生活にかかるコストを誰ともシェアしないのであれば、おのずと住める家も限られてくる。私も、もっと中心部に近いところに住みたいとは思うが、画面をスクロールして物件を見ると、それらがまったく予算の範囲外であることがわかる。家選びにあたっては、考慮しないわけにはいかない重要な点だ。だからここに留まっている。建物が古く、天井が高いつくりの小さなアパートメントで、場所はベルリンの端っこだが、ひとりで暮らすためには妥協せざるをえない。

自分自身のために丁寧に暮らす

ひとりで生活しているうちに、私はようやく自分自身のために丁寧に暮らすことを覚えた。新鮮な切り花を買ってリビングのテーブルに飾り、自分用に高級なコーヒーを買い、片づいた部屋に帰ってこられるように部屋を整理する。そしてデートするときのように、細かな点にできるだけ気を配る。ただ何かを食べるのでなく、ちゃんと自分のために料理をする。訪ねてくる誰かのためだけでなく、まずは自分のために生活することを身につけた。

部屋を片づけ、不要なものは捨て、新しく部屋を飾りなおして、自分ひとりで過ごす夜のプランを立てたり、誰かを招待したりしてみよう。自分のまわりを見なおそう。自分自身が居心地よく感じるために、いますぐにできることはなんだろう？ いま、あなたがいちばん快適だと思える環境にいるだろうか？　心地よく感じるのは、1週間誰にも会わないことだろうか、それとも、毎晩誰かと会う約束をすることだろうか？

「ひとりでいること」や「ひとり暮らし」をどんなふうに形づくるかも、どれだけ孤独を感じるかも、ひとりでいることをどれだけすてきなものにするのかも、決められるのはあなただけなのだ。

さて。そろそろまた、私のひとり旅の話が聞きたくなってきたころかもしれない。次の旅では、ホステルに入ってすぐに逃げ出したりはしない。約束しよう。

9

「遠くへ」メキシコ・カンクンへの旅

“ひとり”の人でいっぱいの世界

「本当にそんなに遠くへ行かなきゃならないの？　それも、ひとりで」と電話でママは何度も何度も尋ねた。そして出発前日、犬を預けるために実家の前で車から降りたときにも、同じことをもう一度訊かれた。犬は私に目もくれずに広い庭へと駆けていき、ほかの犬たちに加わった。

ここ何週間か、私はつらい日々を送っていた。新型コロナが治ったあと、代理店の仕事に戻って3週間働いたが、毎晩仕事が終わるとすぐに帰宅し、18時にはベッドに入った。私の体は疲れきっていて、睡眠を求めて悲鳴をあげていた。孤独と、ウイルスと、自己隔離——それらが心に判然としない影響を及ぼしていた。頭のなかに、自分でもうまく説明できない黒い染みのようなものがあって、その染みとただただ距離を置きたかった。私は初めての長いひとり旅に出るつもりだった。

ストレスが誇り

現代では、ストレスを抱えることがステータスシンボルになっている。私たちは多忙さをよしとする世代で、ストレスを感じていることや、カレンダーに予定がぎっしりと詰まっていることを栄誉に思う。受信箱に届いたたくさんのメールは、自分が世の中に必要な人間なのだと感じさせてくれる。

でもそこから一歩下がって、自分がハムスターのように疾走している回し車から外れてみると、こう認めざるをえなくなる――自分が今日これをしなくても、世界が終わるわけではないのだ、と。いまここで自分を必要としている人、少なくとも、ほかに代えがきかないほど切実に自分を必要としている人は誰もいないのだ、と。その認識を受け入れるのは簡単ではないが、そう気づいたおかげで、私はようやくはっきりと理解した――自分に対する唯一の義務は、健康を取り戻すことだ。

ストレスは、長期にわたって心と体に影響を及ぼす。病を耐え抜いたことで生じるストレスも同様だ。「心身のストレス症状がすぐに改善されることはない。人間がふたたび通常のバランスを取り戻すには時間がかかる。強いストレスを受けた場合には、回復までに数週間を要することもある。ストレスからの回復が不十分な場合には、普段の日常における負荷すらストレスを引き起こす要因になる(注29)」

「私には、そもそもこうした休息を取る資格があるのだろうか?」とそれでもまだ考えていた。無理もない。私たちは「何かを手にしたければ、まずはそれに値する人間になるべきだ」とたたき込まれて育った。すばらしいものを手にするには、まずは何かを成しとげ、成果をあげなくてはならないし、愛されるにはそれ相応のことをすべきだ。身なりにも気をつかい、いい思いをする資格のある人間にならなくてはいけない、と教え込まれる。でも、それはでたらめだ。ばかばかしい。よい経験をするのに、資格など必要なわけがない。

私は自分の健康を優先し、4週間、無給で休暇を取ることにした。お金のほうはなんとかなりそうだったし、休暇はためになるとわかっていた。精神的にも肉体的にも、まだ万全の状態ではなかった。空間的にも時間的にも日常から離れたかったし、気晴らしも必要だった。それに何より、自分とあのときの記憶とのあいだに距離を置きたかった。

自分の部屋にいると、4週間もベッドを離れられずに、自分の命はこれで尽きるのだと思ったあのときの記憶に何度も何度も襲われるのだ。部屋に足を踏み入れるとき、気が重くて仕方なく、しばらくは寝室にも入れなかった。あのときのトラウマがよみがえってくるような気がするのだ。あれは、これまでで最悪の孤独だった。

これを書いているいまでさえ、体じゅうに鳥肌がたっている。心の健康は単純なものではなく、具体的な形もないし、はっきりと説明できるようなものでもない。でも、いまの心の状態は良好ではない、と素直に認められたことを、少なくとも私は誇りに思った。トラブルの対象から距離を置くというやり方には、これまでにも何度も助けられてきた。ものごとをよりクリアに、より合理的に見られるようになるし、起きていることを外側から眺め、全体をとらえられるようになる。

何もせず過ごす時間が必要

メリーゴーランドに乗ったままでは、そのトラブルにただ振り回されているだけになる。私たちはメリーゴーランドから降りて、何歩かうしろに下がって、振り返らなくてはならないのだ。細かなことにとらわれていると、自分を見失ってしまいがちだが、ズームアウトしてみれば、何もかもがちっぽけなことに見えてくる。私はしばらくのあいだ、できるだけ遠い場所に行きたかった。

「行かなきゃならないっていうより、いまはそれがいちばん自分のためになると思うの」私はママにそう答えた。感情的なストレスをやわらげるためだけでなく、ふたたび創造力を発揮できるようになるためにも、私たちには無為な時間が必要なのだ。しばらくのあいだ、何もせずに過ごす時間が。このときの旅は、疲労困憊し、日常から抜け出したくなったことをきっかけに始まった。これまでに経験したひとり旅とは、まったく性質の異なる旅だった。私はまた、生きる喜びを感じたかった。生きている実感が欲しかった。行き先には、メキシコを選んだ。

フライトは昨日、2日後に出発する便を予約した。リュックサックに荷物を詰める。ミニワンピース数枚、ヨガをするのに必要なもの、フルレングスのパンツ1本と防水ジャケット1枚。それから極小サイズのマイクロファイバータオル1枚と、ビキニ2枚、真新しいパスポートと旅行に必要な全書類のコピー。それ以外に持っていくものはあまりない。

「ひとり?」翌朝、フランクフルト空港のチェックインカウンターで、若い男性の係員が私のパスポートを見ながらそう尋ねた。彼は黒っぽい髪をひとつにまとめて結んでいる。

「ええ」と私はうなずく。

「帰りはいつ?」

「まだわからない。行きのフライトしかとってないから。多分、1か月後とかそれくらいになると思う」彼が眉をつり上げ、驚いたような、おもしろがるような目で私を見る。

「じゃあ、預ける荷物は?」私は体をひねって、背中のリュックサックを見せた。

「人間に必要なものって、世間が思うよりずっと少ないんだと思うわ」

そう言うと、笑っている彼から搭乗券を受けとった。本当は、たくさんの荷物を引きずっていくだけのエネルギーがなかっただけなのだが。それに行き先は、(今度こそは本当に)暖かい場所なのだ。

それからすぐに、私はさっきまで腰に巻いていた緑のコーデュロイシャツをはおってゲートの前に立ち、窓の外に停まっている、胴体の丸い巨大な飛行機を眺めた。11時間後、この飛行機はカンクンで私を降ろすことになっている。そこでは1泊だけ予約してある宿と、4週間の時間が待ち受けている。のびのびと呼吸をして、いろいろな人を見て、心を落ち着け、頭のなかを整理したかった。世界の時差を飛び越えて、家から完全に離れた場所に逃げ出したかった。

「ひとり？　もしそうなら席を替わってもらえない？」私は顔を上げ、隣の通路に立っている若い女性を見た。20Cの席に腰を下ろし、荷物を置いたばかりだった。

「できれば友達と一緒にすわりたいんだけど、私の席はあなたの隣で、友達はうしろのあのへんなの」

彼女は機内後方のどこかを曖昧に指した。

「あなたが彼女の席にすわってもらうわけにはいかないかな？　そっちの席も通路側なの。32のD」

「もちろん、かまわないわよ」とあまり考えもせずに小声で言って、荷物をまとめた。32の列に行くと、隣の席の男性はすでに眠り込んでいた。長い脚を投げ出して、頭は私の席のひじ掛けのほうに完全に傾いていたため、新しい座席では外側の隅に縮こまってすわらなくてはならなかった。あまり賢い選択じゃなかったかも、と私は思った。

自分の座席にいるべきだったかもしれない。でも、そうはしなかった。1秒たりとも躊躇せず、どちらがいいかを天秤にかけることもせず、即座に席を立った。なぜならひとりだったから。ひとりのときは控えめにふるまうべきなのだ。そうじゃない？

ムヘーレス島のホステルへ

19時ごろにムヘーレス島［カンクン沖にある、ビーチの美しさで有名なリゾート島］に到着すると、ホステルのまわりでは電子音楽が鳴り、完全な闇が漂っていた。すぐ目の前のビーチに生えているヤシの木には電飾が巻きつけられていて、弱い光を放っている。そのすぐうしろには、真っ暗な海が静かに広がっていた。今夜はこのホステルの、男女混合ドミトリーのベッドを予約してある。1泊12ユーロで朝食込みだ。なかはどこも清潔で、寒いくらいにエアコンが効いていた。私にとって人生2度目のホステルだ。

ホステルを選んだのは、人のいる場所にいたかったからというのもあるが、いちばんの理由はお金を節約したかったからだ。部屋の入り口で、ふたりの若い女性に挨拶をした。彼女たちの話す知らない言葉は日本語みたいに聞こえる。荷物は、部屋の奥のほうにある空きベッドの上に置いた。明るい色の木のベッドはそれぞれがカーテンで仕切られていて、足もとには十分な広さの荷物用スペースがあり、専用のコンセントもついている。このホステルでは快適に過ごせそうだった。

冷たいシャワーを浴びたあと、去年の夏以来穿いていなかったリーバイスのライトブルーのショートパンツに足を通すと、目に見えてぶかぶかになっていた。あまりに疲れていたせいで、ここ何週間か、私はまともに食事をとっていなかったのだ。

暗いなかを裸足でぺたぺたと歩き、石の階段を下りて、砂だらけの道を通ってビーチに行くと、ほとんど空っぽのバーに足を踏みいれた。こんなに遅い時間になっても、気温はまだ32度を超えている。湿った空気が肌をくすぐる。私は、こちらに近づいてくる見知らぬ顔を見つめた。カウンターに突進してきたふたりの若い男性が、店の奥でひとりで飲んでいる私を見つけたとたんに目を輝かせた。

「やあ、元気?」ほんの数秒のうちに私たちは自己紹介をし、最低限の情報交換をする。名前、どこから来たのか、どのくらいの期間旅をするのか。それ以外の情報は、3人ともほとんど持ち合わせていない。過去も、自分がどんな人間なのかも。これまでの経験や、自分たちの人生を形づくってきたあれこれは、手荷物だけで身軽に旅をすると決めたとき、家に残してきたのだ。互いの様子でなんとなくそれがわかった。

三人との新しい出会い

私がどのくらいひとりで旅に出ていなかったかを、ふたりは知らない。今朝家を出てきたばかりだということも、この出会いのおかげでこの冒険のスタートがどれだけスムーズなものになったかも。強いテキサス訛りのせいで、彼らの言葉がすべて理解できたわけではなかったが、そんなことはどうでもよかった。私たちは顔を見合わせて笑みを浮かべた。「あなた、ディズニーに出てくる王子様みたいね」とひとりに英語で言った。私は彼らのことがとっくに大好きになっていた。ホステルで同部屋の、ブリアンナという小柄なブラジル人女性も加わった。ここ数週間の疲れと、17時間もかかったここまでの移動のせいで、私は1杯飲んだだけでもう意識を失いかけていた。その後すぐにベッドに倒れ込み、満ち足りた気持ちで、ホステルのベッドでの最初の夜を過ごした。

ムヘーレス島最初の朝

部屋にいたフランス人のいびきがあまりにひどいので、朝の5時半、私はクーラーの効きすぎた部屋から逃げ出して、ビーチに置かれている屋外用のベッドに倒れ込んだ。6時ごろに島全体から夜の闇がすっかり姿を消したときには、まだ空は曇っていた。海の先のほうまで突き出た桟橋の端で、ショッキングピンクのショートパンツを穿いた若い女性がヨガをしている。大きな屋外用のベッドにすわっていると、朝食が運ばれてきた。

この旅で迎えた最初の朝は、日常からはるか遠いところへと私を引き離してくれた。現実味のないパンデミックのあいだに罹患した病からも、そのときに感じた孤独からも。涙が頬を伝った。果物とコーヒーとパンケーキが、テーブルに置かれた私の本のまわりを飾るように並べられていく。コロナになって以来、ふたたび生きている実感が持てたのは、この日が初めてだった。この色彩の鮮やかさに、この暖かさに、心から感動していた。

ブリアンナはそれから数時間後にようやく部屋から出てきて、ゆっくりとこちらに歩いてきた。私にハグをしてから、隣に腰を下ろす。シルクのような彼女の黒髪が太陽の光に照らされ、輝いていた。ブリアンナは私の朝食の残りを、皿からつまんで食べた。

「顔色が悪いわよ」と彼女は言った。大きなサングラスを下にずらして、興味ありげに私をまじまじと見る。ベッドから離れられなかった4週間のあいだに、私は6キロ近く痩せていた。筋肉はもうこれっぽっちも残っていない。それでも、ここにいる人たちからあふれ出るエネルギーに囲まれていると、新たな力が湧いてくる気がした。

休暇の効用

2日目の夜にはフランス人のいびきは——その後、名前を知った。彼はピエールというらしい——どういうわけか私の心を落ち着かせてくれた。飼い犬を思い起こさせるようないびきだったので、きっと家にいるみたいに感じられたのだろう。

「……ここにいれば、ベルリンよりもずっと必要な労力が少なくてすむから。ベルリンにいると、部屋をきれいにしておかなきゃならないし、仕事もあるし、友達と会ったり何かの用事があったり、余計な人付き合いもあるし。いまはそういう日常から距離を置いて、休みを取って、頭を整理したほうがいい気がしたの。ここなら家からずっと離れているし、太陽の光を浴びながらひとりでのんびりすることができるから」と、ブリアンナに自分の事情を打ち明けた。

「自分のすることを、いちいち人にわかってもらう必要はないんだと思うわ。いまの自分にとって何がプラスになるかは、あなたにしかわからないんだから。それに、何が自分のためになるかを把握するには、ひとりがいちばんだと思う」と彼女は答えた。

「何かがしっくりこないときに、そこから抜け出す決断ができるのもあなただけなんだもの。自分がいいと思うことをしたらいいわ。あなたがここに来ることになったのには、何か理由があるはずよ。すべてのことには理由があるものだから」。私はうなずいた。

「休暇を取ると、脳には新しい情報がインプットされます。休暇先では、食べるものも、耳に入る言葉も、環境も異なります。そのことが、私たちの創造力を活性化させるのです」と、休暇の効能について研究をしているジェシカ・デ・ブルームは述べている。(注30)

ブルームによれば、白昼夢を見ているときのような一見無駄に思える時間にも、大きな意味があるという。そうしてぼんやりと過ごしているあいだに、思い出が形成されたり、学んだことが頭のなかで整理されたりするのだそうだ。ドイツの著名な心理学者であるエルヴィン・ポッペルも、何もせずに過ごす、無為な時間こそが創造力の源泉であると指摘している。「着想力の豊かさは、新しいイメージをインプットしたり、精神的な休息を取ったりすることで育まれるものだ(注31)」

ここでなら、私はその両方を手にすることができる。ひとりでいることで頭のなかは空になり、創造力が湧きでるための余地ができる。**ぼんやり過ごす時間と孤独は、空想力を**

膨らませてくれる。ストレスを抱えることがあたりまえの、生産性と効率化を重んじる私たちの社会では、休息や、何もせずに過ごす時間の意味が過小評価されすぎているのだ。

その直後、私はまた別の会話に引き入れられた。さかんに飛びかう言葉に、ただ耳を傾けていた。その後の数日間も、いまではおなじみになったほほ笑みと、人々のエネルギーのなかを渡り歩いた。居心地がよく、安心感もあった。そう感じることができたのは、ひとりでいるからこそだった。何をする義務もなく、ただ自分の気の向くままにしていればよかった。知らない者同士なら、行動も普段とは違ったものになる。以前感じた孤独を、私はもう、具体的に思い出せなくなっていた。やって来たときと同じように、それは気づかないうちに消えていた。初めから、滞在期間を限定して訪れていたお客みたいに。

自分が他人のように思えていた感覚は消滅し、いつもの自分への信頼感も戻ってきた。息をするごとに、呼吸もどんどん深まっていった。ふたたび自分の感情を前よりも明確に感じられるようになり、自分のまわりの世界をようやく身近に感じられるようにもなった。ひとりでも、私はけっしてひとりではなかった。つねに人に囲まれていた。グラスを合わせて乾杯し、大きな笑い声をあげる。携帯は、機内モードのままで。

10

自分自身との結び付き

他者とのつながりにおいて

「プラヤ・デル・カルメン［カンクンの約70キロ南に位置する、カリブ海に面したリゾート地］まで1枚」数日後、私はメキシコの高速バス会社、ADOのチケット売り場の小さな窓に向かって、おそるおそるスペイン語でそう言っていた。係員は9時発のバスのチケットを発行する。いまは8時58分だ。

「いま？　どこ？」と軽くパニックになりながらスペイン語の単語を並べると、係員はぞんざいに腕を振ってバス乗り場のほうを示した。

私はムヘーレス島をあとにした。プラヤ・デル・カルメンではささやかな宿が待っている。あわてて荷物をつかみ、ブリアンナと一緒に急いで乗り場に向かうと、運転手はバスにもたれてのんびりと煙草を吸っていた。

時間つぶしのブリアンナ

バスはどのみち定刻ぴったりには出ないのだ。十分予想できたことだった。私はこの旅にすっかりなじんでいた。眠る場所は何度か変わったものの、何泊かするうちに、ホステルのベッドは新しく見つけたわが家のようになっていた。それでも私は、そろそろレンタルアパートメントで何日かひとりになりたかった。

プラヤ・デル・カルメンでバスを降りても、ブリアンナは何かを期待するように私の隣から動こうとしなかった。「一緒に泊まっちゃだめ?」と英語で尋ねる。私が彼女を必要としているよりも、彼女は私を必要としている。ここに彼女といるあいだは、その関係はずっと変わらないだろう。ブリアンナはここで、アメリカにいる家族を訪ねられるようになるまでの時間をつぶしているだけなのだ。

この当時、ブラジルからアメリカへは、2週間の隔離期間を経ないと入国することができなかった。ブラジルから直接入国する代わりに、たとえば途中のメキシコで、さんざんパーティーを楽しんだりしてからアメリカに入らなければならなかったというわけだ。ばかげた話だ。私はしぶしぶイエスと答えた。

ブリアンナは活発で楽しい人だが、私はしばらくのあいだ、ひとりになって考える時間が欲しかった。好感を持っていて、傷つけたくもない相手に対して「ノー」を言うことを私たちはどのようにして学べばいいのだろう？

「一緒にいるのはいまだけで、そのあとは二度と会わないかもしれないから」

彼女は妙にきっぱりとした口調でそう言った。私たちがいまだけの付き合いだというのがすでに決定事項であるかのように、目を細めて名残惜しそうに私を見た。その言葉はどこか恐ろしげで、私はなんと答えていいかわからなかった。ブリアンナの言うとおりだ。私たちが一緒にいるのは、こうしてメキシコにいるあいだだけで、そのあとは二度と会わないかもしれないのだ。でもそれは、いまのこの瞬間、どんな意味を持つのだろう？

通りにはアメリカのファストフードチェーン店がずらりと並んでいたが、その光景は、血の気が多く埃っぽいこの街ではやけに場違いに見えた。道端のあちこちに出ている屋台では、タコスが焼かれ、焼き串に刺さったよくわからない動物が、回転しながらあぶられている。

「あなたって、時間にはいつも正確で早足なのに、ものがぐちゃぐちゃなのは気にしないのよね」部屋で荷物を片づけていると、ブリアンナが言った。私はうなずいた。彼女は毎晩、洋服をきちんとたたんでからベッドに入る。一方で、私の服は、リュックサックの上に置かれていたり、ベッドの足元に山積みになったりしている。眠るときには、私は膝を抱える。そしてそのほかの持ちものは、ポンポンと勢いよくクローゼットに投げ込んで、さっと扉を閉めてしまう。それでまったく気にならない。そうした点においては、私たちふたりはこれ以上ないほど異なっていた。

その翌日、のどが渇いていたのでもう1度お酒に口をつけようとすると、ほとんど手をひっぱたかれんばかりの勢いでブリアンナにグラスを取り上げられた。

「知らない人に出されたお酒を飲んじゃ駄目じゃない！」彼女はそう英語で私を叱った。私はメスカル［リュウゼツランを主原料とするメキシコの蒸留酒］のグラスを、半分ほど飲み干してしまっていた。

「どうして？」と私も英語でのんきに尋ね、グラスの縁に刺さっているライムを氷のあいだに落とした。ブリアンナは眉を吊りあげた。それから一連の講義が始まった。旅をするときに、とりわけ女性がひとりで旅をするときに気をつけなければならないことについて。メキシコで起こり得る危険について。そして彼女が耳にしたあれこれについて。そのあいだ、私は何度も肩をすくめた。

他人への信頼感

彼女は正しい。でも私は、つねに自分の直観を信じている。インターネットの記事よりも、自分がここで体験したことのほうを信じている。それにいま飲んでいるこのお酒に関して言えば、間違いなく安全だという自信があった。ターコイズブルーの波がぴちゃぴちゃと音をたてているこの桟橋で、私たちはもう2時間もペドロの隣にすわって、メキシコシティでの彼の生活についておしゃべりをしていた。

私はお人好しすぎるのだろうか？　私はこれまでもずっと、頭から人を信用してきた。自分に対して悪い感情を持っている人などいないと信じきってきた。意識せずとも、気がついたときには自然にそうしているのだ。

ブリアンナと一緒に過ごしながら、そうした感覚がまだ自分のなかに残っていたことに気づいて、たまらなくうれしくなった。自分自身や、自分の体や、人生に対する基本的信頼感。私の深いところに根づいていた世界への信頼感。コロナになって、ここ数か月のあいだに失われてしまったと思っていた自分自身との結び付き。それらはまだ消えていなかったのだ。自分のなかのどこかに存在していたのだ。私は桟橋から冷たい水のなかへとまっさかさまに飛び込んで、急激に熱くなった顔を冷やした。

この旅には、相反するふたつの側面があった。私はありのままでいつづけながらも、その一方では、まわりの人々や彼らが経験してきた世界と自分とを一体化させ、それらを知って、自分の生き方と照らし合わせて、向かうべき方向性や、不向きなことを見極めていた。そうしているうちに、私はだんだんと居心地のよさを感じるようになっていた。そして自分自身に対しても、充足感を覚えるようになっていた。

とはいえ私の肌はいまだに白く、日に焼けた人ばかりのこの場所では病的に見えた。まだここに着いたばかりで、ひとり旅に慣れてもいないことは、誰の目にも明らかだった。カリフォルニアから来たというエイデンは、もう3年も家に戻っていないという。ビーチで、彼の隣で横になっていたときにはまだ知らなかったのだが、33歳と自称していた年齢は、本当は43歳だった。
翌日になって、マッチングアプリのバンブルで偶然彼を見つけて、私はそのことを知った。そのときにはもうとっくに別れていたが、私は思わず笑わずにはいられなかった。旅先では、人はいくらでもなりたい自分になれるのだ。それが真実でないとわかったところで、失うものは何もないのだから。

キスの承諾

その数日後、アイダホから来たというイーサンと出会った。イーサンは私にキスをして、トゥルム「プラヤ・デル・カルメンから約60キロ南にある、カリブ海沿岸のメキシコの街」のストローハット・ホステルの屋上テラスへとまた戻っていった。彼は事前に、キスをしていいかどうか私に英語で尋ねた。「今夜君に会ってから、ずっと訊きたいと思っていたんだけど、いいかな？」私は笑いながらイエスと答えた。彼の気づかいが好ましかった。こういう配慮は誰にでもできるものではない。承諾を求められると、その言葉が外国語でもぐっときてしまう。

ひとつの場所でこれほどたくさんの人を見るのは、本当に久しぶりだった。すれ違うときに触れる汗ばんだ腕や、空中に高く掲げられるグラスや、目だけではなく心からの笑みを浮かべる人々の顔に、私は不思議に魅了されていた。重い頭をイーサンの肩にもたせかけると、彼はその上に自分の頭を乗せて、そのままの姿勢で私を抱きしめた。目の前の光景を、私たちは一緒に眺めた。

ここにあるものは、何もかもがその場限りであることが、とても心地よかった。何ひとつ現実には存在していないみたいに、表面的で鮮やかな、このうえなく心地のいい酩酊感だけがあった。誰かと深くかかわったとしても、立てる人がいなくなるほどに水深のある場所へと入り込んでしまう前に、誰もがその場を離れて先に進むことを選んだ。私たちは互いの浅瀬の部分だけを、水の温かな場所だけを歩いた。ムヘーレス島のまわりを囲んでいた海みたいな場所だけを。ここでは、世界はひとりの人であふれ返っていた。

ここにひとりでいるのは快適だった。ひとりでいると、誰かと一緒にいるときよりも短い時間で街を理解することができた。相手がその街をどう感じているか、またその街で快適に過ごせているかどうかを気にする必要がないからだ。

ここでは出費も抑えられた。移動するときにはバスかヒッチハイクで、宿は男女混合の大部屋のドミトリーが大半で、食事は道端の屋台ですませた。生活するには、ひとりよりもふたりのほうが安上がりの場合が多い。家賃も、食費も、旅先でのホテル代も、ふたりで折半したほうが安くなる。だからその意味では、ひとりでいることは贅沢だと言えなくもない。ひとり旅も同様だ。でも倹約を心がけさえすれば、ひとり旅だって必ずしも高くはない。ホステルに泊まればお金は節約できるし、おまけにホステルでは、気の合う人と知り合うこともできる。

私は日常から距離を置くために家を出た。旅に出ることで生きている実感を取り戻したかったし、ぼんやりと過ごす時間も欲しかった。青白い顔に日光を浴びて、また何かを感じられるようになりたかった。むずむずするような興奮や、湧き出るエネルギーや、躍動する情熱などを。ひとり旅は、自分を癒すための旅にもなり得ることを、私は肌で感じとっていた。ここで退屈することは、1秒たりともなかった。

友人は自分の過去の鏡

知らない人に積極的に話しかけるときも、そのことになんのリスクも感じなかった。何が起ころうとも、どうせ二度と会うことはないのだ。私は普段よりもずっとオープンで、ずっと自信に満ちていた。誰かのその場の思いつきに率先して乗るようにしたし、みんなの会話に加わって、話に耳を傾け、自分が経験したことを話して聞かせた。普段、親しい友達には言わないようなことを打ち明けたりもした。

自分のことをあまり知らない相手なら、シビアな反応が返ってくることも、過去を引き合いに出して非難されたりすることもないように思えたからだ。知らない人にする打ち明け話は、どこか特別だった。話したことが、ある種の宝物みたいに、相手の心のうちにしまわれるような感覚があった。私のことをよく知らない新しい友達の助けを借りて、あらためて自分を客観視することを学んでいるような気がした。

友達は、いまの自分を知る存在というだけでなく、つねに自分の過去を映す鏡でもある。かつての自分がどんな人間だったかを示す存在でもあるのだ。そのため、ひとりで旅に出かけると、普段の生活を家に残してくることになる。「普段の生活」のなかには、住んでいる街や部屋だけでなく、あなたのことを知り尽くしている人たちも含まれる。そういう人たちをあざむくことはできないし、彼らもあなたに対して率直にものを言う。

でもここには、スペイン語訛りがあるからというだけで男性に好意を寄せてはいけないと私に忠告する友人や、テキーラはあまり飲めないことを私に思い出させる友人はひとりもいない。自分を知っている人が誰ひとり周りにいなかったとしたら、あなたは自分のどんな部分を話すだろう？　どんなふうに話すだろう？　何を打ち明けたいだろう？

ここは水が違って、海の潮のせいもあり、髪がチリチリになってしまった。そばかすだらけの鼻の頭は、日に焼けてテカテカしている。普段の私を知る人を連れずに旅をするというのは、ある意味、まったく別の人間になれる機会を持てることでもある。そのあいだは、自分がなりたい人間になることができる。おまけに、自分でも知らないような人格のあらゆる面について、そして自分がどんな人間になり得るのかも、新しく知ることができる。**矛盾しているようだが、自分を知るには、ときには日常から遠く離れることも必要なのだ。**

11

他者を必要としない人

社会から距離を置いてひとりになる

プラヤ・デル・カルメンに腰をすえ、なかなか動こうとしない人はたくさんいる。この街は、長逗留している外国人だらけだ。レオとは、オクソ［メキシコ最大のコンビニエンスストアチェーン］のショーケースの前で、偶然同じ水に手を伸ばそうとしたことがきっかけで知り合った。その場で少し立ち話をすると、お互いドイツ人であることがわかり、私たちは夜に会う約束をした。ドイツ人同士一緒に時間を過ごすのが、あたかも当然のことでもあるかのように。

残念ながら、そういうものなのだ――家から遠く離れた場所で同じ言葉を話す相手に出会うと、それだけでほんの一時《いっとき》わが家にいるような感覚を覚え、その人に親近感を抱いてしまう。私はその夜、彼と一緒に過ごしたかった。礼儀正しくはあったが、レオにはどこか人を寄せつけない雰囲気があって、そのことが私の興味を引いていた。

「今夜は人に会うから」と私は英語でブリアンナに言った。彼女は日が暮れる前にすでに化粧を落としていて、狭いレンタルアパートメントに置かれたベッドの自分が寝る側に腰を下ろしていた。ブリアンナは毎晩早寝をしては朝5時に起き、アパートメントのテラスでブラジルの仕事をしているのだ。私たちの生活のリズムは、私たち自身と同じくらい大きくかけ離れていた。

「あら、デート？」と彼女は英語で尋ねる。

「ううん、デートではないと思う」と私はかぶりを振った。

僕に他人は必要ない

その夜、軽やかな足どりで待ち合わせの小さなキオスクのある角に向かい、レオに心のこもったハグをし、挨拶をした。外は小雨が降りはじめていた。ハグをしたとき、レオは私の腕のなかで奇妙に体をこわばらせた。私たちは長い散歩をしたあと、ビーチに近いリゾートホテルの、幅の広い階段に並んですわって話をした。ここで何をしているのか、この先はどうするのか、そしてもちろん、ここでひとり、どんなふうに過ごしているのか。

「人に会っても、たいていはただの暇つぶしにしかならない。なんの意味もない。僕に、他人は必要ない」とレオは言った。彼の言葉は機械的で、どこか身構えているようでもあり、今日の午後に会ったときのような打ち解けた印象はもうなかった。レオの発言に、私は内心すくみ上がった。

「自分にとっての問いに、僕はもう全部答えを出したんだ。わかるかな？　僕の頭のなかに、未解決のままのことはただのひとつも残ってない。全部に答えが出てるんだ。僕はもう何か月もひとりだし、誰にも会ったりはしていない」

「どうして？」

「その必要がないからだよ」

「でも人間には、自分以外の人間が必要でしょ。誰かに抱きしめてもらったりとか」

私はそれを証明するように、彼の腕の産毛に触れ、肌をつついた。ほとんど気づかないほどわずかにではあったが、彼はまた体をぎくりとこわばらせ、私から離れた。

「僕はそれを自分自身の課題にしたんだ」とレオは言った。

「世間から身を引いて、自分を知ることに専念することにした。だから部屋からはほとんど出てないし、誰にも会っていない。明晰夢［夢を見ていることを自覚しながら見る夢。場合によっては夢の内容を自由に操ることもできる。自分の潜在意識の状態を検証できることから、瞑想の技法として使われることもある］の練習をして、自分だけの世界と物語をつくってるんだ」

私はぼんやりと雨を見つめた。雨は、いまでは滝のような勢いで私たちのまわりに降りつけていた。張り出し屋根からは、太い水の筋が何本も流れ落ちている。

「パンデミックが始まる前から、同じような生活をしてたのね」と私は言葉を選びながら言った。

「ああ。だからパンデミックが始まっても、僕の生活には何ひとつ変化はなかった。だから何も困らなかったよ」

「どうしてそんなにひとりでいたいの？」

「限界に挑戦したいんだ。自分に何が起こるか試してみたい」

「それで、あなたには何が起きたの？」

レオは空《くう》を見つめるだけで、答えなかった。私は目を逸らした。何を言っていいのかよくわからなかった。彼の沈黙から何かを読み取ろうとするのは、出すぎた真似のように思えた。それでも、私なりの解釈を加えずにはいられなかった。

「何を恐れているの？」と尋ねた。でも、自分にそんな質問をする権利がないこともわかってはいた。

「人に傷つけられること？」続けてそう尋ねた。私は、人間というのは、たとえひとりでいたとしても、人間同士のつながりのなかでしか存在できないものだと思っている。人とのつながりは私たちによい影響をもたらし、健康面でもプラスになる。

ひとりで過ごす

「恐れる？」レオは頭を振りながら、異議を唱えるような口調で言った。彼のなかに、私に対する拒絶がこみ上がってきたのがわかった。私は彼の思考に踏み込みすぎたのだ。その瞬間、レオは私とのあいだにはっきりとした線を引いた。それからは会話もろくに続かず、会話が深まることはもっとなく、少し経つと彼はそそくさと別れを告げて去っていった。私は彼のうしろ姿を見送った。たったいまかわしたような、人との会話が存在しない、自ら選んだひとりの世界へ戻っていく彼の姿を。私は少し歩いて、偶然通りかかった好みの音楽が流れているバーに立ち寄ってお酒を飲んだ。踊る人々を眺めながら、わずかではあったが一緒に時間を過ごしたレオのことを考えた。

ときにひとりになりたくなることはあっても、これから先ずっとひとりで過ごすなんて、私にはとても考えられなかった。私は世捨て人ではないし、何ごとにもバランスは必要だと信じている。明晰夢の技法を通してレオが独自の世界をつくり上げ、そこで何かを体験し、彼なりの答えを見つけたとしても、私には、彼が現実世界とのつながりを失ったようにしか思えなかった。

真夜中もとうに過ぎたころ、レンタルアパートメントに帰ろうとたくさんの人でにぎわう街を歩いていると、人々の笑顔が目に入り、そのうちの何人かとは目が合った。私はここにひとりでいるが、周囲の人たちとのつながりは感じていたい。誰ともかかわらずに生きていくなんて、私にはできそうもなかった。

日本語には、これに似た現象を表す「引きこもり」という言葉がある。20世紀後半に精神科医の斎藤環医師が広めた言葉で、とくに若い男性に多いというこの現象の主な原因は、日本社会における若者への大きすぎる期待と同調圧力にある。つまり彼らは、青少年期から大人になる境目で道に迷った若者たちなのだ。社会の要求に応えられない恥に直面せずにすむように、人に会うことを避けているのである。

どのくらいひとりでいることがプラスになり、マイナスになるかは人それぞれであり、個人の人格の構造によって左右される、と心理学者のウルズラ・ヴァーグナーは指摘している。(注32)その人が内向的か、外向的かによっても違いが出る。誰もが、絶えず人と接触していなければ快適に生活できないわけではない。

しかしひとりでいる時間が長すぎると、集団に適応することが難しくなったり、社交性や社会的能力が損なわれたりといった社会への不適合につながることもある。「そうした警報信号は、孤独の始まりや、場合によってはうつの始まりであることもあります。他人とうまくやっていくことができなくなり、家に閉じこもりがちになった結果、孤独に陥りやすくなるのです」とヴァーグナーは述べている。

相手の世界観でものを見る

私は宿に帰ったあとも、寝ているブリアンナの邪魔をしないように、部屋のテラスにしばらくすわって、レオにあれほど批判的な態度を示してしまった自分に腹を立てた。個人的な境界線を越えた質問をして、彼の世界に干渉しすぎてしまった。私はそのことを恥ずかしく思った。相手への敬意を示したいなら、他人の孤独について、いちいち嗅ぎまわるべきではなかった。余計な口出しをせずに、本人が望むようにさせてあげるべきだったのだ。

旅先で出会った人々に接するとき、私はまさにその点をいちばん尊重するよう心がけてきた。それなのに、自分の解釈を押しつけたり、レオへの非難や批判を態度に表したりせずに、彼自身に興味を持つことができなかった。自分の意見を持たずに、フラットな目で彼を見ることができなかった。**自分のエゴや世界観から自分自身を切り離し、相手の世界観でものを見るよう試みること**――それが、この会話を通して学んだ今後の課題だった。

ひとりでいることとどう付き合うかが人によって違うのは、あたりまえのことなのかもしれない。もしかしたら私は、あのときの彼が直面したくなかった彼自身を投影する、鏡のような存在だったのかもしれない。

誰かがいまつらい状態にあったとしても、他人にはわからない。私たちにわかるのは、彼らが自分自身について話してくれることだけだ。彼らが打ち明けてくれること以外、知りようがない。そのことは経験上、私もよくわかっている。人の心のなかや、精神の健康状態を見て取ることはできないし、誰かがつらい時期をちょうど乗り越えたばかりだったとしても、まわりがそれを見極めることはできない。

世界は白と黒とにはっきりと分かれているわけではなく、さまざまなグラデーションからできている。私たちのふるまいも同様に、つねに正しいものと間違っているものとにはっきりと分けられるわけではない。

もしかすると私はしゃべりすぎ、相手の話を聞かなすぎたのかもしれない。余計なお節介を焼かずに相手の好きなようにさせてあげられるというのは、類まれな才能だ。私は、レオの孤独をなんとかしてあげたいと思ってしまった。しかし、彼はそんなことを望んではいなかった。彼は自ら孤独を選んでいたのだ。ひとりでいたかったのだ。

その数日後、私はブリアンナに別れを告げた。そろそろひとりになりたかった。だから、旅を続けることにした。グアテマラへ向かって。

12

アンティグア・グアテマラとエドゥアルドという男性

自分の身を守るには

グアテマラシティからアンティグア・グアテマラ［グアテマラの古都で、世界遺産にも指定されている観光地］までの移動には、安全を考えて交通手段にお金をかけることにした。安価なチキンバス［アメリカの古いスクールバスの車両を利用した、中米の路線バス］ではなく、35ドル払ってタクシーに乗った。

道路の上空には、黒っぽいスモッグが揺らめいている。私は小型のフォードの窓を閉めた。頭が妙にぼんやりとしていた。車の後部座席に身をゆだね、外の風景を眺めた。屋根の低いグアテマラシティの建物が、次々と通りすぎていく。ネオンサインの下の入り口はぼろぼろで、やはりぼろぼろの歩道の角が見え、いろいろな建物の前に置かれたプラスチック製の椅子には、老人たちがすわっていた。

アンティグアのアドラ・ホステルは空っぽだった。メキシコに比べると、グアテマラにはまるで人けがなかった。狭い通りに人の姿はまったくなく、私は幅の狭い門扉に背負っているリュックサックをなんとか通し、チェックインした。吹き抜けの中庭には、まわりを縁どるようにひさしが張り出していて、その下には小さなひじ掛け椅子やソファがいくつも置いてあった。街を見守るようにそびえる火山の上空では、1秒おきに稲妻が光っている。

人は必ずしも善良ではない

私はカフェに入って足を伸ばし、ノートパソコンを開いた。パーティー三昧だったメキシコのあとでは、よけいにここの静けさに圧倒され、少し重たく感じられた。でもまだ慣れていないだけで、けっして不快な静けさではなかった。

「トイレに行きたいから、ちょっと荷物を見ててもらっていい?」

昼食をとっていたとき、私は3つテーブルを挟んだ席の若い女性に英語でそう尋ねた。彼女はうなずいた。考えてみればおかしなことだが、ひとりで旅をしていると、知らない人に荷物の番を頼むことがしょっちゅうある。偶然頼んだ相手も、カフェにやって来て荷物を盗む人も、知らないという点では大差ないのだが。それでも、誰かに荷物のことを頼んでおくと安心感がある。またしても、安全と信頼の問題だ。

「あなたが思うほど人間は善良じゃないのよ、おばかさん」

ビーチでペドロと話していたとき、ブリアンナは私にそう言った。

私はまだ一度も、自分の手にあまるような状況に陥ったことはない。もちろん、なんとなく落ち着かない場所があったり、思うようにことが運ばなかったりする日もあったが、いまのところは、すべて克服できている。私は出会う人々を、いい意味で（軽率にもと言う人もいるだろうが）信頼している。最悪の事態を想定はするものの、盗難にあったとしても、パスポートなどの旅に必要なものは全部再申請すればいいし（わずらわしくはあるが、できないことではない）、その場所が落ち着かなければ別の場所へ行けばいい。どんなことにもきちんと対応できるし、誰の助けも必要ない。

席に戻るとき、彼女に感謝を込めてうなずいた。私は人を信頼しているし、相手を信頼しているうちに、身の安全に注意する術も身についた。誰もが安全には気をつけている。そして互いの安全にも、気を配り合っている。

軽やかな足どりで近くの旅行会社へ向かい、翌日の火山ハイキングツアーを予約した［アンティグアのまわりには3つの火山があり、活発な火山であるフエゴ山以外の山にはハイキングツアーが出ている］。ツアーの所要時間は6時間。少し前に病気をしたばかりなので、2日がかりのアカテナンゴ火山ツアーに参加できるほどの体力はないと思ったが、申し込みをしたパカヤ火山ツアーは、少し長めの散歩のようなものだという。それならついていけるような気がした。

翌日、私のほかにバスに乗っていたのは、カナダ人の女性がひとりと、イギリス人の女性がふたりだけだった。全員ひとり旅だった。出発して1時間ほど経ったとき、運転手の男性が運転中にドアを開け、道路をじっと見下ろしたあと、またドアを閉めた。最終的に急傾斜の道路でフルブレーキをかけるまで、彼はそれを3回ほど繰り返した。道路の上を、ぼろぼろなタイヤのゴム片が滑っていた。

すぐ近くを汚水が流れる道端で、私たちは険しい岩石層を背にすわり、埃っぽい道路に足を投げ出した。煤を吐き出しながらトラックが何台も猛スピードで通りすぎたが、どの運転手も、前をただ走り去ることに引け目を感じる様子もなく、興味を引かれたように窓から頭を突き出して、私たちにぶしつけな視線を数秒向けた。修理にしばらく時間がかかりそうだという。私の常識とは違い、トランクにスペアタイヤはないらしい。私たちはその場に腰を落ち着けた。カーリーという名前のイギリス人女性が、いくつか持ってきていたアボカドを切ってくれたので、それをスプーンですくって一緒に食べた。

身の安全を守る

日暮れ前になってようやく、パカヤ火山の前に着いた。私はツアーのほかの参加者のような実用的な服装をしていなかった。涼しいトレッキングパンツやトレッキングシューズといった類のものは身に着けておらず、デニムのショートパンツとスニーカーという格好で火山を登った。山の上では弱い風が吹いていて、涼しく、快適だった。

タイヤがパンクしたおかげで、頂上に着いたころにはあたりはすっかり暗くなっていた。

試しに自分の指を眺めてみたが、あまりの暗さに、どこに指があるのかよく見えないほどだ。私は、自分で思うほど身の安全に気を配れていないのかもしれない。これまではただ単に、ものすごく運がよかっただけなのかもしれない。

「今日はどんな1日だった？　ルイーザ」

あたりが暗くなってずいぶん経ってから、汚れたショートパンツ姿でホステルに戻ると、エドゥアルドがからかうように尋ねてきた。エドゥアルドはそのホステルでボランティアとして働いている。「Luise《ルイーゼ》」という名前は、ここグアテマラでは鋭いsとaの音を語尾につけ、「Louisa《ルイーザ》」のように発音されてしまうのだが、もうスルーすることにしていた。

スペイン語話者には、そのほうが発音しやすいようなのだ。名前がeで終わるのは、どうもしっくりこないらしい。文字のなかでもeは私のいちばんのお気に入りなのだが。

熱いシャワーを浴びたあと、エドゥアルドとハンモックに並んですわり、参加したツアーのことや、タイヤがパンクしたことや、頂上が真っ暗闇だったことを話して聞かせた。その3日後にホステルを出るまで、私たちはたくさんの時間をともに過ごした。

「こんなの、とてもおぼえられない」翌日の昼、私は笑いながら「yo quiero(私は○○したい)」の下に続く、スペイン語の「querer(したい)」の活用形をコツコツと指でたたいた。

「覚えるべきだよ。世界にはまだ見るものがいっぱいあるし、学ぶことだっていっぱいあるんだから。そう思わない？」

「確かに」私はうなずいた。エドゥアルドはホステルの屋上にあるテラスで隣にすわり、私のスペイン語の勉強を手伝ってくれていた。スペイン語の勉強の邪魔をしていた、と言ったほうが正確かもしれない。彼は汚い言葉やスラングばかり教えてくれた。

すわっているのはテラスのバーで、私たちはノートパソコンを開いて、グーグル翻訳を使って会話していた。交替で文章を打ち込んでは、笑い、また答えを打ち込むことを繰り返す。会話はなかなか進まなかった。英語で話すこともできたが、互いに普段話している言葉を使って、それを翻訳したかった。

私は機械が吐き出す言葉をチェックし、ひとつひとつ丹念に見比べた。スペイン語の文章構造はドイツ語とは違うため、私は彼が話してくれることを、その内容を理解するだけでなく、そのまま覚え込もうとした。今日は夜になってもずっとここにすわっていることになりそうだった。もう、ひとりで出かける気にはなれなかった。

直観を信じる

人は自分自身に関して、そして自分の身の安全に関して、毎日数えきれないほどの小さな決断を下している。女性の場合はとくにそうだ。私は暗くなったあとに何時間も散歩をすることがあるが、場所によっては暗い路地は避けるようにしているし、不穏な空気を感じればＵｂｅｒを使って宿に戻る。身の危険を感じたときには、友人にメッセージを送り、自分の居場所を知らせるようにしている。でも、用心のためにしていることはこれくらいで、基本的には、自分の直観と、自分が不安を感じているかどうかを基準に行動している。

私は自分のことを、どこにいてもリラックスして快適に過ごせるタイプの人間だと思っている。暗い道でのひとり歩きも怖くない。それは自分が比較的大柄だからかもしれないし、とくに臆病になるような育てられ方をされていないからなのかもしれない。あるいは、旅先で危ない目にあったことがまだ一度もないからかもしれない。

それに私は、直観に耳を傾け、それをけっして無視してはいけないということも知っている。だからそのときどきで、イエスと返事をすることもあれば、ノーと返事をすることもある。つねに自分の勘を信じて、安心していい場所と、避けたほうがいい場所を見きわめている。

直観や第六感というのは、はっきりと描写できるようなものではない。それらは私たちに生まれつき備わっているもので、感じるときもあれば感じないときもある。ふとした瞬間にみぞおちのあたりがざわざわする感じ――それが直観、あるいは第六感と呼ばれるものだ。体が私たちに、何かを知らせてくれているのだ。学術研究においても、腸は「第二の脳」と呼ばれている。腹部は、ときには頭よりも正確に、何かを感じたり考えたりすることができるのだ。

誰に教わったわけでもないが、私はいつもそうした勘を働かせることができた。ブリアンナから警告を受けても、肩をすくめるだけで、まじめに取りあわなかったのはそのためだ。なぜもっと注意をしないのかと誰かに尋ねられたとしたら、こんなふうに説明するだろう——起きてもいないことを心配しても意味はない。じゃないと実際に何かが起きたとき、2度も心配しなくてはならないから、と。おまけに統計の数字を見てみれば、何かをつねに心配するよりも、心配しないほうが理にかなっているのだ。

体験に基づいた地図

財布を盗まれたり、カフェにいるあいだにノートパソコンがなくなったり、電車に乗りそこねたり、誰かに襲われたり、道に迷って戻れなくなったりすることは、もちろん私にだって起こり得る。そうした事態に備えてしかるべき対処法を考え、準備しておくこともできなくはないが、実際にことが起きたときには、パニックに陥り、ショックで頭が真っ白になって、準備してきたことを忘れてしまう可能性はかなり高い。

だからこそ、自信を持つことが重要なのだ。自分の身に何かが起きたとしても、私はきちんと対処できる自信がある。ただやはり、何も起こらない可能性のほうが高いことも事実なのだ。だから私は、起こり得る緊急事態を気にかけて、楽しい時間を無駄にしようとは思わない。

考えてみればおかしな話だ。私がのんきに世界を歩きまわっている一方で、誰かさんはあらゆる状況で逃げ道を考えたり、これから起こり得る最悪の事態を、コンピュータゲームみたいに頭のなかでシミュレーションしたりしているのだから。こうした違いは、いったいどこからくるのだろう？

その答えは、神経心理学が教えてくれる。神経科学者のアントニオ・ダマシオは、次のような「ソマティック・マーカー仮説」を提唱している。

「生まれたときから――なかにはそれ以前からという人もいるが――人間は体験することをすべて脳のなかで評価し、ポジティブな感情を引き起こした体験と、ネガティブな感情を引き起こした体験とに振り分けていく。そうして生きる過程で体験の記憶にもとづいた地図ができ、その地図にもとづいて、積極的に獲得するべきこと（＝過去のポジティブな感情を思い起こさせるもの）と、避けるべきこと（＝過去のネガティブな感情を思い起こさせるもの）が判断されるようになる(注33)」

また、「幼少期からポジティブな体験をし、信頼感を感じながら成長した人と、早い時期にトラウマと損失を体験せざるをえなかった人とでは、人生の危機に直面したときの対応の仕方はまったく異なる」とドイツ人のメタ認知コーチであるアンネ・ハインツェも、著書の『Urvertrauen（基本的信頼感）』（未邦訳）で述べている。アンネ・ハインツェは、基本的信頼感をわずかしか、あるいはまったく持たない人でも、それを意図的に発生させることはできる、と指摘していて、そうして得た信頼感を「体験によって習得する信頼感」と名づけている。

私たちは体験を通して形づくられる――自分を強いと見なすか、弱いと見なすか、どんな人間ととらえるか、また幼少期、あるいは大人になってからどんな方向へ進むのか、そしてどんな信念を持つことになるのか。これまでの体験をすべて足し算した結果が自分なのだ。

世界のとらえ方

私たちは自分の経験からしかものごとを考えられないため、これまでの体験にもとづいて思考の及ぶ範囲を決定するし、これまでに出会った人や、彼らとのコミュニケーションを通して受けた影響も、私たちの一部になっている。この決断は、これまでの体験によって形成された直観にもとづいて下される。そしてその決断を正当化するために、無意識のうちにあと付けで論理的な理由を探すのだ。世界をどんなふうにとらえて、ものごとをどう判断するかは、こうしたメカニズムによって確定する。

そして興味深いことに、ノーベル賞を受賞した認知心理学者で、プリンストン大学教授のダニエル・カーネマンが指摘しているように、直観は「速やかに容易に」機能する。「時間と労力の必要な論理的な思考プロセスをつかさどるのは左脳だが、直観的なひらめきをつかさどる機能は右脳に集中している。そしてそうしたひらめきには、腹部も寄与している。なぜなら消化管周辺の神経組織は、複雑な問題に対する迅速な対応が求められる際、その決断に少なからぬ影響を及ぼしているからだ(注34)」

私たちは世界をありのままにではなく、自分自身のあり方と同じようにとらえている。もしかするとブリアンナは世界に対する不信感が強すぎるのかもしれない。逆に、私は世界を無邪気にとらえすぎているのかもしれない。

心理学者のマイケル・ウルフとトッド・ウィリアムズは、こうしたもののとらえ方の個人差を「検索流暢性［特定の内容について思い浮かべたり記憶から検索したりする際の容易さ］」と関連づけてこんなふうに説明している。

「何を正しく感じるかは、その情報が頭に浮かぶ際の容易さと関係がある。思考プロセスに必要な労力が少なければ少ないほど、その思考は自分の頭から生じた自分本来の思考のように感じられる。そのため（たとえば直観のように）容易に頭に浮かんだことは、正しく適切なものに感じられる」(注35)

世界をどんなふうにとらえていても――世界を信頼していてもいなくても、進んで冒険に飛び込もうとしていても、冒険を前にしり込みしていても、私たちはつねにそれを正当化する理由を見つけ出すものなのだ。そのことを念頭に置いて、少し合理的になることを意識し、ものごとを客観視することを身につければ、いまよりももっとよい決断を下せるようになるはずだ。

歩道がひどく狭いため、エドゥアルドと私は、黙ったままアンティグアの街を縦に並んで歩いていた。言葉の壁があるせいで、私たちはあまりいろいろなことは話せない。私は彼にほほ笑みかけた。

狭い路地で男とすれ違ったとき、私はお尻を触られたのに気づいた。

「ちょっと！」頭にきたので大声でそう言い、横に飛びのいた。するとエドゥアルドが——

——それまで彼の穏やかな面しか見たことがなかったのだが——瞬時にキレた。彼からスペイン語の授業を受けていたにもかかわらず「puto（クソ野郎）」しか理解できなかったが、罵詈雑言が17ほど続いたところで、私は彼が着ている麻のシャツの袖を引いた。男は酔っているようだった。車椅子に乗っていて、リードにつないでいない犬3匹に先導されていた。

「もういいわ。そんなことをしてもなんにもならないから。とにかく行きましょう」

「だめだ。こんなこと許せない」とエドゥアルドは英語で反論した。彼の言うことは確かに正しい。

「大丈夫？」

その午後、エドゥアルドは何度もそう尋ねた。私はうなずき、彼と腕を組んだ。石畳の道をぶらぶらと歩きながら、このカラフルな建物の並ぶ小さな街に感動していた。アンティグアの街は、平屋の建物の上からこちらを興味深げにのぞき込む、3つの大きな火山に見守られていた。

「助けてくれてありがとう」

女性のひとり旅

私は、女性のひとり旅がどんなものなのか、どんなことに気をつけなくてはならないのか、あるいは気をつけざるをえないのかを、エドゥアルドに説明しようと試みた。

集団を見かけたら、大抵は近寄らないようにしていること、どこに出かけるにもなるべく歩きたいけど、夜歩くときには、ひとりで暗い路地に入り込まないように気をつけていること、安全かどうか確信が持てないときには、短距離でもタクシーを使うようにしていること。とくにこの中米のように、タクシー料金がそれほど高くないところでは。メキシコで会ったブリアンナに知らない人に出されたお酒を飲んでは駄目だと教わったこと、それでもどうしても人を信用してしまうこと、そして状況を客観的に見る力を身につけなくてはならないと思っていること。私はどこにいても、いつも安心しきっている。ブリアンナに言わせれば、度が過ぎるほどに。


翌日の昼、エドゥアルドに別れを告げた。アティトラン湖へ向かうため、私はパナハッチェル［アンティグアの約80キロ西にある、アティトラン湖観光の拠点になる町。アティトラン湖は世界一美しい湖と言われている］行きのバスに乗ろうとしていた。

同じホステルに泊まっていた若いふたりのロシア人が車で送っていくと言ってくれたが、

感謝しながらも断った。ひとりでレゲエのプレイリストを聴きながら、予約したシャトルバスで行くほうが楽しそうに思えたのだ。その場で直観的に下した決断だった。私の第六感が、そのほうがいいと告げていた。

「またおいで！　それから気をつけるんだよ、愛しい人《カリーニョ》」バスに乗り込むとき、英語とスペイン語でエドゥアルドがうしろから大きな声でそう言った。

「わかった」と私も英語で答えた。

もちろん、身の安全には気をつける。というか、気をつけざるをえない。ひとり旅では、自分の安全を気にかけてくれる人は誰もいない。だから私は、いつも身の安全には注意している。

13

電波のない場所

「勇気を奮い起こすこと」人はそれを学べるのか？

岩壁を切りひらいてつくったような、急坂のヘアピンカーブが続いている。開けはなたれたバンの窓から吹き込む空気は、上れば上るほど薄くなっていく。車道沿いに、大人数の家族連れが歩いているのが目に入る。上り坂に終わりは見えない。ジャングルの上にたれ込めている灰色の濃い霧の上に突き抜けてしまうまで、はてしなく坂が続いているような感覚に陥る。道路が水浸しになっている区間を通りすぎ、野犬のせいで一度ブレーキがかかったが、ようやく私たちの目の前に、目的地の湖が姿を現した。

緑がかった青い水が、太陽の光を受けてきらめいている。小型の船がスピードを出して何艘も行きかっているにもかかわらず、湖面は静かに凪いでいた。私はさっきから、幅の細い木の桟橋で、小さな女の子の隣に腰を下ろしている。ふたりとも澄んだ水の上で足をぶらぶらさせていた。何週間か旅を続けている私と、いまから学校へ行くという女の子のリュックサックの大きさは、私のほうがほんの少し大きいくらいでほとんど変わらない。

湖の周辺に散らばっているさまざまな村のあいだを移動するには、定期船を使うのがいちばん速い。いま私たちは、海抜1500メートルの高地にいる。足下には、遠慮がちにひっそりと大きな湖が広がっている。ここはマヤ族とスペイン軍の最後の戦場となった場所のひとつで、湖底には村が丸ごとひとつ沈んでいるという。アティトラン湖は、私がこれまでに見てきたなかでも息をのむように美しい場所のひとつだった。ここに漂う静けさには、どこか謎めいた魅力があった。

人は答えを求めてやって来る

女の子が自分の船に乗り込んだあとも、私はそのままひとりで考えをめぐらせていた。そしてふと気がついた――いろいろな場所を見るたびに、世界はどんどん大きくなっている、と。もしかすると私は、たくさんの人でにぎわうメキシコの騒がしさから逃げ出して、また少し心に平穏を取り戻すためにここに来たのかもしれなかった。湖を見下ろす山の上にあるヒュッテ［山小屋］には、電気もなければ電波もない。トイレとシャワーは外にあり、夕方の6時を過ぎるとあたりはもう真っ暗になる。私は数本のろうそくに火を灯した。

ノートパソコンも携帯も、バッテリーが切れたあとはそのままになっている。久しぶりにまた手帳を引っ張り出してきて、手書きでメモをとったのだが、私の字はずいぶんと読みづらくなっていた。キーボードで打ち込むばかりで、ペンにほとんど触れていなかったからだ。

人はここに、答えを求めてやって来る。サン・マルコス・ラ・ラグナ［アティトラン湖周辺にある村のひとつ。ヨガや瞑想のできる施設が集まっている］は、パワーストーンを細い首に巻きつけて、裸足で歩く日焼けした旅行者たちでいっぱいだった。この場所には、癒しのエネルギーがあるという。ここで私を待ち受けているスピリチュアルな世界に、ほのかな畏敬の念を覚えた。

ロビンの長い黒髪は、一部の毛束だけが白かった。彼女は、何年か前に、サン・マルコス・ラ・ラグナを見下ろすジャングルにこの施設を開いた。麻の布を巻きつけたような、ゆったりとした衣服に身を包んだ彼女は、体じゅうからオーラを放っていた。私の話に耳を傾けているあいだ、すべてを見透かすような黒い目で、私をじっと見つめていた。そして視線を下に向けることなく私の手を取り、親指と人差し指のあいだの一点に力を込めた。押された箇所に痛みが走った。

「自分がなぜ旅をしているのか、その意味をきちんと理解しているようね。あなたには、精神的な鍛錬はほとんど必要ないと思うわ。ただここにいることだけを意識するようにして。あなたを取り巻くすべてのものを感じてみて。ここは本当に特別な場所なの。この場所のエネルギーに身をゆだねてみるといいわ。いまここにいることに集中して、空間を自分のものにして」と彼女は英語で言った。

私は息をのんで彼女を見た。**「ここにいることに集中し、空間を自分のものにする」**——

夜になり、ヒュッテでろうそくに火を灯しながら、長いあいだその言葉の意味を考えていた。もしかしたらそれは、心の空間を自分のエネルギーで満たし、自信を持って足を踏み入れ、その場を支配することなのかもしれない。

自分が心の空間の主役であれば、当然自信が持てるようになり、いろいろなことに対して勇気を持てるようになる。自分がどんな人間なのかも、好きなことも包み隠さず、自分の変わっているところも、個性も、独自の意見も堂々と表に出せるようになるだろう。

これ以上無理だと判断したときには――どうにかして取得した今回の休暇みたいに――思いきってそこから距離を置くための境界線を引けるようにもなるだろう。さらには新しい何かを試してみたり、一歩踏み出せなかったあらゆることに挑戦できるだけの勇気も持てるようになるはずだ。さらに彼女の言葉は、自分自身をも自分を取り巻く空間の一部のように感じることを意味しているのかもしれない。

世界はカップルのために

ひとりは、カップルでいるよりも明らかに肩身が狭い。世界はカップルのためだけにつくられているのではないかと思うことすらある。結婚や出産祝いにはお金をかけるが、本の出版祝いをくれた人はひとりもいない。友達のメリーナが自分でアパートメントを買ったときも、エレナがＰＲ業界での仕事で賞をとったときも同様だ。

インスタグラムの「いいね」を見ても、その数が飛び抜けて多いのは妊娠報告や結婚式の写真だ。私たちは昔ながらの慣習は祝っても、キャリアが前進したり、自立したり、そのほかのひとりで達成したもろもろを同じように祝うことはない。ひとりで飛行機に乗れば席をゆずるし、レストランに行けばあまりよい席とはいえないテーブルに甘んじる。

資本主義的なこの世界では、より多くの利益をもたらすカップルのほうが優先され、その価値は、私たちがもたらす利益の大きさによってはかられる。だからひとりでいるより、ふたりでいる人のほうがいい思いができるのは当然なのだ。でしょ？

木の向こうから太陽が顔を出す前に目が覚めた。ここでは7時半に瞑想があり、続いて朝のヨガが2時間ある。ノンカフェインのコーヒーを添えた朝食が出されるのは、10時半になってからだ。私はたくさんの果物が盛られた皿を受けとり、床に置かれたクッションの上であぐらをかいた。ヨガはさまざまな難易度で日に3回行われ、ほかには呼吸法のクラスも開かれている。このキャンプを選んだのは、呼吸法のクラスがお目当てだった。コロナに罹患して以降ずっと、ちゃんと呼吸ができていないような感覚があった。それも、あらゆる意味において。

アヴァがインストラクターを務める朝のヨガのクラスでは、なかなか集中することができなかった。思考がすぐにあらぬ方向へと逸れてしまう。家のほうへ、仕事のほうへ、延期になっているプロジェクトのほうへ。いまだに体のどこかに跡が残っているあの病のほる人たちのほうへ。あれ以来、ひっきりなしにこみ上げてくる冷たい無力感のほうへ。恋しく思っている人たちのほうへ。

マットに集中しなさい、と私は何度も自分に言いきかせた。いまここに、この場所にいることに集中しなさいというロビンの言葉を思い出す。頭にいろいろな思考が浮かび、そして通りすぎていくのを感じながら、目の前に広がる風景に気持ちを集中させた。深い峡谷の先に見える湖と、山の斜面に建つ家々。

「あなたの平静さを乱すものや、あなたを苦しめているものを頭に思い浮かべましょう。それらはすべてただの雑音です。自分から解き放ってしまいましょう。それらが鳥のように自分の体から飛び立ち、湖を越えて、小さな点にしか見えなくなるほど遠くまで離れていくところを想像してください。すべてを解き放つのです。ここにいるのはあなただけ。自分自身に集中するのです」アヴァは私の背中がもう少しまっすぐになるよう、指で押した。私は押されるがままに背中を動かし、体のストレッチを深めていった。

ジャングルでシャワー

ずっと、ジャングルのなかにある固定式シャワーを使うことを躊躇していたが、夕方になってようやく、思いきって氷のように冷たい水を体に浴びた。外との仕切りが半分しかない木製のキャビンに裸で立って、月桂樹の石鹸で体を泡だらけにした。目の前では、木の梢が音もたてずに静止していた。

夜になると、ジャングルの上空が崩壊し、雨が弾薬のように木製のヒュッテの屋根に降りかかった。ときおり爆発音のような轟音が鳴り響き、雨の音が途切れたが、それがなんなのか正確にはわからなかった。遠くで太鼓を鳴らしているような音だった。でも、私を不安にさせるものはひとつもなかった。このジャングルも、ここにいる人たちも、危険があればわかるはずだ。氷のように冷たいシャワーのせいか、電波が届かないせいか、社会の騒音がないせいか、あるいは周囲の森がたてる心地よい音のせいかはわからないが、その夜私は、数か月ぶりにぐっすりと眠ることができた。

翌日の昼には、マッサージを予約してあった。私は2日前から、外の世界とはまったくかかわっていなかったが、いまではほとんど気にならなくなっていた。ニョバが肩をもんでくれているとき、下腹部に刺すような痛みが走った。彼女は私に、肩と腰をなんとかしないと、と言った。私はうなずきはしたが、その意味はよくわからなかった。了解、肩と腰ね。とりあえずおぼえておこう。

「腰のあたりは、トラウマが蓄積されるところなの」彼女は英語でそう言うと、鼠径部の一点を指で強く押した。たちまち涙がこみ上げてきた。

その後、私は床に置かれたクッションに体を沈め、2時間もジャングルをただ見つめつづけた。葉の動きや、急斜面に生い茂るたくさんの木々に魅了され、それらをじっと観察していた。ジャングルの上には、霧か、もやのようなものがたれ込めていて、葉は湿気で下向きになっている。ジャングルと空のあいだには、その隙間を縫う林道のように、遠くに青い湖が見えていた。

2羽のハチドリが、宙に浮いたまま、大きな植物の細長い筒のような部分から蜜を飲もうとしていた。羽ばたく速度があまりに速いため、2羽とも空中にじっと留まっているみたいに見える。輪郭が少しぼやけていた。光速で動くものが止まっているように見えるというのは本当なのだろうか？

ひとりでいることのすばらしい作用

食事を受け取るときに「ありがとう《グラシアス》」と言う以外、私はここでほとんど言葉を発していなかった。周囲の人たちとかかわりたいという欲求はなく、ヒュッテのなかで自分自身に閉じこもっていた。ここの静けさは重苦しくなく、解放感があった。頭のなかはとても平穏で、自分を取り囲む自然とのあいだに、親密な結び付きを感じる。ひとりでいることで感覚が研ぎすまされて、周囲の美しさをずっと鮮烈に感じられるようにもなった。ここには、私の気を逸らすものは何ひとつないのだ。

食事の味も鮮明になったし、音もより明確に聞きとれた。ひとりでいるおかげで、精神をそれらに集中することができるからだ。頭はぼんやりとして重たかったが、それは穏やかで温かみのある重たさで、顔もほかほかと熱を帯びていた。ひとりでいることがこれほどすばらしい作用をもたらすことを、私はすっかり忘れていた。

つねに連絡がつく状態にいるというのは、考えてみれば奇妙なものだ。永遠に止まらない急流のなかに立っているようなものだ。携帯画面にパッと浮かぶメッセージが目に入ったり、それに返信したりせずにすむ時間があるだけで、これほどまでに深いリラックスを味わうことができるなんて。何か楽しいことを逃したのではないかと軽くパニックになりながら、数分おきに確認しなければならないモノはここにはない。それに何かを逃したところで、世界が消えてなくなるわけではないのだ。本当にひとりで過ごしているときの私たちは、どんな人間になっているのだろう?

キャンプを発つ日、ガイドのパドが、村まで送っていこうと申し出てくれた。送っていくから、ほかの宿泊者たちを待ってほしいと言われたが、荷物を詰めたリュックサックを背負い、申し出に感謝しながらも「結構です《ノー・グラシアス》」と断った。私はひとりで歩きたかった。道中、茂みがあるとはいえ、山をどんどん下っていけばいいのだから、道は見つけられるはずだった。

文明社会に戻るのは、3日ぶりだった。村までは、ジャングルを抜けて30分ほどの道のりだ。途中、4匹の野犬の群れに出くわしたときは、横に飛びのいて、犬たちに道を空けた。ふたたび自分のリズムで生活するのが楽しみだった。サン・マルコス・ラ・ラグナに着くと、湖畔のカフェで荷物を下ろした。けれど近くのコンセントで電話を充電するのはやめにした。

世界はどんどん大きくなっていく

「Puedo nadar aqui?」――エドゥアルドから教わった使える言葉のひとつで、「ここで泳いでいいですか？」という意味だ。湖畔のカフェのオーナーにそう訊くと、イエスという答えが返ってきた。そこで私はリュックサックを預かってもらうことにして、服を脱いで黒のビキニ姿になり、桟橋から湖に飛び込んだ。しばらく泳いだあと、「じゃあね、アティトラン湖」と挨拶し、乾燥した内陸部へと戻るためのバスに乗り込んだ。

もう一度エドゥアルドに会えるよう、帰りはアンティグア経由のチキンバスを選んだ。事前に連絡はしていないし、スマートフォンの電源はいまだに切ったままだ。エドゥアルドが働くホステルに着くと、外はすでに暗くなっていた。私はホステルにいくつか掛かっているハンモックのなかに彼を見つけた。彼は驚きのあまり、ぽかんと口を開けていた。

「ハイ《オラ》」おそるおそる声をかけると、エドゥアルドの大きな目はみるみるうちに見開かれ、ほほ笑みに変わった。

「あの男を、また見かけたんだ。今度は酔っぱらってなかった。謝ってたよ。自分のしたことは、まるきり覚えてなかったけど」少ししてから、エドゥアルドはそう話してくれた。

私たちは隣同士のハンモックに、コーラを持って寝転がり、彼は私の腕をしっかりとつかんでいた。そうしていないと、遠く離れてしまうとでもいうように。

「問いただしたの？」

「もちろん。今度会うことがあったら、あんたのしたことは間違ってるって言ってやりたかったんだ」

「ありがとう。すごくうれしい」

そう――いろいろな場所を見るごとに、世界はどんどん大きくなっていく。世界が徐々に明らかになるのではなくて、まだ見るべきものはたくさんあるということが、だんだんとわかってくるからだ――すべてを見尽くすことは、不可能なのかもしれない。世界はこんなに広いのだ。どうしたら隅々まで見ることができるだろう？

14

人生の充足感

ひとりでいるからといって、話し相手を求めているとは限らない

グアテマラからメキシコへ戻るのは、ドイツからメキシコに来たときよりも少し厄介だった。ジャングルで1週間過ごしたあと、私の見た目は、パスポートの写真とあまりにも変わっていたらしい。入国審査官はふたりだったが、しばらくすると3人目が現れ、本当にパスポートの本人なのかチェックされた。そして荷物を徹底的に調べられたあと、私はようやくメキシコへの入国を許された。荷造りをしたとき、リュックサックのなかの目立つ透明なチャック付きポケットに、最後の最後に使用済みの下着を突っ込んだことが、いまになって悔やまれた。ここが、4週間の旅を終えて帰国する前の最後の滞在先だった。

静かだったグアテマラから活気のあるメキシコの雑踏へ戻ってくると、喜びが体じゅうを駆け抜けた。満ち足りた気持ちで、にぎわうホステルと、バーにいる仲間たちを見た。彼らとは、数日前にここで会った。私はちょっと離れて、ここでの滞在を――1泊12ユーロで朝食つきだ――延長した。彼らもやはり滞在を延長していた。私たちは8人のグルー

プで、全員がひとり旅だった。

何人かとはグアテマラに行く前にすでに知り合っていて、残りの数人はあとから加わった。毎日一緒に小さなフィットネススタジオに通い、レンタカーを借りてあちこちのセノーテ［ユカタン半島に点在する洞窟内の泉］を訪れ、夜にプールサイドにすわるときには、ひとつの虫よけスプレーを皆で使った。全員がそろうことは一度もなかったが、誰かは必ずそこにいた。ひとりでも、私はけっしてひとりではなかった。

アブダビから来たというハッサムは、私を見ると毎回満面の笑みを浮かべる。そしてすぐにまくしたてるようにしゃべりはじめるのだが、話しはじめたときと同じくらい、また唐突に去っていく。彼からはいつも特別なエネルギーが放たれていて、ハッサムがどこにいようが、その空間は彼のエネルギーで満たされている。これまでに会った誰からも感じたことのないような幸福感と愛情を持っていて、私にはとくにそれを大量に注いでくれた。

スキンシップがあたりまえのブラジル

初めはここでひとりで過ごそうと思っていた。でも、気の合う人たちと出会い、考えを変えた。感情というのは、そのときの状況を映し出す、スナップショットのようなものなのかもしれない。デザートみたいに、とうに満腹していていても、よいものであればいつでもいくらでも入るものなのかもしれない。

「今夜はひとりでぶらつくわ。夕食をとりに出てきたところ」

1日じゅうレイラを見かけなかったので、夜になって彼女に英語でメッセージを送ると、そんな返事が返ってきた。ひとりでいたいときとそれ以外を明確に区別しているその態度に、感銘を受けた。私たちは一緒に過ごすことはできるが、いつも一緒に過ごす必要はないのだ。とても居心地のいい仲間たちだった。

カナダ人の宿泊客はほとんど私と言葉をかわそうとしないが、ブラジル人の宿泊客は毎回ハグをし、手を触ったり、肩をもんできたりする。片方はスキンシップ皆無なのに対して、もう片方はスキンシップが過多だ。私は興味を引かれて、私たちの文化や育ち方を反映していると思われるその違いや、不快に感じない個々のパーソナルスペースについて観察した。私は驚きで身をすくませた。なんの前触れもなく、いきなり肩を抱かれたのだ。

「やっぱりこういうのは嫌がるんだな。君はドイツ人だから。でも僕らブラジル人は好意をスキンシップで示すんだよ」

「嫌がると思うなら、どうしてするのよ？」

私はいら立って尋ねた。彼の腕はまだ肩にまわされたままだ。

「そりゃあ、僕にとっては自然なことだからだよ」

私は彼に、そういうときはまず同意を求めるべきであること、同意を求められることが私にとってはどんなに大事かを説明した。でも彼はそれを突っぱねるジェスチャーをしただけだった。

「ばかばかしい。ブラジルじゃ誰もそんなことはしないよ。人とのかかわり方が違うんだ。相手の体に触れるのはあたりまえのことだよ」と言い、肩にまわした手に少し力を込めた。「でもいまはそういうことをしてほしくないの」私は面倒になって、彼の腕を肩から外した。そして本気の言葉だというのが伝わるように、大まじめな顔で彼を見すえた。自分にとっての境界線を周囲に伝え、他人とのあいだに明確な線を引く――調和を愛する私にとって、これはまったく容易なことではない。

ひとりでいたいのにひとりになれない

「一緒に飲まない？」すぐ隣からドイツ語が聞こえてきた。

「えっ？」ノートパソコンの文字から視線を外すと、そこには期待に満ちた顔があった。私はカンクンのホステルの、水辺で泳ぐクロコダイルが見える大きなテーブルにひとりですわり、働きながら学んでいる修士課程二期目の最後の課題に集中しようとしていた。提出期限は2日前だった。グアテマラにいるあいだにあらゆることが予定より遅れてしまったのだが、私はとても落ち着いていて、平穏な心で、真剣に課題に取り組んでいた。提出が遅れたからといって、世界が沈むわけではないのだ。

プールから、縁に水が当たるパチャパチャという音が聞こえる。その隣のブランコには、スウェーデン人のグループがすわっていた。いたるところに人がいたが、私はひとりだった。課題に没頭していたし、このあとも没頭しつづけたかった。

「いま課題をやってる最中なの。ごめんなさい」

「あとまわしにできないの？　僕らがカンクンにいるのはいまだけなんだよ。僕はひとりだし、それに今日はここに来て最初の夜なんだ。乾杯しない？」

彼はいら立ったように小刻みに足踏みをした。私は彼をまじまじと見た――短く刈り込まれた髪、サッカーのドイツ代表のユニフォーム、ひょろ長い体。

「旅行中の『最初の夜』なんて、別に特別なものじゃないと思うけど……」私はまじめに、けれど言葉がきつくなりすぎないように気をつけながらそう言って、彼の視線に対抗した。

「僕はマルセル。君のことはさっき……」すすめられてもいないのに、彼は勝手に椅子を引きよせて私の向かいに腰を下ろし、しゃべりはじめた。

「えっ……？」ひとりでいると、何も言わなくても話し相手を求めていると解釈されてしまうのだろうか？

彼はいい人そうで、話好きなのは間違いなかった。ほどなくして私は折れた。

「わかった、じゃあ1杯だけ。でもイエーガーマイスター［アルコール度数の高いドイツのリキュール］は駄目よ」

ため息をついて（なんでわかったなんて言っちゃったんだろう?!）、ノートパソコンを閉じた。

私はよく考えもせず答えてしまったのだ。私は本当に彼と飲みたかったのだろうか、それともただの親切心だろうか？　彼のことを本当に気に入ったのだろうか、それとも彼に好かれたかっただけなのだろうか？　あるいは、失礼なやつだと思われたくなくて、はっきりと断ることができなかったのだろうか？
ひとりで旅をしているからといって、ひとりでいたくなければひとりで過ごす必要はない——けれど反対に、ひとりでいたいにもかかわらず、ひとりになれないこともある。

子どものころ私たちは、自分の欲求を抑えて、他人の欲求を満足させるとほめられた。たとえば、本当はスキンシップしたくなかった大叔母さんを抱きしめて、キスをしてあげたとき。大叔母さんを喜ばせるために、あるいは両親に愛情を込めてほめてもらいたいがために、自分の気持ちに反した行動をとった。
自分にとっての境界線を越えて何かをすることで、ほめ言葉をもらっていた。つまり私たちは、他人の欲求を満たすことに慣れてしまっているのだ。

心理学には、こうしたふるまいを表す「過剰適応」という言葉がある。とりわけ調和を重んじる人は、他人とのかかわり合いのなかで、自分自身をきちんと感じることができなくなる。自分を人に合わせることで、調和を保とうとするからだ。(注36)**では、どのようにすれば、自分の健全な境界線を把握して、他人を満足させることを主軸にしない行動をとれるようになるのだろうか？**

ものの見方は子ども時代につくられる

世界を見るための眼鏡は、子ども時代につくられる。とりわけ、どのくらい柔軟に、自らの意志で、あるいは過剰適応しながら世の中を渡っていくかは、幼少期の経験や、両親からの教育によって決まるところが大きい。自尊心の高さは、両親からの評価や両親の態度によって左右されるし、人生の航海術を学ぶのも両親からだ。

両親の期待に応えるために努力するべきなのか、両親は見返りを期待せずに子どもの存在そのものを喜んでくれているのか、逆にどちらかというと子どもという存在を負担に感じているのかどうかを、子どもたちは敏感に感じとり、それらを吸収し、すべてのデータを記録して、頭のなかのハードディスクに保存する。私たちが生まれた時点では、頭のハードディスクはまだ一部しかでき上がっていない。そこには生まれてから6歳になるまでの体験が主に刻みつけられることになる。

他人とのあいだに境界線を引くのが難しく、自分は過剰適応しているかもしれないと気づいた人は、まずは自分の意志や感情をきちんと把握することを学ばなくてはならない。他人の願望や意志の下に埋もれている自分の欲求を、掘り起こさなくてはならない。他人を満足させることを最優先にしている人はたくさんいる。私が知っている人のなかではとくに女性はそうだし、そうした傾向は、調和を重んじる人たちの多くにも当てはまる。でも実際には、私たちの人生において最も重要なのは、他人の欲求を満たすことではないのだ。

私は気を取りなおし、楽しかったけどまた課題に専念したいからと彼に告げた。彼は私の意思を尊重し、満足げにその場から去った。相手の気分を害さずに、はっきりと自分の意思を告げられたことを、誇りに思った。これからは、自分が何をしたいのかをもっと的確に把握して、もっとはっきりと人に伝えられるような気がした。

そしてこれ見よがしにふたたびノートパソコンを開いたとき、ドミトリーにつながる大きなスイングドアが外に向かって開かれたのが視界の隅に見えた。目の前にある空のショットグラスから、意識的に視線をパソコン画面に集中させようとしているところだった。私がいるアウトドアスペースに、どこか見覚えのある人物が現れた。それは、旅に出てまだまもないころに知り合った、カリフォルニアのエイデンだった。自分の年齢を10歳若く偽った、あのエイデンだ。彼はこちらのほうを見て、私に気づくと、大きく距離をとりつつ隣を通りすぎていった。私は笑いながら、もう一度課題に取りかかった。

自分と人との境界線

その後の数日間、マルセルは何度もとつぜん姿を現した。たとえば、やはりここで再会したブリアンナと一緒にプールから上がってきたとき。マルセルは肘の下あたりをつかんで自分のほうに引き寄せ、いきなり背中をそっとなでた。バーの並ぶ大通りを歩いていたときには、あとを追いかけてきて、どこに行くのかと尋ねてきた。私はそのたびに頭を横に振りながら、彼のなま温かい手を振り払い、拒絶の意を示した。

どうやら喜ぶのは早すぎたらしい。マルセルは私が引いた境界線に気づいていなかったのだ。だから当然の帰結として、それを尊重することもない。彼のスキンシップは無遠慮で、明らかに度を超えていた。そのうち私はぞんざいに、無気力にしか抵抗しなくなった。彼に触れられても、そのことに気づきすらしないみたいに。

「なんて鬱陶しいやつ」とブリアンナは英語で言い、整った顔を不快そうにしかめた。私は無頓着に肩をすくめた。

「きっと、人とかかわりたいのよ。寂しいのかもね」

自分の境界線を人に伝えられるようになったところで、それが守られるとは限らない。出会った相手がそれを理解し、受け入れてくれなければ、境界線は成立しないのだ。

私の頭は、ここ数週間の体験でもういっぱいになっていた。マルセルの話も、彼の存在自体も入り込む余地はまったくなかった。私は少しのあいだ自分の思考のなかに留まって、打ち寄せる波や、プールサイドのにぎわいや、ブリアンナを眺めていたかった。彼女はたくさんのブラジル人と親しくなって、黒髪に覆われた頭をのけぞらせ、心から楽しそうな笑い声をあげていた。ひとりでいることを楽しみながら、彼女の様子を見ているのはとても心地がよかった。

自分がそれを望まないのなら、誰かと一緒にいる必要もないし、話す必要もない。そして同様に、自分の意思を尊重してほしいと思うなら、周囲にもそれをはっきりと伝えるべきなのだ。ブラジル人に触れられたとき、きっぱりとそれを拒否したように。「今夜はひとりでぶらつくわ」とメッセージを返したレイラのように。

意思を明確に伝え、妥協はしない――ひとりでいるからといって、すべての人と親しくなる必要はないのだから。ブリアンナはこれからオレゴンにいる家族のもとへ行くという。私は彼女に別れを告げ、ひとりでそこに残った。

旅先で出会う人全員と、気が合うことなどありえない。その点は日常生活と同じなのだ。そのことをあらためて肝に銘じた。またその一方で、マルセルとの一件や、ひとりで静かに過ごしたくなった自分の願望を通して、私は自分が満腹であることに気づいた。よい意味での満腹感があった。何人かの友達と外にすわって、たっぷりと時間を過ごした長い1日のあとみたいに。新しく体験したいろいろなことや、興味深い会話の数々で、私のなかはいっぱいになっていた。

誰に対しても、私はなんの義務も負ってはいない――無理に返事をする必要はないし、無理に何かを説明する必要も、自分のことを話す必要もない。自分が望まなければ、誰かと会話をしなくてもいいのだ。

ひとりになりたいとき、「彼がいるから」という口実を使う女性は多い。しかし、なぜ口実を考える必要があるのだろう――ほかの男性の存在は、その存在がたとえ言葉のうえだけだったとしても、女性のシンプルな「ノー」よりも尊重されるものなのだろうか？　意に反することを無理にする必要はないはずなのに。望まないことを拒否するために、口実をつくる必要はもっとないというのに。

長いひとり旅の最後の夜に

初めての長いひとり旅の最後の夜は、ひとりでレストランに出かけることにした。そこで3時間かけて、日記を書いた。ここにひとりで来てよかったと思った。ひとりでこの旅を経験できてよかったと思った。この旅の思い出は私だけのものだ。永遠に自分のなかに留まる宝物みたいなものだ。

ロビンのことを思い返すと、鳥肌がたった。エドゥアルドを思い、スペイン語で手短に近況を書き送った。ブリアンナが撮ってくれた私たちの写真を、クリックしながらひと通り眺めた。エイデンからはその1週間後、いまバルセロナにいるというメッセージが届いた。私はよい旅を、と返事をして、チャットをアーカイブに移した。

ひとりで旅をしたこの4週間を、心から楽しんだ。たくさんの人と知り合ったし、山の上のジャングルにあるヒュッテにひとりで泊まったりもした。自分自身を知り、自分を感じた。またこういう旅をしたいと思った。もっと自分について知りたいと思った。あまり間を空けず、次の冬にまた旅に出てもいいかもしれない。旅行に出る前はくたくたに疲れていたが、いまの私は新たな創造力とエネルギーに満ちあふれていた。たっぷりと睡眠をとったあとのように、心はゆったりと凪いでいた。私はもう一度裸足で砂浜を歩き、つま先を砂に埋め、この冒険に別れを告げた。初めての、長いひとり旅に。

「これから11時間隣同士だから、何かあったら遠慮なく言ってね。私はサンディアっていうの」

ほほ笑みながら、若い女性が飛行機の隣の席に腰を下ろした。

「わかった。ルイーゼよ」

私も笑みを浮かべてうなずいた。このちょっとした気づかいのおかげで、サンディアの隣は、あっという間に居心地のいい空間になった。

彼女のようでありたい、と思った。ハッサムのようにもなりたいし、レイラのようにもなりたい。彼ら全員から、何かを学びたかった。自分の意思をはっきりと言えるようになりたかったし、まだ気遅れしている相手にも、この旅で出会った人たちと同じように積極的にかかわれるようになりたかった。今回の旅は終わったが、「ひとりでいること」に関する考察はまだ終わっていない。自分を知るための分析も、自分は何に快適さを感じるのかを把握するための分析も、まだまだ終わりを迎えてはいなかった。

終わったはずの冒険

家に帰り、私はアクセルを踏んだ。うしろでは、太陽がゆっくりと沈みかけている。私の目は、いまだにもう終わったはずの冒険に、背後にある地平線に見えるオレンジ色の層に、張り付いたままになっている。視線を目の前の道路に向けても、その視線はどうしてもまた、背後にある景色に引きよせられてしまう。道路に視線を戻すときの速度は、その動きを繰り返すたびに、私の思いを反映するかのようにだんだんと緩慢なものになっていく。

初めのうちはゆっくりだった車の速度は、どんどん速くなっていく。それでも私は、バックミラー越しに見えている、地平線の上のほろ苦くねばついた塊と自分とのあいだの距離をあけることができない。ここ数週間についての考えや、頭のなかにあるいろいろな場面が交錯し、思考の道筋を見失う。あれほど新しい体験に飢えていたというのに、その渇望は、いまではすっかり満たされている。心のなかには、充足感のある空虚さだけが残されていた。

音楽のボリュームを少し絞って、窓をもっと大きく開いた。髪に風が吹きつける。私と車を闇がのみ込み、ヘッドライトの光しか見えなくなるまで、まだ当分時間がかかるだろう。丸ひと晩かかる可能性もある。夏。私はまた、自由を謳歌していた。

15

ベルリンの8月の日曜日

誰かといても孤独を感じること

8月はいつも、夏の日曜日のようなものだ。ひどく暑い日が何日も続いたせいで、木々に葉はほとんど残っていなかった。アレックスは自分の部屋のキッチンで慌ただしくアペロールを用意して、そのうちのひとつを私に手わたしてから、廊下で何か片づけものをするために部屋を出た。

私たちは、あるパーティーで知り合った。彼のいくらか荒っぽい、チャーミングな尊大さに心を惹かれ、その後の何週間か、多くの時間を彼と過ごした。私に反論したり、議論をかわしたり、私の発言の意味や根拠を問いただしたりと、彼には心地のよい不愉快さとでもいうべき独特の魅力があった。私は彼に、朝一番にメッセージを書き、夜にもまたメッセージを送って、その日にあったことを報告するようになった。自分が体験したいろいろなことを、彼にあけすけに語りたいと思っているのかどうか確信は持てなかったが、そのときは、そういう話をできる人がほかにいなかったのだ。

ひとり残された私はアペロールを片手に小さなソファにすわり、部屋を見まわした。清潔でほどよい散らかり具合の、居心地のいい部屋だった。部屋のあちこちに写真雑誌が散らばっていて、壁に立てかけられている自転車は、できれば壁には触れたくないと言わんばかりにほんのわずかだけ傾けられている。

キャンバスプリントの写真が何枚かあり、暖房用ラジエーターの隣には、書類がきちんとそろえて積み重ねられている。不思議とバランスのとれた部屋だった。私の部屋とは大違いだ。この1週間ひどく忙しかったせいで、私の部屋には洋服や洗濯物や、詰めかけのスポーツバッグが無造作に置かれ、見栄えのしない山のようになっている。埃もたまっているし、ごみも不快な臭いを放ちはじめている。どうすればこんなに均整の取れた混沌をつくり出すことができるのか、私は不思議でたまらなかった。どこか芸術的で、そしてその中心にはアレックスの存在があった。彼は自分の世界の主役だった。

「アレックスは、私のことを見てない気がする」その翌日、友達に言ったそのままの感情を、私は彼に対して抱いていた。「きちんと見てくれてない気がするの」

取り換えがきく存在

彼は私を、自分の日常の空いた時間にはめ込んでいるだけのように思えた。私がそばにいようがいまいが、結局のところ、アレックスにとっては何も変わらないようだった。私たちは一緒にたくさん笑ったし、彼と出かけるのは楽しかったが——そこには何かが欠けていた。アレックスは私のことを本当に知りたいとは思ってくれていないようだった。私はいくらでも取り換えがきく存在なのだ。自己嫌悪に陥った。それまで認めたくなかったことを、その夜初めて受け入れた。彼と一緒にいても、私はひどく孤独で、まったくのひとりぼっちだった。

アレックスが部屋に戻ってきたとき、彼のグラスは半分空で、肩と耳のあいだには電話が挟まれていた。誰かと通話中らしく、すまなそうに私に向かって軽く頭を下げる。私は自分のグラスに気持ちを集中させて、ほんの少しのアペロールを口のなかでぐるぐると転がしながら、グラスを一気に空けたい衝動を抑えつけていた。

「もう帰りなさいよ」と心の声がした。でも私はそれを押しのけた。まるで根が生えたかのように、結局その後3時間もそのソファにすわりつづけた。お願いだから私に注意を向けてと、心のなかで懇願しながら。しかし彼の注意が私に向くことはないだろうということも、わかってはいた。曖昧な私たちの関係のなかでそれを求めるのは、おそらく行きすぎなのだろう。そもそも自分を見てほしいと思うこと自体、間違っているのかもしれない。

けれど、私を見てくれることはないとわかっているからこそ、いっそう切実に、彼に関心を向けてほしいと思ってしまうのだ。誰だって、誰かに自分をきちんと見ていてほしいと思うものだ。自分の本質を理解して、尊重してほしいと思うものなのだ——それも、たいていは自分を見てくれない誰かに対して。

私が質問をして、彼がそれに答えて話すというのが、私たちのパターンになっていた。私たちの関係はアレックスを中心に回っていて、私は彼の世界を訪れるお客だった。彼がこちらの世界に足を踏み入れたことはない。彼は私個人に興味はない。私はただの楽しい話し相手で、恋人がいないあいだのつなぎのようなものだった。きっと、彼の一般的な欲求を満たすだけの存在なのだ。私はまだ一度も彼と、話したいことを話せるような会話をしたことはない。誰かに聞いてほしいと思うことを、聞いてもらったこともない。

電話を終えると、彼は晴れやかな笑顔になった。「ごめん、待たせたね。乾杯！」彼は自分のグラスを私のグラスに合わせた。うなずいて、「乾杯」と口を開こうとしたとたん、彼は私の髪に手を入れ、うなじをとらえた。私は抵抗しなかった。

翌日の午後、ひとりでカフェにすわって、昨日のことを考えた。付き合う男性には、自分に関心を持ってほしいし、相手からの情熱も感じたい。じゃあ、いまの私に必要のないものは？　うわべだけ大切に扱われることだ。間違った人と付き合うくらいなら、ひとりでいるほうがいい。

彼なしで目覚める朝

アレックスとの関係を終わらせずに彼と一緒に目覚める朝と、関係を終わりにして彼なしで目覚める朝を比べてみると、後者のほうがずっとよかった。いくら想像上のこととはいえ、あまりほめられたものではない比較の仕方だとわかっていた。私自身、その事実を認めることに抵抗はあったが、それが偽りのない本音だった。それにひとりなら、目の下に隈ができないようにと、次のビデオ通話に備えて9時までアイマスクをつけて休む彼の隣で静かにしている必要もない。問題は、彼を好きかどうかではなかった。それで答えが出るなら簡単だ。

私はアレックスが好きなのだから。ただ、いくら彼のことが好きでも、もっと合う人がいるはずだという現実は、認めざるをえなかった。彼よりも私をきちんと見てくれる人が、私が本来の自分でいられる人がいるはずだった。

アレックスとのあいだに欠けていたのは、親密さだった。どれだけ言葉や視線をかわしても、心からくつろげる間柄になれない人がいる。自分を本当に見てくれていない相手は、自分の孤独を映す鏡のような存在になる。相手を見ても、そこに映っているのは自分ひとりだからだ。

「自分に関心がないって、本当にこれっぽっちも関心がないってことがわかるような、ひどいセックスをしたあとほど寂しい気持ちになることはないわ。そんなときは、たいていあとで涙が出るの」

友達のマウラは、少し前に私にそう言ったことがあった。

人は皆、きちんと自分を見ていてほしいと思うものだし、愛されていると感じたいものだ。

「君といると、ひとりでいるよりずっと充実した時間が過ごせるよ」「いまのままの君で十分だよ」――そんな言葉を聞きたいし、口にしたいとも思っている。それらを強く求めるあまり、ときには、それだけの注意を自分に向けてくれる人を自ら積極的に探し出そうとすることもある。

けれどそういうときに限って、たいていは間違った相手にたどり着いてしまう。間違った相手といるときほど、ひとりを感じることはないというのに。そんな思いをするくらいなら、ひとりのままで、自分で自分に注意を注ぐほうがずっといい……。

私はひとりではない

大きな声が、私を思考から引き離した。

「俺のもっと別のところを触ってもらってもいいんだぜ、お姉ちゃん」

酔った声が、こぢんまりとしたカフェがある小さな広場じゅうに響きわたった。男が、カフェの女性ホールスタッフがいる方向に向けて腕を上げている。彼女は動じず、目の前にあるいくつかのテーブルを片づけた。私はサングラスを外し、椅子の端に体をずらして、いつでもあいだに入れるよう体勢を整えた。

「大丈夫?」

皿やカップでいっぱいのお盆を持って、私のテーブルの隣を通りかかった彼女に尋ねた。

「ええ、大丈夫です。ありがとう」

彼女は、助けは不要、とでもいうように手を振ってみせたが、彼女の顔に感謝のこもった笑みが浮かんだ。私はどうしても知らせておきたかったのだ――私は何が起きたか見ていた。あなたのこともちゃんと見てるから、必要があればあいだに入る。あなたはひとりじゃない、と。それ以上は何も起こらなかったが、「何かあったとしても、自分はひとりじゃない」と確信を持てるだけで、深呼吸をして、気持ちを切り換え、1日を駄目にせずにすむときもある。


その夜、私の顔はクラブの照明に照らされていた。自分では満足げな顔をしているような気がしているが、まわりからは無関心だと思われているだろうか? それとも、何かに酔いしれているように見えるだろうか? 重低音と享楽的な雰囲気がフロアを満たし、私を取り巻くたくさんの人々の体を包み込んでいく。男性に話しかけられ、互いにちょっと顔を見あわせて笑みをかわした。でも踊っているうちに、どうしても彼から離れてしまい、とぎれとぎれに聞こえる言葉は、私たちのあいだの空間に浮かんだままになった。踊りと自分自身と音楽に意識を集中させようとしたが、彼は私のうなじをつかみ、自分の言いたいことが全部聞こえるように、何度も自分のほうに引き寄せた。彼の言いたいことは、ずいぶんたくさんあった。私たちの目の高さは同じだった。私は彼を拒絶した。

するると、私よりはるかに小柄な女性があいだに割り込んできて、私を見て、肩を強くつかんだ。

「ねえ、この男に何かされてたんじゃない？　絡まれてるの？　もし助けが必要なら手を貸すわよ」そう言いながら彼女は1秒たりとも私から視線を外さなかった。

「ありがとう、でも大丈夫だから」重低音が響くなか、彼女に聞こえるように言った。彼女が私を見てくれていたことに、心から驚いていた。

「そう、よかった！」彼女は笑って、踊りながらまた離れていった。視界が人の頭で埋めつくされているせいで、私はすぐに自分がどこを見ているのかわからなくなった。いまの一件を、私は危険だとは思わなかった。でも確かに危険を感じることもできたし、彼女は危険を見て取ったのだ。私を見ていてくれたのだ。

ジャンルの違う音楽が流れる別のフロアで、生き生きと楽しそうに踊るブロンドの女性がこちらを見ているのに気づいた。お互いにすれ違ったとき、彼女は笑顔で私の腕を取り、あなたの放つオーラが魅力的だと、思いがけない言葉をくれた。私もほめ返し、彼女の目をしっかりと見つめながら、心からのお礼を言った。彼女たちをお手本にしようと固く心に決めた。彼女たちが見てくれていたことを知って、とても温かで幸せな気持ちになった。こんな経験は、これまでほとんどした覚えがなかった。どちらの女性も、自分たちの言葉が私の心に何を引き起こしたかは知るよしもない。

私は注意力散漫？

誰かが、自分がまわりからどう見られるかを気にしていると——たとえば、ひとりで食事に行ったりしたら、まわりからどう思われるだろう？　というように——人はよくこんなふうに言う。「誰もあなたに興味はない」と。あるいはもう少しソフトに「皆自分のことで頭がいっぱいで、人が何をしているかには気づかないものだ」と言うかもしれない。私の経験から言えば、それは本当にそうだ。少し寂しくもあるが、同時に気楽でもある。おそらく私たちは、つねにまわりの人全員に気を配る余裕はないということなのだろう。それはごく普通のことのように思える。だからこそ、この夜、私はとても幸せな気持ちになることができたのだ。まわりにいたのは知らない人ばかりだったにもかかわらず、ひとりではないと感じられた。自分に気づいてくれる人がいるのだと知ることができた。そして考えさせられもした——私はまわりの人々に、どれくらい注意を払っているだろう、と。

友達にこんなふうに言われて、とてもショックを受けたことがある——もちろん彼女に私を傷つける意図があったわけではないのだが——。

「あなたってとにかく注意力散漫なのよね。私の話をちゃんと聞いてくれてるって思えたことは一度もないわ」

相手をきちんと見ていなかったり、相手に完全に気持ちを集中させていなかったりすると、一緒にいる相手に、自分はひとりだと感じさせてしまう。

何人かの友達に、アレックスが私をきちんと見てくれていないと相談すると、そのうちのひとりは、あざけりと非難が少しずつ混じったような口調でこう言った。

「じゃああなたは、自分がまわりの人をきちんと見てるって思ってるわけ？」

「えっ……」

私は言葉に詰まり、一瞬彼女を見たが、その後しばらくは彼女のほうを見ることができなかった。頭がガタガタと音をたてていた。その声に含まれていたあざけりは、彼女はそうは思っていないことを物語っていた。おそらく彼女は、私にきちんと見られているとは感じていないのだ。一緒にいることで安心感を覚えるような居心地のよさを、私は彼女に与えられていないのだ。悲しくなった。また目を上げたときには、話題はすでに別のことに移っていた。けれど私の頭には、まだ彼女の言葉が残っていた。そしてそのあとも長いあいだ、その言葉が頭から離れなかった。

自分をきちんと見てくれること

誰かが自分をきちんと見てくれていると感じたときのことを思い出してみてほしい。誰かがあなたの話に熱心に耳を傾け、理解しようと質問して、あなたの思考や感情に寄り添おうとしてくれたときのことを。あなたが本来の姿でいられたときのことを。そうした例をすぐに思いつくのは、なかなか難しいのではないだろうか。

「誰かが自分をきちんと見てくれている」と感じるのは、けっして当然のことではないと、気づいたのではないだろうか。

誰かと話をしていると、よくこんなことが起こる——相手が話をしているあいだ、私は一応それを聞いてはいるのだが、頭のなかではすでに自分の返事を考えている。あなたにも、思い当たることがあるかもしれない。私はすでに、それに対して何を言うかを、自分の身に起こった似たような話を、頭のなかで考えはじめているのだ。そんなことをしていると、相手の言っていることすべてに耳を傾けることはできない。ほんの少し話を聞きかじったところで、頭のなかの映画館が起動して、自分自身の映画が上映されて、そのなかから答えを取り出す作業が始まってしまうからだ。

ロックダウンの最中に、この状態が精神的にとてもつらくて、ひとり取り残されてしまったように感じている、と誰かがあなたに話したとしよう。そんなとき、あなたはすぐにこんな答えを返したりはしていないだろうか。

「そうそう、私もおんなじ。ロックダウンなんかもううんざりよね。ところで最近……」

その時点でこの話はもう、次の話題へと移ってしまう。あるいは、こんな答え方をしているかもしれない。

「そうよね、気持ちはわかる。でも、もっといまの状態をポジティブに見てみたらどうかな。いまは自分のために使える時間がたくさんあるわけだし」

善意の答えではあるが、それを聞いた相手は「自分をきちんと見てくれている」とは思わないだろうし、自分を理解してくれているとも思わないだろう（それにこの答えが『有害なポジティブさ［困難な状況でも前向きにものごとをとらえるべき、という決めつけのこと。自然に起こるネガティブな感情を否定することで精神に悪影響がもたらされることもある］』に当たることは言うまでもない）。

では人の孤独には、どう対処すればいいのだろう？

相手に「きちんと自分のことを見てくれている」と感じてもらうためには、どう反応をすればいいのだろう？

問題を抱えている人がいると、私たちはつい、それを解決してあげたくなってしまう。どしゃぶりの雨が降るプラヤ・デル・カルメンで、レオと話していたときに私がしてしまったように。でも本当は、話を聞いてくれる誰かがいるだけで十分な場合も多いのだ。話に耳を傾け、理解を深めるための質問をしてくれる誰かが、あるいは、口を挟まずに黙って話を聞いてくれる誰かがいるだけで、十分なときもある。

相手の気持ちに寄り添うこと

相手に解決法を提案することが、つねに最善とは限らない。ときには相手の気持ちに寄り添うことも必要なのだ。相手を庇護しようとするのでなく、相手の目線に立って、「いろいろうまくいってないみたいで、私もつらいわ。できることは何もないかもしれないけど、そばにいるから」と言えるような人間になれば、相手に「自分をきちんと見てくれている」と感じてもらえるのではないだろうか。

きちんと相手を見ていないし、ちゃんと話を聞いてもいないと友達に指摘されたとき、私は不意打ちをくらったような気持ちになった。そんなふうに言われることを、まったく予期していなかったからだ。でも同時に、彼女たちの指摘は、まわりの人への注意の注ぎ方や、コミュニケーションの仕方を見直すきっかけを与えてくれた。

南アフリカに住むズールー族は、人間は、他人に見られ、受け入れられてこそ初めて存在すると信じているという。そのため、こんにちは、と挨拶をするときに、彼らは「サウボナ」と言うのだそうだ。直訳すると「私はあなたを見ています」あなたは私にとって大事な人で、私はあなたを尊重しています(注37)。という意味になるらしい。大切なのは、互いに存在を認識し合うことなのだ。ありのままの私たちや、その本質を互いに受け入れ合って、他人の存在に心からの関心を持つことが重要なのだ——この人はどんなふうに考えているのだろう？　どんなことを感じているのだろう？　と。

「今日は本当におかしな日だった」その夜、しばらくして、クラブの雑踏のなかで散り散りになっていた友人たちを見つけ、クロークで上着を受け取りながら私はそう言った。まわりの人が自分をきちんと見てくれていることを、心から実感した夜だった。周囲が私の存在を尊重し、認識してくれたような気がした。私はひとりではなかった。互いが互いのことをしっかりと見ていた。まるで私たち全員が、お互いの安全に気を配り合っていたみたいに。知らない人たちばかりに囲まれながらも、心地がよく、安心感があった。

白いスニーカーはひどく汚れていた。それでも幸福感に包まれながら、アパートメントの玄関ホールの明るい照明の下、階段を上ろうとしていた。自分をきちんと見てくれている人がいることを実感したこの夜は、私のなかの何かを突き動かしていた。まわりの人たちも、いまの自分と同じように、私からきちんと見られ、理解されている感覚を持てているのだろうかという問いが、頭をずっと離れなかった。私は、今夜の体験をお手本にしようと心に誓った。人々を認識すること。人々に目を向けること——私が一緒にいるときはひとりではないと、周囲の人たちに感じてもらえるように。

でも、人にきちんと見られているという感覚を得られるかどうかは、自分にどのくらいの注意が向けられているかだけでなく、私たちが自分の願望をどのくらい見せるのかによっても決まるものなのかもしれない。

周囲に自分の求めているものをどの程度示すのか——つまり、自分をきちんと見てくれる誰かを求めていることを、どのくらい周囲に示すのかによっても、結果は違ってくるのかもしれない。

ひとりでいることを学ぶ

私はひとりでいることを学んだが、それでも、すべてに適切な対処ができているわけではない。たくさんの人とにぎやかに騒いでいるときもあれば、周囲の人をろくに気にかけないときもあるし、ひとりでいることにたいしてこだわらないときもあれば、ひとりでいることを重視しすぎるときもある。失敗はするが、そのたびに私は新しい何かを学んでいる。

「ひとりでいることを学ぶ」ことのなかには、ひとり暮らしをしたり、孤独と付き合えたり、失恋の苦しみや別れを克服できたり、数週間にわたるひとり旅ができるようになったりすることだけではなく、いま歩んでいる道が正しいかどうかを、その都度自分で判断することも含まれている——いま一緒に歩いている相手が正しいのかどうかを判断することも、そして何かを変えるべきときを見きわめることも。また、ひとりで出発すべきかどうか決断を下すことも。

16

私のための夏

ひとりでいることと、取り残される不安

トラムの車体の黄色と、はるか遠くのほうで鮮やかさを失いつつある日没の太陽の色が交差する。この夏を象徴するのは友情と活気――ひとりで静かに過ごす以外の時間は、つねに友達とくすくす笑ってばかりいた。私たちは街の一角に車を停めた。通りはイルミネーションで輝いている。真夜中をとうに過ぎても、まだ外にすわったままでいた。

街はにぎやかで、まだ暖かく、誰ひとりとしてこの日を終わらせたがっていないように見えた。私はあまり眠らず、たくさん踊り、ランニングをして、とにかくいつもわくわくしていた。5時間も眠れば、睡眠は十分だろうか？

ここでの暮らしは好きだ、そんなことを考えながら、私は素足を歩道に投げ出した。この夏はまさに、ここにいたいと思えるものだった。どの瞬間も、永遠に続くような気がした。私たちは世界のすべてであり、同時に世界に存在していないようにも思えた。そして何より、無限に時間があるような気がしていた。

「できるなら彼にいますぐ会いたい。すっごく、すっごく会いたい。いまからベッドに入って、それでこの夜が終わっちゃうなんて嫌」

「だったら彼にダイレクトメッセージを送ればいいじゃない」と友達のひとりが彼女に言った。

「まあ、本当に彼に会いたいと思うならだけど」

いまはもう真夜中で、私たちは赤ワインのグラスを片手に、たったいまメッセージを送ることをすすめた友達の家のリビングにすわっている。真夏にもかかわらず、テレビ画面では、暖炉でちらちらと燃える火の動画が流されている。私たちはちょうど、南アフリカ人のラグビー選手と2回の散歩デートをしたという彼女の話を聞いているところだ。ふたりの関係はまだそれ以上には発展していないようだが、私にはそれ以上に発展する必要もないように思えた。

濃密で心地のいい関係

いま私は、新しい人たちと知り合い、濃密で心地のいい友達関係を築くことが楽しくてしょうがないのだが、バンブルのプロフィールによると、ラグビー選手の彼が求めているのは「気楽な付き合いのできる相手」なのだそうだ。けれどそれは彼女が求めているものでもあって、だからこそもうひとりの友達は、当然のように、彼に連絡すればいいと言っているのだ。

「メッセージを送る？　どんな？　そんなこと気軽に言わないでよ。ＴｉｋＴｏｋでダイレクトメッセージを送るのとはわけが違うんだから。どうすればいいと思う？」と彼女は訊き返した。

「メッセージを書けばいいじゃない」と私は笑った。「スカイダイバーが落下するみたいに、彼の受信箱に飛び込んでいけばいいのよ」

「この時間に？」

「うん」

「なんて書くの？」

「そうねえ……」私たちは彼女をじっと見つめた。彼女は少しとまどったようにこちらを見返す。

「何を書けばいい？」

「この時間にメッセージを送る人が書くようなことを。少なくとも、あなたがいましたいと思ってることを意図している人が書きそうなことを」私はそこでわざとらしく間を置いて、眉をつり上げた。

「〝まだ起きてる？〟ってね」

「まだ起きてる？」彼女は訝《いぶか》るような口調で繰り返した。「何、そのくだらない質問」

「簡潔でぴったりじゃない」

「それに、こちらの意図も伝わるし？　まぁいいわ」彼女は目をぐるりと回し、芝居がかったしぐさでスマートフォンにメッセージを打ち込んだ。送信を知らせる音がする。すると20秒も経たないうちに、返信音が鳴る。「えっと……まだ起きてるって」数秒置いて、彼女は先を続けた。「……それから、これから家に来ないかって」

もちろん彼は起きているに決まっている。ここにいる全員と同じように。

「本当に今日会うことになるとは思わなかった」彼女はインド料理の染みがついている自分のパーカーに手を伸ばした。私たちはくすくす笑いながら、Ｕｂｅｒに乗る彼女を送り出した。そしてその30分後、この夜のうちに届いたメッセージをスクロールしながら、私も帰途についた。

人生最高のとき

夜、携帯を機内モードに設定し、翌朝の8時にまたそれを解除する——そうすることに、私はずっと抵抗感があった。基本的に私は、いつでも連絡ができる状態でいたいのだ。たとえ深夜であっても。私はいつもだいたい、まだ起きているか、もう起きているかのどちらかだ。胸のあたりに、絶えずそわそわするような感覚があって、軽い動悸のような、ある種のポジティブなストレスにつねに駆りたてられている。

「いまが人生最高のときだと思うの」数日前、友達にそんなメッセージを送った。朝起きてすぐにそう書き送ったせいで、その友達に睡眠リズムを心配された。メッセージを入力するスペースに文字を打ち込んだときの時刻は、6時4分。幸せな気分でキッチンカウンターにもたれながら、エスプレッソマシンからコーヒーが抽出されるのを眺めている最中だった。その前日の夜、私たちが上機嫌でバーを出て、家へ帰るUberに乗ったのは、ほんの5時間前、昨夜の1時過ぎだった。

私はいつもそうだった。日の出とともに起き出し、とくに夏のあいだはエネルギーがあふれすぎていて、ほとんどじっとしていることができない。新しい1日の始まりと、目覚めたことのうれしさで、朝の5時にコーヒーを片手に水辺まで歩き、日の出を眺めることもある。ひっそりと過ごさなければならない時期が長く続いたせいで、この夏、私のエネルギーは計りしれないほどのレベルまで上昇していた。ベルリンにふたたび活気が戻ったのと同様に、私も活気に満ちていた。

その何日かあと、友達がラグビー選手と会った夜のことを話してくれた。

「彼のところにとつぜん行くことになったのもそうだけど、あの夜はなんだかくだらないことばっかりやってて、とにかく楽しかったの。廊下にあった彼のレース用の自転車を私がひっくり返して、それがジンのボトルが載ってたお盆の上に倒れちゃって。2本は粉々に砕けて、あたりまえだけど、彼のルームメイトがふたりとも起きてきちゃったのよね。ひとりはものすごく怒ってたわ。私たちは5時までずっと笑いつづけて、たくさん話して、床にこぼれたジンを拭いて、音楽を聴いて、それで、そのあとは何もせずにふたり並んで眠っちゃった」彼女は笑った。

「もう、本当に楽しい夜だった。まさしくこういう夜を、冬のあいだじゅう待ってたんだと思うわ」

私たちは休むことを知らない世代で、なかなか自分のスイッチをオフにすることができない。しかもパンデミック以降「FOMO(Fear of Missing Out)」、つまり、何かから取り残されることへの不安は、かつてないほど大きくなり、いつも時間が足りないという感覚に追い立てられている。

とにかく、すべての場所に顔を出しておきたいのだ。ロックダウンの時期をどうにか切り抜け、休養を十分にとった私たちは人生に飢えている。いくら楽しんでも足りないし、夜も眠りたくない。人に会いたいし、話もしたい。なにしろ蓄積された私たちのエネルギーは、コップからあふれんばかりになっているのだ。夜になっても、必ず誰かが起きていた。

ひとりの時間を集中的にとる

「今日の夜、何してる?」とメッセージが送られてきた。「何か予定はある?」

それはあの友達の話を聞いてから数日後の夕方で、私はスポーツウェアを着て、出かける前に手早く窓際の植物に水をやっているところだった。日中の日差しと暑さは、私の部屋からゆっくりと引いていきつつあった。

ひとりの時間をふたたび集中的に取るために、私は3日間の休みをとっていた。書きものをしたり、今年の残りの予定を立てたり、気の向くままに1日を過ごしたり、街をぶらついたりするために。昨日は完璧な1日だった。朝は湖でお決まりのコースを泳ぎ、そのあとは新しく買った古着のワンピースを水着の上にはおり、ランチに出かけた。

それから男友達と彼の犬に会って一緒にコーヒーを飲み、半分日陰になっている快適な場所で本を読んだ。夜はまた別の友達と会って、テーブルいっぱいに並んだオリーブオイルたっぷりのタパスと2杯のアペロールに幸福感と太陽でうなりっぱなしの頭を浸しながら、別れや友情や、なぜ人は集まるのかについて長々と深い話をした。そして、真夜中の少し前に長い散歩をしながら、帰宅した。

「今日はひとりでいるつもり」と私は返事を打ち込んだ。思わず頬が緩んだ。これからピラティスに行って、そのあとは青果店で採りたてのきのこを買って、それを魔法のように軽めのソースに仕立てあげ、大盛りのパスタにからめて、夜はそれを食べながらバルコニーで過ごすつもりだった。読みかけの本も読みたかった。いま半分ほど読んだところで、昨日カフェで読みながらつい声をあげて笑ってしまったほど、おもしろい作品だった。

部屋に置いてある大きな植物の、最後のひとつがみるみるうちに水を吸い込んだのを見届けると、廊下のフックから黒いスポーツバッグを取って、犬に別れの挨拶をしてから家を出た。この3日間は、完全に私自身のリズムで過ごすことができる。私は予定のない日が大好きだった。

ひとりで過ごす日曜日

ひとりで過ごす日曜日が、いまではお気に入りになっていた。ひとりで過ごす休日には、心地のいい開放感がある。まるで自分の人生から、1日だけ休みをとっているみたいに。何もかもがどうでもよくて、重要なことなど何ひとつないみたいな気分になれた。ベッドでいつまでもゴロゴロしている日もあれば、極端に早起きして8時前に10キロ走り終えている日もあった。

ときには近所で友達と1日過ごすこともあったが、気が変わればすぐに帰宅した。スマホのアドレス欄を引っ掻きまわすようなこともしなかった。自分がしたいと思うことを、すぐにひとりで実行に移した。あるいは、ノートパソコンの前にすわって、しなければならない仕事を片付けてしまうこともあった。

つい最近、ある友達が私にこんなことを言った。

「ほかのみんなはのんびり楽しんでるっていうのに、私ったら何してるんだろう？　なんとか医学部を卒業できるように勉強してばっかりよ」

「でも、ひとりで何かをやり遂げることってものすごく力になるわよ。アペロールを17杯も飲んだらそのときの記憶は何も残らないけど、試験を全部クリアしたときの誇らしい気持ちは絶対に忘れっこないもの」と私は答えた。

アペロールから誕生日パーティーへ、仕事の予定へ、友達が集まる夜のたまり場へと、忙しく動きまわっているうちに私たちが失っているものは、貴重な睡眠時間だけではないのかもしれない。この夏本当にすべきことを、しそびれているのかもしれない――せかせかするのをやめて、深呼吸することを。この夏がどんな夏だったかは、夜にどれだけの予定をこなしたかで決まるわけではない。ひとつひとつのことに、どれだけ深くかかわったかで決まるものだ。

日常の小さな冒険も、ぎっしりと詰まった予定のあいだに押し込まないほうがいいこともある。それに、ストレスの原因になる長い「やることリスト」のひとつにならないほうが、ずっと価値あるものになるかもしれない。時間をかけた特別なデートや、中身の濃い会話もできるようになるかもしれない――予定を詰め込みすぎなければ、そのための時間は十分とれるはずなのだから。

夜、私は顔を洗うと、スマートフォンの電源を切って廊下に置いた。開けっぱなしのバルコニーのドアから雨のひんやりとした空気が入り、部屋じゅうに広がっていく。ぎしぎし音をたてるフローリングを裸足で歩いてベッドに向かい、床の上に水の入ったコップを置くと、冷たい麻のシーツにくるまった。心のなかが平穏であれば、何かに取り残されることはない。ひとりでいることに満足していれば、そのあいだに何が起きようが、まったく気にならないのだ。

17

ラズベリー

秋の別れ

「今日は、気をしっかりと持つんだよ」スマホをジーンズのうしろのポケットに戻そうとしたとき、そんなメッセージが届いた。私はその午後、お別れを言うために妹と地元の町にいた。祖父母が住む建物の暗い廊下の、小さなアパートメントへと上る大理石の階段の前に立っていた。外はこれ以上ないくらいに美しい秋の日だったが、私たちはドアを閉め、それをこの空間からは締め出してしまっていた。何もかもが、まったく現実のものとは思えなかった。

「いまが人生最後のときだってわかるのは、どんな感じなのかしらね」妹に尋ねたが、なんだか空《くう》に向かって問いかけているように思えた。妹は無言で、まっすぐに前を見ていた。ドアノブを押して、裸足で冷たい階段を上がっていくときも、ずっと無言のままで前を見ていた。

精神的につらいときでも、私はきちんとふるまうことができるし、強くもなれる。妹もそうだ。たいていは私よりもずっときちんとしているし、強くもなれる。でも妹が強くなれるのは、いまとは違った状況のときだ。まるで人生のあらゆる場面をふたりのあいだで振り分けているみたいに、私たちにはそれぞれの役割があった。意識していたわけではないが、昔からずっとそうだったのかもしれない。いまのような状況は、私の出番だった。私たちふたりのために、今日は私が強くならなくてはならない。話す役目は私が引き受けることにした。私はぎこちなく、ベッドの端に腰かけた。妹はドアに背中を押しつけたまま、部屋の隅に立ちすくんでいる。

痩せて目の落ちくぼんだ顔を見ると、胸をつかれた。この30年、私の人生にずっと寄り添ってくれた顔。無言で浮かべる笑み。私は冷たい手を両手で挟んで、大きくはっきりとした声で、できるだけ快活に話しかけた――私たちがここにいること、そして、私たちが誰なのか。私はうわべだけの笑みを浮かべる。絵に描いたようなつくりものの笑顔で、この場にはまったくそぐわなかった。

私は大丈夫

でもこういうとき、人は相手の気持ちをなごませてあげたいと思うものだ。そしてそれ以上に、自分が動揺していることを、相手に感じさせたくはない。大丈夫、まだ時間はあるから――本当は時間などないとわかっているのに、自分にそう言い聞かせた。

「私は大丈夫」しばらくして、そうメッセージを返した。「何が起きたか、頭が追いついていないんだと思う」どうやって理解すればいいのだろう？　おそらく、いや間違いなく、これが永遠の別れのときなのだということを。

ともに過ごした思い出が、音をたてながら次々と通りすぎていく。この庭で過ごした夏の日々。水をいっぱい溜め込んだ小さな池。スズメバチが入り込んだラズベリー。雨水が溜まった大きな石桶。庭のまんなかに置かれたブランコ。物干し用ロープと青い空と、崩れかけのイチゴのケーキと、ずっと高いところから私を見下ろしていたたくさんのひまわりの花が目に浮かぶ。子どものころの年月を思わせる独特の夏の匂いが、くっきりとよみがえった。あのときの匂いがいまここに、この肌寒い秋の日に、本当に漂っているみたいに。私を待ち受けているのは、究極の別れだった。もう二度と会えない、別れだ。

頭の理解が追いつかないことに、人はどのように対処すればよいのだろう？　私の顔からは、すべての感情が消えていた。翌朝、とうとう祖母が逝ってしまったとき、私は無言でまっすぐ前を見つめていた。この秋、私は初めて祖父母のうちのひとりを亡くした。

人生は映画のよう

どこかで読んだことがある——**人生は、長い映画のようなものだと。人は映画の途中で生まれ、映画の途中でまたこの世を去る。だから映画には、必ず見られない箇所があるの**

だ。人生が始まる前と、終わったあと。そして自分がどれだけのあいだその映画にかかわれるか、人は決めることができない。

ほとんどの別れは、ともに歩む道の終わりをも意味している。ひとり、取り残されることを意味している。歩きつづけようとしていた道がぷっつりと途切れ、唐突に取り上げられてしまう。そしてそれがどんな種類の別れであっても、私たちはその後、おぼつかない足どりでまた、新しい方向に向かって歩き出すことになる。誰かと過ごす時間はすべて、人生の1コマにしかすぎない。その瞬間を写したスナップショットのようなもので、それが永遠に続くことはけっしてない。

別れはさまざまな形で訪れる。死による別れや恋人との別れ。仕事を失うことや、叶わなかった夢をあきらめることも別れの一種だ。死による別れの場合は、その人がいかに自分にとって大事だったか、亡くしたときの悲しみの深さで初めて気づき、生涯その悲しみが影を落とすこともある。その人がいなくなったとき、その先も生きる気力を保てるのかどうか、想像すらつかないこともある。それでも、何もかも大丈夫だと思えるときは、いつかまた必ずやって来る。

その深い悲しみが消えることはないという事実を受け入れて初めて、人はそれを抱えたまま生きていけるようになるのかもしれない。数週間後か、場合によっては数年後に、その人のことを笑顔で、よい思い出として懐かしむことができるようになったときに。悲しみが、その人と時間を共有できたことへの感謝の気持ちに変わったときに。

ともに時間を過ごせたことを、私は当然だとは思っていない。その人からの教えは私の心で生きつづけ、それを私から取り上げることは誰にもできない。私は、小さなあずま屋に巻きついている蔓《つる》からラズベリーをひとつ摘みとった。そして、あいた穴のなかにスズメバチが入っていないかどうか確かめた。

それから数か月過ぎても、祖母にもう二度と会えないということが、とても現実には思えなかった。妹の手を握りしめた。妊娠中の彼女の膝には、ひとり目の子どもがバランスを取りながらすわっている。空の色は、今日のために特別におめかしをしたように、輝くばかりに青かった。たとえいまはすぐそばにいる人でも、その人とともに過ごせる時間は、けっして永遠ではないのだ。子どものころを思い起こさせる独特の夏の匂いが、またはっきりと漂ってきた。私は思わず笑みを浮かべた。

18

節目の30歳

いつもいまが最高のとき

「妹はもうすぐ2児の母になるっていうのに、私はいまだにエレベーターボーイズ［TikTokで有名になった、モデルやバンド活動をしているドイツのボーイズグループ］で誰がいちばん好みかなんて考えてるのよ」早口で友達にそう言うと、笑った。

「もう本当にびっくりよね。人によってこんなに生き方が違うなんて」

「本当に。多分私たちは人生を満喫しすぎてるのよ」

彼女も笑い声をあげたが、私は彼女の表情が微妙に変わったのに気がついた。

年をとると人は無意識に、あるいは意図的に、自ら選んだ自由が正しいのかどうかを考えるようになる。私はもうすぐ30歳になるが、こういう切りのいい誕生日が近づくと、人はとくにそうしたことを意識するようになる。結婚や出産など、まわりが人生の節目のイベントを祝っているのを見るたびに、ひとりの人間は、貴重な人生の時間を無駄にしているのでは、という気持ちに襲われる。普段はひとりでいることが気にならなくても、たとえばひとりで盛大な祝いごとに招待されたり、自分の誕生日パーティーに招待客が全員パートナー連れで姿を現したりすると、ひとりでいることが少し不安になってくる。

他人の幸福度はわからない

30代の女性は、世間では落ち着いた人生を送っていて当然のように思われがちだ。パートナーがいてあたりまえだと思われる。30という数字は、どうやら多くの人にとって、奔放な時期と、家と夫と子どもが生活の中心になる時期とを分ける、魔法の境界線であるらしい。独身女性は「誰にも選ばれなかった人」と見なされるようになり、独身でいることはひどく不幸なのだと思い込まされる。けれど、私はそのどちらも正しいとは思わない。

フランスの作家、シモーヌ・ド・ボーヴォワールだって、すでに1949年当時、名著『第二の性』（河出書房新社、2023年ほか）で、こんなふうに書いている――「他人の幸福の度合いを把握することは、およそ不可能である」[注38]

学術調査でも、最も幸せなのは子どものいない独身女性である、という結果が出ている。[注39]この結果には、同感できる。私にとって、いつでも好きなときに平穏な時間を過ごせることほどすばらしいことはないからだ。ただしこの「平穏な時間」は、自分の思い込みによるプレッシャーや、何かにつけて口出しをしたりコメントしたりする外部の人からの実質的なプレッシャーによって、往々にして妨げられてしまう。見た目についてはもちろん

（痩せたんじゃない？　きれいになったね！）、生き方や個人的な決断にいたるまで、私たちはことあるごとに互いを評価し合っている。

　他人からの評価や批判の目を気にしすぎていると、それは自己成就予言［根拠のない思い込みでも、人は無意識に思い込みに沿った行動をするため、結果的にはそれが現実になってしまうこと］になりかねない。私たちはたびたびありもしない不幸を頭のなかでつくり出す。つねに誰かとマウントを取り合ったり、いつもなんらかの〝成果〟を上げることを意識したりして、まわりに自分がどう見られるかを気にしてばかりいるからだ。こうした競争意識は、自分ではどうしようもないほど根付いてしまっている思考パターンが原因になっている――内なる女性嫌悪だ。

　少し話は逸れるが――私は20代の初めごろ、元彼の新しい彼女や、当時付き合っていた彼の前の彼女を嫌ったり、他人の女性をライバル視したりするのはしごく普通のことだと思い込んでいた。それが基本ルールだと思っていたのだ。その人が自分とどんな関係性かによって好き嫌いを決めていた。友達と「新しい彼女」の悪口を言うのは普通のことだと思っていたし（もちろん普通ではない！）、男性に浮気をされたときには、彼ではなく、浮気相手の女性のほうに腹を立てた。こうしたことを引き起こす原因もやはり、内なる女性嫌悪――つまり、社会によって植えつけられた、女性を敵視する思想である。

　自分ではどうしようもないこの思考パターンのせいで、私たちはほかの女性たちを値踏みして、張り合い、互いが下した人生の決断の優劣を競ってしまう。彼女たちがいつどんな人生の一歩を踏み出したかを根掘り葉掘り聞き出し、自分の人生と比較し、そして他人ともさんざん比較した結果、30歳を前にしてパニックに陥るのだ。

自信が無いのは他人の評価を気にしすぎるから

自分の選択が正しいかどうか自信が持てないのは、多くの場合、他人からの評価を気にしすぎているせいだ。自信を持って自分の人生の決断を下したなら、誰にも――自分自身に対してはとくに自分の生き方を批判的な目で見る余地を与えるつもりはない。それがたとえ、ひとりで生きていくという決断だったとしても。周囲が自分の決断をどれだけ真摯に受け止めるかは、自分が自分の決断をどれだけ真摯に受け止めるかで決まると私は思う――年齢など、結局はただの数字にすぎないのだ。

もちろん、その人自身がひとりでいることに満足していないのなら話は別だ。「私はもう○○歳（あなたの好きな数字を入れてほしい）。なのに、まだひとり。この年齢になるころには、違うライフステージにいたかった」と考えているのなら。けっして過分な望みではないが、現実では即座にそれが叶わないこともある。現実をいますぐ変えることができないのなら、あなたを癒してくれるものはなんだろう？

もしいまの状況に不服なら、その気持ちを無理に抑える必要はない。しかし、たとえ現状に不満があっても、あなたを満たしてくれる生きがいや、課題や、価値のある何かはきっとあるはずだ。重要なのは、自分の人生に意義を与えることだ。

そういう状況下において、実際にはネガティブな感情に支配されていたとしても、ポジティブな面に意識を集中させることが役に立つと私は考えている。ひとりでいることのポジティブな面は――自ら望んでひとりでいる場合でも、意に反してひとりでいる場合でも――自分を知るための時間を十分に持てることだ。

それに私は、ひとりでいるほうが若さを保てると確信している。その理由は、ひとりでいると、未知のものに触れてわくわくする機会が次々とやって来るからかもしれないし、自分自身にもっと気を配ることができたり、自己管理する時間がとれたり、自分の欲求に忠実でいられたりするからかもしれない。あるいはただ単に、ひとりでいるほうがストレスが少ないから、という可能性もある。

男性は誰かが隣にいるほうがよく眠れるのに対して、女性はひとりのほうが眠りが深くなるという（知っている人もいるかもしれないが）。学術研究の結果によると、女性の眠りの質が上がるのは、唯一、犬がそばにいるときだけなのだそうだ。(注40) 男性と一緒に住むよりも、どうやら犬と暮らしたほうがいいらしい。

それから、このことをぜひとも頭に入れておこう――私たちはそれぞれ、自分独自の旅をしている。45歳で初めて起業をする人もいれば、21歳でひとり目の子どもを持つ人もいる。76歳になって初めて本当の恋に落ちる人もいる。ひとつとして同じ人生はないし、それに――幸いにも――**人生には、正解も不正解もない。たとえ同じ家庭で育ったとしても、**

私と妹のように、生き方はまったく異なることもある。私たちは誰かと競い合う必要もなければ、誰かと自分を比較する必要もないのだ。

最高の過去に

私は、考えられるかぎり最高の30歳の誕生日を過ごしていた。11月の半ばのベルリンは凍てつくように寒く、中心部の通りには薄い氷が張っていた。誕生日を祝っている小さなバーでは、ふたりの若い男性がライブ演奏のためにマイクをコンセントにつなぎ、ごく親しい友達と私の家族の何人かは、グリューワイン［シロップや香辛料を入れてつくるドイツのホットワイン］を傾けながら、箱入りのピザを分け合っている。

少し離れたところに立って、ここに集まってくれた人たちを眺めていると、感謝の気持ちがひしひしとこみ上げてきた。この人たちのおかげで、私がどれほど幸せに過ごせているか。この人たちと過ごす時間を、私がどれほど楽しんでいるか。この人たちと一緒なら、ひとりでなくても、私は自由でいることができた。どんな生き方をしたいのか、いますぐ決める必要があるとは思わない。でもその夜私は、これからの人生は、きっとどんどんよくなる一方に違いないと確信していた。

19

3つの視点

「冬の会話」ひとりでいることと友達付き合い

「ごめん、ものすごく遅くなっちゃった！」ジョージーはそう謝りながら、ハンブルクのカフェで、ふたりの子どもが乗ったベビーカーと袋とバッグを私の隣に滑らせて、コートを脱いだ。ベビーカーがドアの前をふさいでほかのお客が入ってこられなくなっているが、彼女はまったく気にしていなかった。ジョージーは心のこもったハグをした。冬の寒さで頬は紅潮していて、そのせいで少しふくらんでいるように見える。彼女と一緒に外の寒さがカフェにも入り込み、思わず身ぶるいをした。

ジョージーに会えたことがとてもうれしかった。次の旅行に出発し、数週間家を空ける前に、どうしても彼女をもう一度抱きしめておきたかったのだ。あわてて熱いココアをすろうとして、私は舌をやけどした。いままではジョージーと会うときは、いつも子どもたちが一緒だった。

「じゃあ、幸せなのね？」私はそう訊きながら、よだれを垂らしている幼児と、彼女の腕でもぞもぞしている赤ん坊に顔を向けた。ジョージーはここ1週間の出来事を、細部にいたるまでたっぷりと話し終えたところだった。彼女の話はいつも愚痴めいていながら、顔には笑みが浮かびっぱなしで、いまの生活を心から楽しんでいるように見えた。

変化したジョージーの世界

育児のストレス、騒々しい日常、ドアに激突してしまったこと、ベビーカーで身動きがとれなくなってしまったこと、洗いたての服がよだれだらけになること、子連れを咎《とが》めるような周囲の視線。それがいまの彼女の世界だった。私は前かがみになって赤ん坊を受け取り、腕に抱いた。

「すっごく」

彼女は目を輝かせた。

「だって絶対ひとりにはならないんだもの。トイレに入ってるときもね」

「ははは」私は無理をして笑い声をあげた。

「そんなところに登っちゃだめでしょ、すぐに降りなさい！」ジョージーはカフェの反対側に向かって大声をあげた。「えっと、なんの話だっけ？」ふたたび彼女の目が輝く。そうだった。そういえば、ジョージーはひとりでいるのが嫌いだった。

互いの状況が変われば友情の形も変化する。私たちのあいだにあった友情も、別のものに変わってしまった。でも彼女はその変化が少しも気にならないらしい。彼女が幸せな家庭を築いていることを、私は心から喜んでいた。けれどその一方で、かつての友情に、ひとりで取り残されたようにも感じていた。関係の変化に伴う新しいレベルのコミュニケーションに自分を適応させながらも、以前の付き合いを恋しく思うのは、きっと普通のことなのだろう。そして友達と一緒にいるにもかかわらず、ときにはひとりでいるように感じてしまうことも。

その数日後、私はシェーネベルク地区で開かれた誕生日パーティーで、ヴェレーナと知り合った。彼女は小柄で、お酒をちびちびと飲みながら、どこか不機嫌な顔つきをしていた。私はキッチンテーブルについて人の輪に加わっていたが、そのなかで彼女だけが唯一、私に自己紹介をしなかった。でも、そんなことは気にならなかった。古い建物にある、何人かでルームシェアをしているとても大きなアパートメントで開かれているパーティーだ。人々はお互いに言葉をかわしては、また散り散りになっていく。たくさんの名前や視線が飛び交い、お酒が酌み交わされていた。外は凍てつくような寒さで、窓は笑い声をあげる人いきれで曇っている。この冬の計画について訊かれた私は、まもなく出発予定の旅行のことを、かいつまんで話した。行きのフライトしか予約していないこと、現地で知り合いと会う約束はあるが、その後はひとりで旅を続けるつもりであること。そしてひとりでいろいろな場所をまわるのが、旅のそもそもの目的であること。

ひとり旅がいやな人もいる

同じテーブルについている人たちと会話を楽しんでいるあいだ、ヴェレーナはずっと黙り込んでいた。それでも私は、彼女が私の話に拒否反応を示しているのを感じていた。腕組みをして、膝立ちですわり、彼女はこちらをじっと見ていた。

「私はどこかにひとりでいるなんてまっぴら。おもしろくもなんともないじゃない」

会話が一瞬止まったとき、ヴェレーナがとつぜん口を挟んだ。

「そう?」と私は言って、彼女のほうに向きなおった。

「なんでそんなことしなきゃならないのよ?」

「うーん……」遠い場所で冬を過ごして、1月、2月、3月になるまで、さんさんと太陽が降りそそぐ場所からリモートで仕事をするというのは、最高のアイデアに思えたし、長年の私の憧れでもあった。でも、「あなたはひとり旅はしたくないのね? まあ、みんなが同じことをしたがる必要はないわよね」と穏やかな口調で言うにとどめて、きっぱりとこの会話を終わらせた。

「彼女、この前、彼が出ていっちゃったのよ」ヴェレーナがパンチボウル[大きなボウルにお酒やフルーツを入れ、各自で注いで飲むカクテル]のおかわりを注ぎに行ったとき、そこの住人のひとりが、重大な秘密でも打ち明けるようにそうささやいた。

「……新しく買った部屋に、ひとり取り残されちゃったの」

しばらくしてから、私は廊下でまたヴェレーナを見かけた。彼女のことを見つめるだけで、何かを言う勇気を持てずにいると、ヴェレーナが不意に口を開いた。「ごめんなさい。あなたに当たるつもりはなかったの。ただなんだか……」私はうなずいた。

彼女の気持ちは、よくわかる。彼女は私だったし、私は彼女だった。ただそんな経験をした時期が異なるだけだった。さかんに会話が交わされていても、友達がそばにいても、ヴェレーナはこの夜、孤独で押しつぶされそうになっていたに違いない。彼女はひとり取り残されていた。望んでいなかったにもかかわらず、ひとりになってしまったのだ。

フランキーのぜいたく旅行

「トゥルム？　いいじゃない、私も行く！」

「本当？」

「うん。宿はこちらで探そうか？」

クリスマスが終わったあとに出発予定の越冬旅行のことをフランキーに話すと、彼女は即座に、年末にメキシコで会って一緒に年越しを祝わないかと持ちかけてきた。私はすぐに同意した。そのあとは、春に訪ねてとても居心地のよかった中米の、残りの地域を何週間かかけてひとりで旅してまわるつもりだった。

フランキーに会えるのはうれしかった。しかし、彼女の旅行のイメージは、私の計画とはまったく異なっているようだった。彼女が宿泊先の候補として提案してきた豪華なレンタルアパートメントをクリックしながら見ているうちに、そのことに気がついた。どれも私には贅沢すぎたし、何よりも高すぎた。私はいままでは、簡素なホステルのベッドで寝ることを心から楽しむようになっていたし、できるだけ出費を抑えた旅がしたかった。その種の旅のほうが解放感を味わうことができるのだ。

しかも彼女はいまの時点で、私たちの1月の予定をすべて決めてしまうつもりのようだった。贅沢な宿を次から次へと泊まり歩く旅を想像したとたん、不快な気持ちが広がった。そんなにお金を使いたくはなかったし、事前に予定を決めたくもなかった。前回も、どの町に滞在するかはだいたい決めていたが、旅の途中で何度も予定を変えた。そこにいる人たちを気に入ったり、まだそこを動きたくなかったりで、急遽滞在を2泊延長したこともあった。

自分にとってはどんな生き方が幸せなのかを、私は理解できるようになっていた。それに旅先では、自由気ままでいたかった。おまけにいまちょうど、なんだか人付き合いに疲れてしまってもいた。

誰かとふたりでいることには、さまざまな面がある——相手に合わせるために絶えず妥協をしなければならないし、互いが求めていることを調整する必要もある。大事な人とすばらしい体験を共有し、安心感を覚えることができる一方で、そのことに対する感謝の気りする。

持ちから、自分でも気づかないうちに、いろいろな場面で甘んじて妥協を受け入れていた

私はひとりでいることに慣れすぎてしまったのだろうか？

ひとりでいることを、それほど強く求めるようになってしまったのだろうか？

私は思っていたよりも内向的なのだろうか？

それともただ単に、ひどく身勝手なだけなのだろうか？

いまではひとりで旅をすることを、とても快適に思うようになっていた。ひとり旅のありとあらゆる面が気に入っていた。前もって計画を立てる必要もなければ、連れの期待に応える必要もない。初めての国で迷子になったりしながら、ひとりで落ち着いた時間を過ごせるし、自分自身を知ることもできる。おまけに誰かに合わせて動く必要もない。ふたたびリュックサックに荷物を詰めて、数週間ひとりで旅に出る――それに惹かれるいちばんの理由は、計画を立てずに気ままに動ける自由を味わえるからだ。

他人を大事にするのと同じように自分自身を大事にすれば、自分のために下す決断は、単なるわがままではなく、れっきとしたひとつの決断になる。ただどんな旅を理想とするかは、人によって当然異なる。しかしそれでも私は、自分の欲求と友達の欲求を、どんなふうに両立させればいいか頭を悩ませた。フランキーの感情や自尊心を、傷つけたくはなかった。

どちらにとってもフェアになるように、こんなふうに返信した。

「正直言うと、まだあんまりしっかりと旅行の計画を立てたくないの。いま決めるのは、年末の宿泊先だけにしていい？　そのあとは、とくに計画を立てずにひとりで気ままに旅をしたいから。1月の予定をいま決めなきゃならないなら、私抜きで決めてもらっていいかな」送信ボタンを押した。

自分の直観を無視せずに、個人の境界線や願望をこれほどはっきりと伝えることに、まだ慣れていなかった。でもこれは私の時間で、私のお金で、私の旅行なのだ。それらをどんなふうに使って、どんなふうに過ごすかは、自分の好きなように決めていいはずだ。自分のリズムで世界を見てまわり、その場で感じた鼓動に合わせて行動していいはずだ。自分にとって何がプラスになるのかも、自分がどんな生き方をしたいのかも、結局は自分自身にしかわからないのだから。ノーと言うことを身につける学びの過程は、いつまで経っても完全に終わることはなさそうに思えた。

人生で大事な人

友達といるよりひとりでいることを選ぶのは、そうあることではない。人付き合いするうえであまり望ましいことではない。なぜなら友達というのは、何かを共有するために存在するものだからだ。でもフランキーは、私のメッセージに気を悪くした様子はまったくなかった。「わかった。じゃあそういうことで！」と書いてきたその返事を見て、私は、彼女が私の人生でこれほど大事な人になった理由を、あらためて認識できた気がした。友達付き合いというのは、お互いの欲求のあいだでつねにバランスをとりつづけるダンスみたいなものだ。私にとっては、次の2点がわかっているような関係が理想的だった――私が私のままでいられること、そして、互いのことをいつも思いやれること。リュックサックを取り出して、2度目の長いひとり旅のために荷造りを始めた。今度の旅は、私の予想とはまったく違ったものになった。

「なんだかいまは、ここに残るのも悪くないって思えるわ」旅立つ前の最後の夜、私は別れを告げるために会った親友にそう言った。彼もやはり数日後にはベルリンを出て、冬を別の場所で過ごす予定になっていた。

「僕もだよ。だけどそれってすごくいいことだよね。君がそれだけここの生活を気に入っていて、ここにずっといたいと思っていて、ここにいるのが好きだってことだから。ここが嫌だから旅に出るわけじゃない。僕もいまはそんな気持ちだよ」

街を歩いて帰宅する途中、前を開けたままのコートから凍えるような寒さが入り込んでくるのを感じながら、考えをめぐらせた。**もしかしたら、いまいる場所に深い安心感があって、そこにずっといたいと思えて、心が静かに落ち着いているときこそが、その場を離れて動き出す、絶好のタイミングなのかもしれない。**当初の予定になかった夜の外出で、思いがけず最高の思い出ができることが多いのと同じように。だから私は荷造りをして、出発した。

20

困難なスタート

空転

私たちは、ゲートの前で向かい合わせにすわっていた。目のまわりだけを覆うタイプのお祭り用のカーニバルマスク越しに目が合って、互いに笑みをかわした。今日は大晦日の前日だけに、あたりはどこか華やいでいる。大きな飛行機に乗り込むと、38の列にはさっきゲートで見かけた男性が立っていた。「すわるのは窓際のほうがいい?」と尋ねる。ゲートで会った時点で、このフライトじゅう、一緒に過ごすことがすでにわかっていたみたいに。

新しい旅の始まりとしては完璧だった。けれど、機内では仕事をしたり、気が向けば読書をしたり、それから睡眠は絶対にとるつもりだったのだが、結局はそのどれも満足にできなかった。何をしていてもそのうちまた、ロブというその男性との会話が始まって、それが12時間、ほぼずっと途切れることはなかったからだ。

私たちはそれぞれに持ってきた本を読みはじめ、そのあと言葉を交わし、「そこ、行ったことがある。君も絶対行ったほうがいいよ」という一言で会話が終わった。するとすぐに、彼はふたり用のカードゲームを私に教えようとしたが、なぜかそれを途中で投げ出し、私の肩に頭をもたせかけて眠りに落ちた。私も彼の頭に自分の頭を乗せて目を閉じた。

私たちはいま、海の上のどこかにいる。家と新しい冒険のあいだのどこかを飛んでいる。私たちは知らない者同士だが、この狭間の世界では、お互いに親しみを覚えることができた。ここはどちらにとってもなじみのない環境で、おまけにしばらくのあいだここから出られないという事実が、そんな感情を抱《いだ》かせるのだろう。

空港と飛行機はいつも別世界だ。飛行機では、朝の8時に赤ワインを飲んで酔っている人もいれば、いちばん奥の汚れた床で寝ている人もいる。乗客全員がマナーを忘れがちになってしまう。礼儀正しくふるまうには、この空間は狭すぎるのだ。マナーを守らなくても、たいしたことではなかった。

パニック発作

これから始まる旅のことを考えると、胸が弾んだ。前回同様スタート地点はメキシコだが、今回はさらに遠くまで旅をして、中米をもっと見て、数週間後にパナマから帰国するつもりだった。それ以外は何も計画を立てていなかった。滞在期間を決めて、行きのフライトを予約しただけだ。

いまではコロナに罹患した影響はもうほとんどなく、わずかに後遺症が残っているだけだ（とくに慢性的な疲れは何か月もとれていなかった）。コロナをきっかけに陥った人生最悪の孤独は、活力と創造力というポジティブなものに変換することができ、誰かに尊重されることや、自分にきちんと注意を向けてもらうことが、自分にとってどれほど大事なことなのかにも気がついた。

でもじつはもうひとつ、ここにはまだ書いていないことがある。ポジティブな出来事を挙げている最中にこんなことを書くと、読書の流れを妨げてしまうかもしれないが、そして書かずにすませることもできるのだが、やはりこれについても触れておきたいと思う——私はそのころ、パニック発作と闘っていた。それにもかかわらず、ひとりで旅に出た。矛盾しているようだが、私のなかには真っ暗な闇と、あふれんばかりの意欲や活力が同居していたのだ。

自分の体が自分のものでないような感覚がある一方で、冒険と生《せい》を渇望し、ひとりでいることを存分に楽しもうとする、小さな子どものような貪欲さが自分のなかにあるのも感じていた。同じ日は1日としてなかった。暑くなる日もあれば寒くなる日もあったし、パニックに陥る日もあれば楽しい日もあった。

年越しの前後は、いつもどこか特別な、不思議な魅力を持つ時期だった。だから私は、ひとりですばらしいときを過ごしたこの場所に、年末にもう一度訪れたいと思ったのかもしれない。ここで知り合った仲間たちと、メキシコで年を越す約束をしていた。楽しい思い出のある場所から旅行を始め、そのあとひとりで旅を続けるというのは、いいアイデアに思えた。

　メキシコ、グアテマラ、イビサへの旅や、ベルリンでそれぞれに集めた貝を、全部ひとまとめにして持ってきたみたいに、ここでは、ジェス、カイザー、タイガー、ハッサム、レイラに会うことになっていた。それからもちろん、フランキーにも。彼女もまたほかの人たちと約束があり、その後の予定も自分で立てていたが、年越しのパーティーには、全員で行くことになっていた。


　新年を迎えたあと、私はホステルのベッドで氷のように冷たいパニック発作に襲われた。そこから完全に回復するには2日かかった。ここでの時間は、すでに知っている人たちで埋め尽くされていた。新しいものは何ひとつないし、方程式にも未知数はなく、答えの出ていない問いもない。

　お互いに約束をしたり、相手を待ったり、その場で起きていることについて発言するだけの表面的な会話を交わしたりが、渦のようにぐるぐると繰り返されるばかりだった。いま起きていることに意見はしても、会話がどこか深いところに入っていくことはなかった。私はタクシーの窓からぼんやりと外を見た。通りすぎていくさまざまな色や、街並みの変化や、緑色や茶色の何かを眺めていた。

自分に向き合うときは寛容に

ひとり旅をして、ひとりで旅の予定を立てても、ひとりになることはけっしてない。旅に出れば誰かと知り合い、緩い付き合いではあっても、世界のあちこちから来た人たちと一気につながることができる。ときには誰かとしばらく過ごし、行動をともにして、そしてまたいつかは離れていく。

まずは知った土地に行くのがいちばん手っ取り早いと思っていた。そのほうがリスクも軽減されると思った。でもそれがどれだけ大きなリスクを伴っていたか、いまさらながら気づいた。前回の旅を始めたころの万全ではなかった自分の状態の記憶を、新しい思い出で上書きしなくてはならないのだ。「パニック発作で死んじゃいそう。こんなにひどいのは初めて。私はただ、火山に登ったり、こぢんまりしたカフェで書きものをしたり、太陽を浴びながら読書をしたりしたいだけなのに……」夜、日記にそう書いた。

ひとりでいるというのは、自分のなかにある不安や、内なる批評家や葛藤や、決断力のなさや、後悔していることにもひとりで向き合わなければならないということだ。その結果、自分を鼓舞できるときもあるが、穴に落ちてしまうときもある。そしてほとんどの場合、自分の内側にある何がどんな影響を及ぼすか、自分でコントロールすることはできない。自然な感情に、ただ身をまかせるだけだ。

だから自分に向き合うときは、寛容な姿勢で、愛を持ってのぞまなくてはならない。そこまで自分に厳しくする必要はないと言ってくれたり、次に決断をするときは直観に耳を傾けるべきだと助言をくれたり、昨日の出来事や明日起きるかもしれない出来事にとらわれてはいけないと声をかけてくれたりする人は、誰もいないのだから。

雪を見たことがないエドゥアルド

トゥルムで迎えた新年の朝、エドゥアルドに会った。グアテマラからまたメキシコに戻ってきたという彼を、私はぎゅっと強く抱きしめた。エドゥアルドは私にとって、ここでの安心できる港のような存在だった。道端で買った朝食のタコスを食べながら、私たちは縁石にすわって、自分たちの夢について話をした。

「雪を見たことは一度もないんだ」とエドゥアルドは英語で言った。彼に、ドイツの冬の悪天候を撮った動画を見せたところだった。彼は熱っぽい口調で、お金を貯めていつかカナダに行ってみたい、と話した。雪？　興奮し、目を輝かせながら雪について話すエドゥアルドを見て、自分にとっては普通のことが、異国の人の目から見れば特別に見える場合もあることに、初めて気づいた。誰かに出会うということは、その人を通して自分自身をも知るということなのだ。旅は、異国の文化についてより深く知るためのものだけでなく、自分自身を知るためのものでもある。

「ほとんどのメキシコ人は雪を見たことがないと思う。というより、世界の大部分の人はまだ一度も雪を見たことがないんじゃないかな」とエドゥアルドは言った。

「そんなふうに考えたことは一度もなかったわ。世界の大部分の人は、まだ一度も雪を見たことがないなんて。雪がどんなに特別なものなのかってことも」私は考え込みながら言った。なんだかもの悲しい気持ちになった。

対照的に、ホステルに戻ってからの会話には、まったく中味がなかった。レイラと私がすわっているビーチチェアにふたりのオランダ人が腰かけて、オランダ人とドイツ人の違いについて熱い議論を交わしていた。誰かと話すことが目的で、話す内容はどうでもいい、といった類のただの世間話だった。それに、いまいるメキシコから、世界の文化間にある違いの大きさを見れば、オランダとドイツの文化の違いなど、ほとんどないも同然に思えた。

新しい年を迎えた日の朝の8時から、なぜこんなにくだらない話をしなくてはならないのだろう。私はこの旅に、いや、正確に言えば、この旅でつねに誰かと一緒にいることに、不意にいら立ちを覚えた。いまは自分の存在すら耐えがたかった。自分たちがここで何をしているのかよくわからなかったし、どうしてこんな会話が必要なのかもわからなかった。唯一わかっているのは、いまこの場にいたくないということだけだった。

静かな場所で、落ち着いて考えごとがしたかったので、会話を続ける彼らをその場に残し、日記を持って、ホステルの前から海に突き出ている長い桟橋を裸足で歩いた。風が強く、高く昇った太陽が、私の顔と開いたページにじりじりと照りつけた。暑くて我慢できなくなるまで、私はそこに留まった。

砂まみれの自分の足と、屋外用のベッドの端に置いてあるリュックサックに目を向けた。すでに知っている場所に戻ってきても、経験することはまったく異なるというのは……興味深い。今回ばかりは、本当の意味で旅を始めるのに、何日も要してしまった。旅をどうにか楽しめるようになるまでに、ずいぶん時間がかかった。過去の体験を、そっくりそのまま再現することはできないのだ。当然ながら、どこに行こうと自分は必ず道連れだ。そのときの自分をあるがままに受け入れるというのは、それほど容易なことではないのかもしれない。

21

コスメル島でのダイビング

決断を面倒に感じる

照明がブーンとうなるような音をたてている。あるいはこれは、設定温度の低すぎるクーラーの音なのかもしれない。どちらなのか、私にはよくわからなかった。トゥルムで予約したホステルの部屋の窓は細長く、その外にある中庭には、どんよりとした暑さが淀んでいるのが見えた。フランキーの分もベッドを予約していたが、彼女は姿を現さなかった。

あちこちのパーティーに出かけたり、ビーチで古い知り合いに会ったりしていたようだが、そのうち居場所がわからなくなってしまった。この旅の始まりは妙だった。私は普段の明晰さを失っていた。次に行くべきところをつねに示してくれていた直観が働かないのだ。まるで無重力空間に浮かんでいるような気分だった。頭痛がひどくなりつつあるときみたいに、頭のなかがぼんやりしていた。

私は幅の狭いベッドから両足を垂らし、ぶらぶらさせた。隣に置いてあるスマホから音が鳴ったが、画面を見る気にもなれなかった。それでも、いつもの条件反射から逃れられない奴隷のように、結局はチェックした。ダーヴィトという、それほどよく知っているわけではない男性からのメッセージで、いまコスメル島［スキューバダイビングで有名な、トゥルムの対岸にあるメキシコの島］にいるから、こっちに来る気はないかと誘われた。どうやらトゥルムで撮った私の写真を見たらしい。

　彼とは、何か月も前に共通の知人を介してハンブルクでちょっと顔を合わせたことがあったが、彼が好印象だったかどうかすらよく覚えていなかった。友達の具合が悪くなってしまったため、ひとりでレンタルアパートメントを予約することになり、週末にはダイビングのコースに参加するつもりだという。

水中ではすべてがスローモーション

　無気力に空っぽのホステルの部屋を見まわして、そのほかの未読メッセージにちらりと目をやり、細長い窓の外にある中庭で揺らめいている暑さを眺めた。私は誘いを受けることにした。ダイビングは楽しそうだ。それに、潜れば水も冷たいに違いない。

　コスメル島の南にあるそのアパートメントはきれいだった。ダイビングの装備をして、ふたり並んで海底の上を滑るように泳いでいると、幸福感と平静さが心に広がっていくのが感じられた。水中深くで見る自分の指の動きは、まるでスローモーションのようだった。水を掻き分けながら泳ぎ、フィンを付けた足を上下にゆっくりりと動かした。魚の群れが、ってている。その光景に、すっかり魅了されていた。

何度か私をよけて通りすぎた。ほんの数メートル先では、海底の砂に巨大な亀がうずくまっている。その光景に、すっかり魅了されていた。

海のなかは言葉では言い表せないほど静かで、頭は綿にすっぽりとくるまれているように感じられた。その静けさを楽しみながら、私は一定のリズムで呼吸を続け、軽やかに足で水を掻いては数メートル前進し、そのたびに目をいっぱいに見開いて、周囲の色とりどりの生きものたちを見つめた。海のなかはこの上なく平和で、自由だった。

それなのに、海から出るとすばらしい気分はとたんに萎える。ダーヴィトはひっきりなしに煙草を吸い、そのうえ機嫌もつねに悪かった。私はむかむかしながら煙草の煙を手で払った。彼は、海から出たあと、私が毎回髪を自然乾燥してほったらかしにしていることに文句を言い、私の爪に関しても見下すような発言をした。言い方次第では印象も違ったかもしれないが、彼のもの言いはとにかく不快そのものだった。

私は困惑し、自分の手を見下ろした。短く切った爪のあいだには、ダイビングをしながら海上のボートで1日を過ごした名残の砂が入り込んでいる。むっとして、爪から砂を掻き出した。いつもならこんなに身だしなみに気を遣わない女にわざわざ会ったりしないんだけど、とダーヴィトは言う（あっそう。これはデートなわけ？　1日じゅう海のなかにいたっていうのに、ディナーパーティーにでも行くみたいな見た目でないといけないわけ？　ふざけるな！）。私はぞんざいな笑い声をあげたが、それは笑いというよりはむしろ荒い鼻息に近かったかもしれない。部屋を出て、しばらく屋上のテラスにすわっていた。

どこに行けばいいのかわからなかったからだ。旅行中、私は自分の見た目になどまったく気を遣っていなかった。でもだからといって、あんなふうに誰かに口出しされるのは我慢ならない。私は動揺し、混乱した。彼が私を尊重してくれているとはとても思えなかった。ダーヴィトに、ひとりで何か食べに行く、とメッセージを送り、スマホをサイレントモードに設定した。

まわりを楽しませようという自分

まだあまりよく知らない人たちと一緒にいると——ひと晩だけバーをはしごしてまわって、その後は二度と会わないような——奇妙な渦のなかに陥ってしまうことがたびたびある。まわりの人たちを楽しませようと、やたら陽気になり、冗談を連発してしまうのだ。そしてその夜の終わりには、くたくたに疲れてしまって、こんなふうに自問することになる——本当にこれが、この夜の最高の過ごし方だったのだろうか？　と。

ダーヴィトのことでいらいらするのはやめにした。私は、レストランで唯一の空席だった隣のテーブルについて、先ほど男性ホールスタッフにメニューを持ってくるよう頼んだ女性を観察した。柔らかな素材の椅子に優雅に体を沈め、サングラスを髪の上に押し上げて、顔を太陽のほうに向けている。彼女は堂々とすわっていた。

赤ワインと、メニューのなかでいちばん高価なデザートを注文し、海沿いにある広々とした歩道を眺めていた。暇つぶしに本を読むこともなく、手持ち無沙汰からスマホをいじることもない。ひとりでいることを補うようなそぶりはいっさいせず、彼女はただそこにすわっていた。とても存在感のある女性だった。彼女のオーラや、その一部がほんの少しでも自分に乗りうつってくれることを願いつつ、私はサングラスのうしろから彼女の様子をしばらく観察しつづけた。

そして、少し経ったとき、ふと気づいた。フランキーが来なかったために仕方なくひとりになって、よたよたと別の方向へ歩き出してみたのはいいが、この数日間の出来事について、私は深く考えることをしていなかった。パニック発作。気晴らしのような楽しみ。間違った人と過ごすうんざりするような時間。ここ数日は、とにかく頭が空白にならなければそれでよかった。まるで自分の思考から逃げることだけが唯一の目的だったみたいに、自分にはなんのプラスにもならない人付き合いで、無駄に時間を過ごしてしまった。いったいどうしてそんなことをしてしまったのだろう？

いつのまにか私は、去年の夏のアレックスのときと同じ間違いを犯していた。私がどんな人間かをまったく見ようとしないだけでなく、とくに私に好感を持ってすらいない誰かと行動をともにして、そしていまだに彼のところに留まっている。ひとりで何日かダイビングを楽しむことだってできたはずなのに！　もしかしたら、人生の授業というのは、その内容を私たちがきちんと理解できるまで、延々と繰り返されるものなのかもしれない。

孤独を感じると、私は正しい決断ができなくなる。次にどんな一歩を踏み出すべきなのか、わからなくなってしまうのだ。ときには誰かが自分の代わりに大事な決断を下してくれたらいいのにと思うこともある。どの電車を予約するか、どの修士課程のコースを取るかなど、それほど重要でないことも、全部誰かが決めてくれたらいいのにと思うこともある。

あっさりと誰かに主導権をわたしてしまえば、すべてをコントロールしなくてすむし、自分で自分を奮いたたせる必要も、自分の失敗のあと始末をする必要もない。車のガソリンを満タンにしたり、カーテンレールを取りつけたり、小バエの問題を解決したりもしなくていい。そのほうが楽でいいという思いがときどき頭をよぎる。でも、そうしたときに起こる問題もわかっている。妥協だ。いつでもどんなときでも、ふたりのことを考えなくてはならなくなる。そしてそれをせずにすむというのは、じつに自由なものなのだ。自分の願望に、ひたすら忠実でいることができるのだから。

自分のために新しい計画を立てる

ひとりでいるなら当然するべきことを、私は怠っていた。自分のために新しい計画を立てるべきだったのに、そうしなかった。旅先での自分の時間を、十分に尊重しなかったのだ。しかしそれでは、お客が訪ねてくるときだけ部屋をきれいにしたり、人と会う約束があるときだけ、シャワーを浴びたり着るものに気を遣ったりするのと同じことだ。自分という人間や、自分の時間や、自分の存在を、私は大事にしていなかった。ひとりで旅をしたかったはずなのに、いつのまにか、私の心を満たしてくれない人付き合いに多くの時間を割いてしまった。

でもいまは、アレックスと一緒に過ごした去年の夏とは違う。あのころよりも、きちんと状況を正すことができる。レンタルアパートメントに戻ると、私はダーヴィトに別れを告げた。本当の意味でこの旅を始めるまでに、丸10日もかかってしまった。いまようやく、ひとりでここにいる時間を有意義に使うための準備ができた。ひとりを選ぶというのは、怠惰や妥協から距離を置き、自由を選びとるということだ。私たちには内なる同調圧力が根づいているため、なかにはあなたが選び取った自由を奇妙な目で見る人もいるかもしれない。しかし、周囲に合わせてばかりいては、独自の信念を確立することはできない。(注41)

ときには自分自身のために、人から距離を置くことも必要なのだ。それにひとりでいるのは、ひとつのグループからまた別のグループへと移るための過渡期である場合もある。ひとりでいれば、これまでよりももっと自分に合う人を見つけるための余裕が生まれるからだ。自分にとって大事な人のために妥協し、住まいや思想やその日の予定や、そのほかのいろいろなことを共有するのはかまわない。でも、自分にそぐわない人のために妥協をするのは労力の無駄遣いだし、貴重な人生の時間を無意味に費やすことにしかならない。

私は自分のためにレンタルアパートメントを1泊分予約して、夜になると――今度は本格的に――ひとりで外出することにした。レストランで見かけた女性にならって、身なりを整え、お気に入りの黒いミニドレスを着た。濡れた長い髪をとかして日焼けした背中に垂らし、眉も描いた。今日は、自分自身とデートをするのだ。

16歳のころ思い描いていた自分になっているか

コスメル島の、小さな広場に面した店にすわった。広場の周囲は、旧市街の趣をたたえる2階建てのオレンジ色の建物に縁どられている。**フォークにパスタを巻きつけ、その合間に手書きでメモを取りながら、こう思った――いま私は、16歳のころの自分が思い描いていたとおりの人生を送っている、と。**

自由だし、いろいろなところに旅をしているし、ものを書いてもいる。1月なのに日光浴をして、日に焼けていて、頭には思い出がいっぱい詰まっていて、日記もいっぱいだ。「あなたは、16歳のころの自分が思い描いていたとおりの人生を送ってる?」と書いた。いまの答えはイエスだ、そう思いながら、私は幸せな気持ちで自分を取り巻く夜を眺めた。

空には星が輝いている。帰り道は靴を脱いで、裸足で旧市街の敷石を歩いた。この旅が始まって以来、最高に心地のいい時間を過ごしていた。たったひとりで。

これからの日々は、私だけのものだ。7日間をフランキーと、3日間をダーヴィトと過ごしたあと、ようやくひとりになった。私はひとりで出発した。朝、まだ暗いうちにコスメル島から本土へ戻るフェリーに乗った。そのあとは、プラヤ・デル・カルメンに向かうつもりだった。湯気が立ち昇る熱いコーヒーを片手に、髪に風を浴びながら、足を上げてベンチにすわった。

ぼんやりと波を見つめる。肩に重くのしかかっていたたくさんの人のエネルギーが、向かい風で払い落とされていく。これでようやくまた、完全にひとりだ。誰と話す必要もないし、心の平静さを取り戻すことができる。

チェックインした小さなレンタルアパートメントのバルコニーにすわって、低い手すりに足を乗せ、何時間もその場から動かずにいた。下の通りを眺め、本を2冊読み終え、メモを取り、仕事をして、目を閉じて、考えごとをして、そのあいだじゅう、ここにこうしていられることに感動していた。体には、宗教儀式さながらに、SPF50の日焼け止めをたっぷりと塗った。そうすれば、20代のころの無茶やできてしまったしわが、すべてなかったものになるとでもいうように。

自分自身が映画の主役だと想像してみる

朝はランニングシューズの紐を結んで、ゆっくりと走って海沿いの歩道に出た。私のそばかすと素足とまだ冷たいアスファルトに、太陽がじりじりと照りつける。気温はもう27度もあった。全速力とゆったりとした走りを交互に繰り返しながらランニングをし、8キロ過ぎた時点で、またバカンス用のアパートメントが並ぶ通りのほうへと向きを変えた。それ以降、走ることは私にとってあたりまえの朝の日課になった。軽くストレッチをすると、冷たいシャワーを浴びて、ほてった顔から潮を洗い流した。私はまた走っている、そう考えると、思わず頬が緩んだ。顔に水が降りかかる。私はまた自分を取り戻していた。

ひとりで旅に出て、このプラヤ・デル・カルメンのような見知らぬ街を、音楽を聴きながら走っていると、自分の人生が1本の映画のように思えるときがある。実際、ひとりでいることを楽しむためのアドバイスのなかで、いちばん役に立ちそうだと思えたのも「自分を、自分自身の映画の主役だと想像してみるといい」というものだった。ここで過ごしたそのあとの数日間、まさにそのとおりの感覚を味わっていた。

ひとりで通りを歩いた。朝にはとても広く感じられたのに、夜になってたくさんの人が出てくると、通りはとたんに狭くなる。早めの夕食をとり、ワイングラスをかたわらに置いて、ノートパソコンを開いた。本も1冊持ってきている。カラフルな照明や、行きかう人々を眺めた。道に張り渡されたイルミネーションや人々の笑顔で、そして新しい年への期待や今年はよい年になるはずだという希望や確信で、街はきらきらと輝いていた。私に限っていえば、人生はもうとっくに、前よりもずっとよくなっているけれど。

22

自分を豊かにしてくれる出会い

誰かが見てくれていると感じること

目覚めると、昨晩飲んだ2杯のマルガリータのせいで、頭はまだ少しぼんやりしていた。バルコニーの手すりの上からゆっくりと寝室に差し込みつつある朝日のほうに、顔を出す。

数日前から私は、ここプラヤ・デル・カルメンの、ビーチからそれほど離れていない居心地のいいアパートメントに滞在している。腕と背中に引きつるような感覚があった。どうやら昨日のパワーヨガで筋肉痛になったらしい。でもそれは、心地のいい痛みだった。自分が生きていること、自分の体は自分のものであることが実感できる痛みだ。スマホの冷たい画面を親指でスクロールしながらメッセージをチェックし終えると、私はパジャマ代わりのショートパンツと短いトップスという格好のままで、ビーチサンダルを履いて外に出た。

小さな街は、まだ眠りのなかだった。いまは7時を少し過ぎたところだ。街のメインストリートである5番街のでこぼこした敷石の上を、ぺたぺたと歩いた。太陽がまだ低いところにあるせいで、横切る路地のひとつひとつに個別に光が差し込んでいる。店を開けている若い女性たちにほほ笑みかけた。ジョギングをしている人が数人、私を追いこしていく。通りをまっすぐ進み、店の前に残る昨夜のにぎわいの跡を片付けている最中のバーやレストランや、昨夜の雨でできた大きな水たまりや、コーヒーを飲む早起きの人たちの横を通りすぎた。

行きつけのカフェの前にはすでに行列ができていたが、ここで働くメキシコ人女性たちはてきぱきと手際がいい。スペイン語で注文すると、女性は私にほほ笑んでくれた。またぺたぺたと歩いて帰途についた。顔に太陽の光を浴びて、いくつもの道を横切りながら。私はここでの日々を楽しんでいた。あまりにも快適すぎて、誰かに会いたいという欲求はまったく起こらなかった。夜はひとりでレストランに出かけるつもりで、それをとても楽しみにしていた。

マッチングアプリでのハネスとの出会い

バルコニーにいると、ふと退屈を覚えた。足には汗がつたっている。スマホを使ったスペイン語学習がなかなか終わらず、肌が触れる面積が最小限になるまで、プラスチック椅子の座面のいちばん前にお尻をずらしてすわっていた。ちょっとマッチングアプリを開いてみようかという気になり、最初に表示された感じのよさそうな男性をすぐに右にスワイプした。その5分後、私は、マッチングしたハネスにはもう決まった人がいて、でも新しい知り合いをつくりたいと思っていて、ここでは3人の友人と借りたレンタルアパートメントに滞在していることを知った。

自分の人生を細かく描写しているせいで、彼のメッセージははてしなく長かった。ティンダーっぽくないな、と思い、笑みを浮かべた。私は簡潔で、当たり障りのない答えをユーモアたっぷりに返した。彼をからかうだけで、自分についての情報はほとんど漏らさなかった。それとも……こちらが思っているよりたくさんのことを、彼は読み取ったのだろうか？

「おはよう、ルイーゼ！　昨日はチャットにちょっとおざなりな返事をしちゃったから、もう一度メッセージを入れておきたかったんだ。今日の夜を楽しみにしてるよ！」翌朝目覚めると、そんなメッセージが届いていた。彼の気遣いに、私はうれしくなった。

私たちは夕食の約束をした。ハネスだけでなく、彼と同じアパートメントにいる3人の友人も一緒だ。5番街の南のほうにある38番街には、すてきなレストランがたくさんあった。暗いなか、ヤシの葉はずっとさわさわと揺れていて、木々のあいだにはカラフルなランタンがぶら下がっていた。私はレストランの前で待っていた彼らのほうに駆け寄った。「はじめまして」笑顔で、最初にハネスに、それからクリス、ティム、イェスパーの順にハグをした。私がお酒を注文すると、ハネスもそれにならったが、ほかの3人は水を頼んだ。彼らはフリーランスの仕事のためにここに来ているらしかった。いろいろな質問をしてその仕事について訊き出すのを、私は心から楽しんだ。そういえば、これからの数日間はひとりで過ごそうと思っていたんだっけ——そんな考えがとつぜん頭に浮かび、思わず笑ってしまった。イェスパーは、昨夜知り合ったという人について話をしている。

これでいいのだと私は思った。当初の予定とは違っても、いま私は、コスメル島で自分が決めたとおりのことをしているのだから——よい仲間と一緒にいるか、そうでなければひとりでいる。彼らと一緒に過ごす時間は、とても楽しかった。

「ここから遠距離恋愛をするってどんな感じ？」と私は隣のハネスに小声で訊いた。彼の友達は別の新しい話題について話していた。

「その話はまた別のときに」とハネスは言った。彼の顔は私の顔のすぐ近くにあった。彼がジェスチャーをまじえて話すとき、その手が何度も私の肩をかすめた。少し不自然なくらい長く彼に見つめられているときもあった。真夜中になる少し前に彼らと別れたとき、私は幸福感に満たされていた。とてもすてきな夜だったし、とてもすてきな出会いだった。

どうしても、この出会いが必要だったわけではない。ひとりでも、すばらしい夜を過ごすことができた。けれどこの出会いのおかげで、考えてみたい新しいテーマも見つけたし、今夜は笑顔で眠れそうだった。

そしてハネスとの再会

「よく眠れた？　もっと君のことが知りたいんだ。君がここを出る前に、もっと一緒に時間を過ごせたら最高だな！　そうできればすごくうれしいよ！」翌日の午前中、自分で決めたスケジュールにしたがってカフェで仕事をしていると、ハネスからそんなメッセージが届いた。私は頬を緩ませた。

「あなたの愛の言葉は『肯定の言葉［アメリカの結婚カウンセラー、ゲーリー・チャップマンは、人間の愛情表現の仕方（＝愛の言葉）には5つの種類があり、相手がどの言葉を話しているかを把握することでパートナーとの関係が改善すると唱えている。〝肯定の言葉〟はそのうちのひとつで、相手をほめたり、感謝を言葉で表したりすることで愛情を表現するタイプの人を指す］』なの？」夜になり、前日と同じ通りで再会したとき、私はハネスに尋ねた。今回はふたりきりだった。

「友達として会いたい」彼は、自分が行ってみたいと思っているというレストランの場所を送ってきたとき、そんなふうに書いていた。

ハネスが私への興味をストレートに表現することに、驚いていた。これまでに出会ってきた男性たちは、自分の気持ちを胸に秘めたままにしておくか、それを口に出すことができないか、あるいは表に出したくない人たちがほとんどだった。一度会っただけなのに、

「君のことをもっと知りたい」なんて言われることに、まったく慣れていなかった。

ハネスは、次の行動に移すのにわざと3日もあいだを空けたりはしなかったし、好意をポーカーフェイスで隠したり、控えめに表現したりもしなかった。彼がそうしないのは、これがデートではないからなのかもしれない。でもそれはあまりにも正直で、彼は自分をさらけ出しすぎている気もした。二重床みたいに隠されている部分がハネスにはまったくなく、相手の気持ちを探るための駆け引きも皆無だった。

私たちの世代では、相手への好意を示すときには、その匙加減をうまく調節するのがあたりまえだと思っていた。あまりにも消極的な好意の示し方は相手に関心がないと受け取られるし、反対に積極的すぎると、相手を驚かせてしまう。私はある午後、偶然知り合った男性に、別れた直後、こんなメッセージをもらったことがある。

「君の大ファンになったよ。すぐにでもまた会いたい。いま、君とセックスしてるところを思い浮かべてる」

私は思わずふき出してしまい、むせそうになった。

肯定の言葉で話す人

この人はいったい何を考えているんだろう?? 私たちはただ、一緒にコーヒーを1杯飲んだだけだというのに。隣にすわっていた友達にそのメッセージを見せると、彼女はつかえながらこう言った。

「うわっ、何この男」

彼と会っているあいだは楽しかったが、このメッセージは行きすぎだ。彼は、新しい出会いにはつきものの純粋な高揚感をぶち壊し、せっかくのよい出会いをまったく望んでいない方向へ持っていってしまった。私に残された選択肢はただひとつ――即座に退散すること、だった。

それに対してハネスの好意の示し方は、とてもバランスがよかった。何かの大安売りみたいにほめ言葉を連発してその効果を薄めることもなく、「とても楽しかった。君に興味を持った」と、自分が感じたことだけを、ストレートに堂々と告げてきた。彼の言葉からは、私を尊重してくれていることがとてもよく伝わってきた。それさえわかれば、ほかに何も必要ないのだ。ほとんどの場合は。

「うん、そうだと思うよ」とハネスは答えた。「肯定の言葉」、つまり、相手をほめたり肯定したりすることは、私の「愛の言葉」でもあった。いままで、私と同じ「愛の言葉」を持つ人に、ほとんど会ったことがなかった。アメリカのカウンセラーが考案したという、この「愛の言葉」のカテゴリーシステムに学術的な根拠はないが、相手の人となりを大まかに把握するには、とても役立つ指標になると私は思っている。(注42)

私たちがかわす視線には、プラトニックではない何かが感じられた。親密になりそうな結び付きから逃れるかのように、何度もハネスから目を逸らした。自分の頭を冷やさなくては。私はフリーだけど、彼はそうではないのだ。踏み込んではいけない境界線ははっきりしていた。私は視線をさまよわせた。ストリートミュージシャンに目をやり、帽子のなかにあるくしゃくしゃのペソの紙幣を見て、まわりのテーブルを見まわした。そしてほかの客が注文したものを少し不自然なくらいにじっと眺めたあとで、私はまたハネスのほうに視線を戻し、会話を続けた。

パートナーがすべてを満たせるわけではない

「それで、彼女との関係はどうなの？」私は会話の熱をさらに冷ましにかかった。

「彼女はとても大事な人だよ。だけど、僕らのあいだには違いもある。僕が必要としているものを、彼女が与えられないこともある。彼女をとても愛してるのは確かだけど。もう8年も付き合ってるからね」ハネスは笑みをうかべた。恋をしているような印象はあったが、どこか冷静で客観的にも見えた。彼の答えはとても率直だった。ハネスの言葉はいつも、あまりにも正直で、無防備だった。

「ひとりのパートナーが、あなたが必要としているものをすべて満たすなんてこと、できるのかしら？」

私は、あたりに漂う暖かな夜の空気に向かって尋ねた。

「常識的に考えて、ひとりのパートナーにそんなことができるのかしら？　できなきゃいけないのかしら？　それとも、パートナーが私たちの欲求をすべて満たせなくても、それはそれで問題はないのかしら？」

「そんなふうに考えてみたことはなかったな」彼は私のほうを見た。

「パートナーの欲求をすべて満たすことより大事なことが、ほかにあるのかもしれないわね」と私は考え込んだ。

その夜の終わりに5番街に出たあと、私たちが向かう方向は同じだった。曲がり角の少し手前の左側には、まだ営業中のスーパーがあって、その店に入ると、ハネスもあとについてきた。いくつか並んだ冷蔵ショーケースのひとつを開いた。ハネスはその隣のショーケースに、腕組みをしてもたれている。

「水を部屋まで運ぶのを手伝うよ」と彼は言い、あたりまえのように私の部屋までついてきて、リビングのカウチに腰を下ろした。私もビーチサンダルを脱ぎ捨てて、その隣にすわった。

「キスはできないけど」とハネスはあけすけに言ったが、その代わり、私の膝に頭を乗せた。

「何？」私は笑い出し、彼の髪をくしゃくしゃにしはじめた。そして動きを止めた。

「そんなこと、誰も期待しちゃいないわよ」

言葉尻が、誰かへの問いかけのように空中に漂った。彼のいまの発言で、私たちのあいだはもはやプラトニックなものではなくなっていた。いまは何もなくても、何かがあってもおかしくないということを、口に出して認めてしまったのだ。形になっていなかったイメージが具体的になってしまった。それまでの私たちは、自分たちのあいだにあるエネルギーのまわりをただ踊っていただけだったのに、それが言葉で具現化されてしまったのだ。ハネスは私のお腹の肉をつねった。笑うと、私のお腹はハネスの上でゆさゆさと揺れて、彼はそれがとても気持ちがいいと言った。それから、私の腕にたった鳥肌に手をすべらせた。これは行きすぎだと思ったけれど、彼にとっての境界線を引くのは、私の役目じゃないとも思った。

「あなたって、どこか特別よね」と私は言った。「何ひとつ隠そうとしないんだもの」

「ただデートの仕方がわからないだけだと思うよ。8年も女の子とデートしてないから、多分そのせいだ。いつも思ってることをそのまま口に出しちゃうんだよな」とハネスは笑った。

「これはデートじゃないでしょ。だけどそれって、そうそうできることじゃないわよ。あなたは気持ちを抑えないし、駆け引きもしない。自分をよく見せようともせずに、ありのままの自分をさらけ出してる。ストレートでとても気持ちがいいわ」

下の通りは騒々しく、サイレンの音が通りすぎていった。夜になっても、この街には静けさが訪れることはない。私はプレイリストから、ドイツのDJ、アレ・ファーベンの「Leaves」を選んだ。部屋のスピーカーから静かに音楽が流れ出した。

「明日は一緒にパワーヨガでもどう？　僕はそろそろ戻らなきゃ」とハネスは言った。私はうなずいた。

ハネスは数分間、私をぎゅっと抱きしめた。それから部屋を出て、ドアを閉めた。こちらをもう一度振り返ることはしなかった。私はその後、身動きひとつせず、長いあいだカウチにすわったままでいた。

人恋しい夜

人肌が恋しかった。ひとりでこの大きなベッドに眠るのは今夜で最後だったが、ほんの一瞬でかまわないから、このベッドを誰かと分け合えたらいいのにと思った。肌と肌とを触れ合わせ、その人の温もりを感じたかった。もうすぐまた、幅が90センチしかないホテルの狭いベッドで眠ることになるのだが、いまはそれが待ち遠しくさえ感じられた。ハネスは知るよしもないが、彼がいなくなって、私の心はぽっかりと穴が空いたようになっていた。理由は簡単だ。彼が私という人間を、きちんと見てくれていると感じていたからだ。

翌朝、屋上テラスでの1時間のパワーヨガが終わって、シャバーサナのポーズでふたり並んで仰向けに手足を伸ばして横たわっていると、互いの足が触れ合った。私は指を動かして彼の指の場所を確かめ、手の外側が触れ合うような位置に自分の手を置いた。周囲をヤシの木に縁どられたテラスの上を、風が通りすぎていく。日よけが張られているおかげで、私たちがいる場所には涼しい日陰ができている。

ハネスは小指を私の小指にしっかりと絡ませた。温かくて心地のいい、友達同士の触れ方だった。スキンシップは、安心感や幸福感を与えてくれる。私と同じように、彼も目を閉じているのがわかった。きついレッスンだった。明日、背中と腕が筋肉痛になるのは間違いなさそうだった。

その後、シャワーを浴びて出てきたタイミングで、ハネスからメッセージが届いた。「残念だけど、彼女があまりいい顔をしてないんだ」私たちはもう会うことはないのだろう。でも、それならそれでかまわなかった。私たちがお互いに好感を持ったところで、ハネスの彼女への愛情が少なくなるわけではないのだが、私はこれ以上、ふたりのあいだに割り込むつもりはなかった。私は初めて、人間の欲求と、私たちがそれを――私たちが抱く興味や好奇心や願望を――どのようにして満たすのかについて考えをめぐらせた。

ハネスとの出会いで、自分の何かが変わった気がしていた。彼のエネルギーから何かを吸収して、自分のなかに取り入れたように感じていた。ふたりのこれからのために、お互いのパズルのピースを交換し合ったみたいに。もしかしたら私たちは、旅先で出会うどの人とも同じことをしているのかもしれない。またひとりに戻ったが、私は偶然の出会いに感謝した。私も彼も、ここではひとりだったからこそ出会えたのだ。人は、自分をきちんと見てくれている誰かがいることを、折に触れて感じることが必要なのかもしれない。たとえそれが、ほんの一瞬のことだとしても。

出会いで変わる自分

ダーヴィトと会う前の私は、孤独で空っぽだった。その孤独を、私はただ彼がそこにいるという事実だけで埋めていた。一方で、ハネスと会う前は、とても幸せだった。この場所を居心地よく感じていたし、満ち足りてもいた。私がハネスから必要としているものは何もなかった。だからこそ、彼との結び付きから結果的に得られたものは、ハネスよりも私のほうが大きかったのではないかと思う。

もしかしたら、ダーヴィトとの結び付きと、ハネスとの結び付きにおける質の違いは、まさにその点にあるのかもしれない——空虚さをきっかけにして生まれた出会いか、心が満たされた状態で生まれた出会いか。私は旅先で出会った人たちと過ごす時間が好きだし、そうした出会いによって自分の何かが変わることもとてもおもしろいと思う。知り合う人たちのどこかに共感できる部分を見つけられるかぎり、私たちは孤独ではないのだ。

心地よい深い満足感に浸りながら街を歩いた。私はもうすぐここを出発する。この街にはもうすっかりなじみ、街を熟知し、日々のルーティンのようなものまでできていた。ここに留まりたい気もしたが、ここからまた出ることが、自分のためになることもわかっていた。何もかもが新しい環境へと移るのだ。正直に言うと、居心地のいいこの街を離れてさらに旅を続ける唯一の理由は、その気になれば、ここにはまたいつでも戻ってこられるからだった。
パーティーやクラブに行くときしか使えないような、体にぴったりとした4枚のドレスは、アパートメントに置いていくことにした。そういう場所に行きたいとまったく思わなくなっていたからだ。夜に出かけることはあっても、お酒を1、2杯飲むだけで、早めにベッドに入る。自分の体に気を配りつつ、私はここで自分自身のリズムで生活していた。そしてそのことに、このうえなく満足していた。

ひとり旅というのは、上司の許可を得て夏に14日間の休みをとって出かけるような、ただの休暇に留まらない。**ひとりで旅をしていると、人生の意義を探すことができ、新しい自分を知ることもできる。**太陽が照りつける暖かな国へと向かう航空券は、待ちに待った自分自身への旅を始めるための入り口でもあるのだ。

プラヤ・デル・カルメンでの滞在を終えるころ、私は気がついた——**ひとりで旅をすることに幸せを感じるのは、考えるべき新しい自分の課題に出会えるからだ。ひとり旅でなければ起こりえなかった出来事を経験し、それらについて語ることができるからだ。**ひとりで旅に出る人は、きっと誰もが語るべき出来事を経験するのだと思う。

旅先での出会いやその土地での過ごし方について。夜遅くまで延々と話し込んだ興味深い会話について。自分と他人とのあいだに引く境界線のこと、旅の計画を途中で変更したこと、孤独のこと。ずっとここにいたいと思えた居心地のいい場所、新しく知り合った人たちや友達。そして、心に焼きついて、永遠に消えることはないであろう、いくつもの印象的な瞬間について。

ひとりでいることでわかったこと

この1年、私は自分の意識から孤独を排除しつづけてきた。でもこの旅を始めたころ、孤独は島の海岸に波が打ちつけるのと同じくらいの頻度で私を襲っていた。そしていま、ようやく気づいた。孤独がつらく感じられるのは、そのあいだ、たったひとりで自分と対峙しなくてはならないからなのだ。でも私は、自分の孤独に向き合い、そこから抜け出した。旅を始めてから10日もかかってしまったが、**自分と対峙した結果、自分自身を理解できた。自分について、そして自分の欲求について理解することができたのだ。**

ひっきりなしに遊びに出たり、気晴らしをしたり、つねに誰かと一緒にいたりしていては、自分が本当に何を求めているかを把握することはできない。自分に正直になることも、正直な気持ちを口に出すこともできない。**ひとりになって、自分が求めているものを知り、それに沿った行動ができるようになって初めて、私の心に平静さと幸福感が訪れた。厚い雲の隙間から、太陽がまた顔をのぞかせたように。**

ひとりで、考えられるかぎり最高の1週間を過ごした。自分のリズムを見つけ、縦に長いこの街を、毎日10キロ以上歩きまわった。朝はバルコニーで本を読み、夜は浜辺でコーラを飲みながら、沈んでいく太陽を眺めた。いまでは自分がここに来た理由も明確にわかっていた。新たな体験を通して、前回のような幸福感と冒険をもう一度味わいたかったのだ。だが以前と同じ幸福感と冒険を、そのまま再現することなどできるわけがない。その事実を理解し、受け入れ、当初抱いていた願望を手放したとき、私の旅はひとりでに、満ち足りたものに変化していった。

この街で十分リラックスすることができた。大事に思える人にも出会えた。新しい友情という荷物もひとつ加わった。昨日と同じ曲が流れてくる。私は音量をあげた。そしてそのあとに流れてきた、アメリカのバンド、3ドアーズ・ダウンの「Be Like That」を聴きながら、「飛行機の窓ガラスにほてった顔をもたせかけた。「私は自分独自の映画のなかで生きている」というあの感覚がまた戻ってきていた。またひとりになった。ひとりでいることのありとあらゆる面を、私は心から愛していた。私の心は、これまでの人生で自分が通ってきた道のりを愛する気持ちでいっぱいだった。

ふたたび先の見えない水のなかへと飛び込むために、私は荷物を詰めて、中米の別の国へ行くいちばん安い次のフライトに乗り込んだ。そこで何が待ち受けているのかは見当もつかない。ついに新しい体験をする準備が整った。ひとりでときを過ごす用意ができた。旅はまだ終わっていない。次の行き先は、エルサルバドルだ。

23

すべては波のように行ったり来たり

ニカラグアのサーフィンで自分の体を感じる

「エルサルバドル　危険」何日か前、裸足でカンクンの交通量の少ないわき道にすわり込み、危ういバランスで脚の上にノートパソコンをのせながら、私は検索エンジンにその言葉を打ち込んだ。エルサルバドルの犯罪統計に関する書き込みは山ほどあったが、あまり気にしないことにして、さっさと航空券を予約した。いちばん安いのは、今週末にカンクンを出るフライトだった。

出国する航空券を持っていなかったので、入国審査官の気を逸らすため、精いっぱいの愛想笑いを浮かべた結果、入国は許可された。エルサルバドルではあちこちに金網のフェンスがあって、壁という壁にはすべてよじ登り防止対策が施されている。スターバックスではビットコインで支払いができた。たくさんのトラックが黒い煤を吐き出しながら通りすぎていく。鮮やかな色の家々がずらりと並んでいるが、このサンタ・アナ［近郊に国内最高峰のサンタ・アナ火山があることで知られるエルサルバドル第二の都市］のほとんどの建物は、赤か黄色だった。

狭い交差点と建物の境目には、緑色のコンクリート杭が設置されていた。この車止めがなければ、いつ車が家に突っ込んできてもおかしくないと言わんばかりに。ここでは誰ひとり英語を話さなかった。

火山へ向かう

ホステルの宿泊客は、私を含めてふたりしかいない。朝のうちに街を歩いて、コーヒーが飲める場所と、近くにある火山へ向かうためのチキンバスを探した。地元の人の足であるチキンバスはいちばん手っ取り早い交通手段だが、まとまった距離を移動するには、最も時間のかかる交通機関でもあった。運賃は80セントだ。すでに70ドルのガイド付きの火山ツアーに申し込んでいたので、交通費はなるべく抑えたかった。いちばん簡単な交通手段でも、きっと目的地には問題なくたどり着けるだろう。

火山を登っているあいだの3時間、私は感動しっぱなしだった。頂上に着くと、火口の端からターコイズブルーの硫黄湖が見えた。中米のこのあたりには火山帯が通っていて、いま立っているところがエルサルバドルの最高地点だった。山の上では地元の人から青いコーン入りのマンゴーアイスを買ったが、たったの数秒で溶けはじめ、手から前腕のほうへと流れおちてきた。暑くて、風の強い日だった。

「いまこの辺にいるの？　だったらニカラグアまで来ない？」山を下りながら、記念にここからの眺めを何枚か写真におさめておこうとスマホを取り出すと、ベルリンの友達メリーナからメッセージが届いていた。

彼女はいま、ニカラグアの太平洋に面したサーフホステルで、サーフィン費用と宿泊代をタダにしてもらう代わりに、ヨガを教えているらしい。(注43)同じグループの友人で、私は彼女の落ち着いた雰囲気や穏やかな性格に好感を持っていた。でもふたりで何かをしたことは一度もないし、どちらかといえば、大きなグループのなかの知り合い、という程度の間柄だった。おもしろそう、と思った。ここからニカラグアはさして遠くない気がした。ホンジュラスを挟んだ向かい側だ。「何日かしたらそっちに行こうかな」と私は答えた。

エルサルバドルでさらにいくつか火山を登り、道端の屋台で食事をして、日光浴をしながら本を読み、バーで流れている音楽の曲名を調べては休暇用のプレイリストに追加して、乗り降りする地元の人に挟まれながらチキンバスで移動するあいだにそれを聴いた。(注44)

それから数か月経っても、プレイリストにあった曲を耳にするたびに、この旅のことを思い出した。つまりひと言で言えば——私はここでの時間を楽しんでいた。人々はとても友好的で、目にする景色は興味深く、つねに言葉の壁があるのもおもしろかった。危険を警告する声は何度も耳に入ってきたが、まるで気にしなかった。首都へ向かうため埃っぽい道端で、たくさんの人たちと一緒にバスを待った。首都のサン・サルバドルは、金網のフェンスがたくさんある、陽気なロサンゼルスのような街だ。

暗い路地は避け、日が落ちる時間が早いため、夕食はテイクアウトしてホステルで食べた。日中はチキンバスを使って街を見てまわったが、夜はホステルから出ずにくつろいだ。安全対策はそれで十分だった。

バスでニカラグアへ

数日後、ホステルのベッドを朝4時に出て、ニカラグア行きのバス停に向けてよろよろと通りを歩いた。バスに乗ってからようやく、友達がヨガを教えているサーフホステルに5泊分の予約を入れた。12時間の予定だったバスの所要時間は結局15時間に延びた。エルサルバドルとホンジュラスとニカラグアの国境で計4回、出入国時に係員が乗客全員のパスポートに小さなスタンプを押すのに時間がかかったからだ。

私はあたりの風景や世界が通りすぎていくのを眺めながら、道中を楽しんだ。隣にすわっていたクリスは、いつも食べ物をすすめてくれた。私たちはナッツ、ポテトチップス、ソルトクラッカー、果物、コーラ、水を分け合い、いろいろな話をした。

日没をとうに過ぎてからレオン［太平洋岸から20キロほど内陸にあるニカラグア第二の都市］で下車し、トランクからリュックサックを出してもらい、バスがふたたび出発したとき、彼は窓から手を振ってくれた。

翌朝、宿泊していたレオンの小さなホステルまでメリーナが迎えにきてくれた。私たちは1日じゅう、コロニアル様式の街並みや、大聖堂や博物館を見てまわり、日が暮れてから、ようやく目的地へ向けて出発した。メリーナが借りていた小型のスポーツカーは、ビーチへと続く未舗装の砂利道には不向きで、古い車の底は、道の大きなくぼみに何度も激しくぶつかり、音をたてた。

「ちょっとバーに行ってコーラを買ってくる」私はメリーナにそう言って、ホステルから数歩離れたところにあるビーチのほうへ裸足で歩いた。つい先ほど、暗いなか、太平洋岸にある人里離れた村に到着し、ホステルの部屋にリュックサックを置いて戻ってきたところだった。

ここではひとり部屋をとることにした。毎朝3時に(時差よ！　こんにちは)、修士課程の短期集中セミナーにログインする必要があったからだ。バーには同じホステルの宿泊客が何人かいたが、まだ誰も顔見知りではないので、少し緊張した面持ちで少し離れた場所に立ち、バーテンダーの注意を引こうとした。でもバーに向かって歩いているときからすでに、バーテンダーの男性が自分に注意を向けていたことに気がついた。彼は別の人と話しながら、横目でじっと私のことを見つめていた。こんなに熱のこもった視線を向けられたのはずいぶん久しぶりだったので、私は言葉につかえてしまった。

「最初に目が合ったとき、僕らのあいだには特別な何かがあるってすぐにわかったよ」

あとになってから彼はそう言った。「コーラをください」とスペイン語で彼に言った。体が熱くなるのがわかった。

「喜んで」彼は英語で応え、冷えたコーラの缶を渡した。黒くて長いまつ毛を一度もしばたかせることなくこちらを見て――いや、というよりも、私のことを食い入るようにじっと見つめたままで、口角だけを上げて笑顔をつくった。彼の頬にえくぼが浮かんだ。

「ねえ、あの人、誰?」よく冷えたコーラを手に、メリーナとサーフィンインストラクターのマーティンがいるテーブルに戻ると、私はうっとりとため息をついた。

「もう死んじゃいそう」笑いながらベンチに腰を下ろしかけ、そのままわざともう少し下にずり落ちてみせた。このときの衝撃を表現するには、どんなに大げさにしても足りない気がした。

バーテンダーのノア

私はできるだけ目立たないように、バーで飲みものをつくっている魅力的な彼のほうに繰り返し何度も目をやった。彼のTシャツの首元からはタトゥーがのぞいていた。ひげをはやしていて、どこか危険なオーラを放っていたが、それがどんな種類のオーラなのか、私にはうまく分類することができなかった。彼が大きな笑みを浮かべると、危険な雰囲気はかき消えた。多くを物語る笑顔だったが、とくに、彼がこの場所とここでの仕事を気に入っていることがよく伝わってきた。私たちの視線は、何度も何度もぶつかった。

彼とちゃんと言葉をかわしたのは、3日目の夜だった。その日、彼はバーのシフトが入っておらず、私は集中セミナーが週末で休みだったため、ここに来て初めて、遅い時間になっても起きていた。

ノアはスペイン人で、数週間だけここで働く予定だという。彼はここの全員を知っていた。ホステルで働いている人も、オーナーも、地元の人も。そして誰もが彼を知っていた。私たちは何度も会話を中断しなくてはならなかった。誰かが近くを通りかかるたびに、彼の肩をたたいたり、握手をしたり、私に自己紹介をしようとしたりするからだ。ノアは完璧な英語を話した。ノアの率直な視線からは、こちらを尊重してくれていることがよく伝わってきた。私は心を動かされた。数時間があっという間に過ぎていった。

「じゃあ、もう寝るから」空のグラス越しにノアに言った。

彼は私をじっと見た。何も言わずに。まばたきすらしていなかったかもしれない。彼はただ、私を見つめつづけた。

「一緒に来る？」きっぱりとした口調でそう言い足した。

その夜、私は自分の欲求に素直にしたがうことにした。そのとき求めていたのは、ノアだった。それだけで十分答えになるとでも言うように、彼は自分のスニーカーに手を伸ばした。驚いたことに、ノアは自分のドミトリーには戻らずに、私の小さなベッドで夜を明かした。朝目覚めると、眠りについたときと同じ姿勢で、お互いの体をきつく抱きしめていた。しかし、7時半ごろには、暑くて離れざるを得なくなった。気温はすでに30度近くまで上がっていた。

そのときから私たちは、いつも一緒にいるようになった。ビアポン［2チームに分かれて、テーブルの両端に置かれた水やビールの入ったコップにピンポン玉を投げ入れる競技］をするときも、ノアは私以外の人とは組みたがらなかった（私を思ってそうしてくれていたと言うよりも――どういうわけか――私がビアポンが強かったからだと思う）。体格のよいこのバーテンダーは、何か月も前にエドゥアルドがしてくれたのと同じように、仕事の前後の時間は私の隣にすわって、毎日少しずつスペイン語を教えてくれた。日中はサーフボードをつかみ、焼けるように熱い砂の上を海に向かってふたりで走った。

スペイン語を学んで開けた世界

ここは数えるほどしか道路がない小さな村だし、乾燥した暑さと34度まで上がる気温のせいで、日中は静まり返っている。人々が外に出てきてビーチが活気づくのは、日が暮れてからだ。音楽の生演奏を楽しんだり、皆で一緒に映画を見たり、キャンプファイヤーをしたり、棒つきのソーセージパンを火であぶったり、ヨガデッキでタバコを分け合ったり。私は昼の12時までに仕事のメール対応を終えて、そのあとはマーティンのサーフィンレッスンを受けるときもあれば、身動きひとつせず、プールサイドの日陰でノアの隣に寝転がっていることもあった。

少なくとも3時間、スマホの電源を切って、錆びついた脳に何日かスペイン語をしっかりと詰め込むと、目の前に新しい世界が開けるようになった。自分のまわりで起きていることすべてが、前よりもずっと身近に感じられるようになった。ウェンディのところでランチにケサディーヤ［トルティーヤにチーズを挟んで焼いた料理］を買うときに言葉をかわせるようになったし、夜はキッチンでローザとおしゃべりもできた。もちろん間違いはあるし、長く考えないと言葉が出ないが、それでも、自分の言いたいことは伝えられるようになった。

言葉の壁が存在すると、私たちはその相手からは距離をとり、すでになじみのあるものの近くに留まってしまう。意思疎通をするのが楽だからと、外国でもドイツ人ばかりで固まっていたりする。でも完全に意思疎通ができなくても、そんなことはたいした問題ではないのだ。越えなくてはならないハードルはいくつかあるし、手足を使って説明しなくては理解してもらえない場合もあるかもしれないが、ただそれだけのことだ。

新しい経験をしたり、新しい知識を得たりすると、脳の神経細胞間には新しい接続（シナプス）が形成される。そしてその接続は、使えば使うほど強固になり、そのうち意識しなくても自然に通れる道に変化する。小さな障壁を乗り越えれば、多くの新しいことに対してオープンになれる。新しい接続ができ、その時点では道はまだ踏み固められなくても、何度も繰り返し同じ道を通っていれば、それはごくあたりまえの行為になっていく。

その夜、私はテラスの長テーブルにすわって、ご飯と豆、焼きバナナ、野菜を盛りつけた皿を、嫌な顔ひとつせずに運んでいるローザを見ていた。背中に垂らしている髪はまだぬれていて、潮がたっぷりとしみ込んでいる。頭上ではイルミネーションライトが光り、庭の大きなヤシの木のあいだからは弱い風が吹きつけてくる。私は、心地よい疲労と幸福感がにじむ顔を順番に見わたした。朝はほぼみんなヨガをして、午後になるとサーフボードに乗り、腹ばいになって海でパドリングをしながら、いい波がくるのを待っている。

「いい波っていうのはひとりひとり違うんだ。いま波に乗れなかったからって、次が君の波じゃないとはかぎらないよ」とマーティンは海で言った。そのとき、私は気力を失っていた。海水を嫌というほど飲んでいたし、潮のせいで目もちくちくと痛かった。懐疑的な目つきでマーティンを見やると、彼はにやりと笑い、私のサーフボードをしっかりと押さえて、近づいてくる波を指した。

サーフィン以外に学んだこと

その波をじっと観察してから、腹ばいになってパドリングすると、タイミングよく立ちあがることに成功した。ほんの短いあいだだったが、波に乗ることができた。体をまっすぐにして、膝を軽く曲げた姿勢で。うしろでマーティンが歓声をあげた。そのあとすぐに、サーフボードから落っこちたが。

私はへとへとに疲れていて、プラスチック製の白い皿に、いまにも頭を突っ込んでしまいそうだった。それなのに顔には笑みが浮かんでいた。周囲にいる誰もが、私と同じような状態だった。

ここニカラグアでは、サーフィンだけを学べると思っていた。でもサーフィン以外にも、いろいろなことを学んだ。初めて会った人と深くかかわることになったし、以前からの友達をあらためてよく知ることもできた。テキーラに関しては、飲める量に限界があることもわかった。

そして自分の体を、前よりもずっとよく、徹底して理解できるようにもなった。ずっと置いてきぼりにされたように感じていた自分の体と、ようやく一体になることができた。それまでは慢性的に疲れている状態が続いていたせいで、体を動かすための時間や余裕を見つけることが難しかったが、自分の体とのつながりを感じられるようになった。

同時に、この旅で、必要としていた無為な時間を持つこともできた。ダイビングコースをひとつ試したが、ふたつ目のコースは中断した。予定よりも速いペースで火山に登り、また別の日には ビーチチェアに1日じゅう寝そべった。1時間サーフボードに腹ばいになって、3、4回はうまく波に乗った。ヨガで「ワイルドシング」のポーズをとったときには、腕で体を支えられずに崩れ落ちた。

何かをした翌日は、また別の何かに挑戦することもあれば、何もせずにただ休息をとることもあった。しかし何をするにしても、最後には何もかもうまくいくという確信があった。私はまた、自分に対する信頼を取り戻しつつあった。

運動をすると、私たちは体のいろいろな部位にその痕跡を感じることができる——ふくらはぎの筋肉や腹部に。自分の体の重みや床につけた両足に。太ももの筋膜や、肩の腱や、肩甲骨に。それから私たちの体をまっすぐに支えてくれている、肩と肩甲骨のあいだにある何かにも。体のどこにどんなものがあって、それらがどんな働きをしているのかが、とつぜん明確にわかるようになる。

体と自分の関係

そうして自分の体を把握して、体と自分の結び付きをはっきりと感じられるようになると、直観力や、基本的信頼感や、他者への共感力や、予想外の状況に対応する際の柔軟性も向上する。自分の体でいることが、とても居心地よく感じられるようになるのだ。それに、自分自身に満足していれば、何かがうまくいかなかったとしても、極端に落胆することもない。体としっかり結ばれていれば、自分の体の調子や心の状態もよくわかるようになる。私たちの意識は頭のなかだけでなく、体の細胞ひとつひとつにも宿っているのだ。(注45)

少し前、私はドイツのボディセラピスト、イラン・ステファニーのこんな言葉を読んで、とても感銘を受けた——「その存在を実感できない体の一部を愛することはできない」。(注46)

体は自分自身を守る盾であり、自分自身を包む被膜でもある。それがあるおかげで、私たちは世界を生きていくことができる。ここに来て、自分と体とのあいだにふたたび強い結び付きを感じられるようになったことを、私はとても心地よく感じていた。自分を守る盾の効力を高めたくなったら、たくさんの人が自分を後押ししてくれている場面や、愛する人に抱きしめられているところを想像してみるのもいい（勇気を振りしぼらなくてはならない状況においてもこの方法は役に立つ）。

あるいは、自分が自分にもたれかかっているところをイメージしてもいい。そうすれば、一見ひとりのようでも、自分はひとりではないのだという気持ちになれる。私はひとりで行動しているとき、よくこのイメージを頭に思い浮かべている。そうすると、実際に誰かにもたれかかっているときのように、足から力が抜けて、自分が背負う責任も軽くなったような気分になれる。まるでそばで誰かがこんなふうに言ってくれているみたいに――あなたのことは、私がちゃんと気をつけているから、と。自分の体を想像して、外側から自分をきちんと観察してみるのも、自分自身との結び付きをつくるために有効な手段である。

新年を迎えてからの数週間、自分がとても活動的だったことに、この夕食の席で初めて気づいた。どれだけ多くのことが変化したかにも。私はいま、とても幸せだった。腕が痛かったり、まぶたが重たかったり、体のあちこちに疲労が残っていたりすることに、とても幸せを感じていた。それは有意義で、ポジティブな疲労だった。体を動かした実感を与えてくれ、自分の体を内側から感じさせてくれる。どこかで失ってしまった体との結び付きを、ようやく再構築できた気がしていた。

自分がなぜいらいらしていたのか、その原因もわかった。私がいら立っていたのは、自分の体を感じられなくなったからなのだ。**自分の体を感じられないということは、自分自身を感じられないということでもある。そして自分自身を感じられないということは、他人からの影響を過度に受けすぎるということでもあるのだ。**

感情を観察し、自分の内側と向き合う

24

自分のリズムで生活する

いまや私のひとり旅は、すっかり手順ができ上がっていた。そのときの気分に合った音楽をあらかじめ念入りに選んでおいて、いくつか持ってきているヘッドフォンをすべてフルに充電する。ものをしまう場所も決まっていて、財布はいつもウエストポーチに、パスポートはサイドポケットに入れる。荷造りは2分もかからず、すぐに必要なものを見つけることもできる。集中し、私はテキパキとことを進める。吹きかける香水もいつも同じだ。

ある場所を離れるときに聴くサウンドトラックは決まっていて、ちょっとリラックスしたいときや、眠りたいときに聴くための音楽もある。音楽を聴くのは、状況に適した気分になるためのルーティンなのだ。ある場所を離れるときには、気分を一新してから次の場所に行けるよう、頭がすっきりするような音楽を聴く。新たな場所に向けて活力をみなぎらせ、心を落ち着け、感覚を研ぎすますための、自分なりの儀式のようなものだ（どんな映画にもサウンドトラックは必要なのだ——もちろん、私の映画にも）。

もっとニカラグアを見るために、その朝、ノアとメリーナとマーティンと、太平洋沿いの村に別れを告げた。少し文明社会に戻ってみようと思ったのだ。ヒッチハイクで幹線道路に出ると、私はできるだけ南のほうまで行く次のチキンバスに乗り込んだ。

バスは道端でしょっちゅう停まり、そのたびに人を乗せたり、降ろしたりした。なかにはニワトリを小脇に抱えて乗り込んでくる人もいた（チキンバスという呼び名は、ニワトリを車内に持ち込む人が多かったことからつけられたらしい）。バスの扉は開けっぱなしで、隣の1人席には、ふたりの乗客が無理やり体を押し込んでいた。

塩とチリパウダーのカットマンゴー

バスがしばらく止まるというので、日中のうだるような暑さのなか、道端で売られていたビニール袋入りのカットマンゴーを買った。そのマンゴーはまだ熟しておらず、たっぷりの塩とチリパウダーが振りかけられているのに気づいたのは、バスに戻ってからだった。隣にすわっていた女性は、自分で買ったマンゴーを大きな音をたててしゃぶりつくすと、そのビニール袋を、私の頭越しに勢いよく、開いた窓から道へ向かって放り投げた。私は、完璧に理解することはないであろう世界の客人だった。

両極端な旅だった。ほとんどお金を使わずに、ヒッチハイクをしてトラックの荷台にすわり、直射日光にさらされながら、高速道路で風に髪をなびかせているときもあれば、へとへとに疲れ、気を張らずにのんびりしたくなって、身の安全に気を配らずにすむように、奮発して45ドル使ってタクシーに乗るときもあった。

サン・フアン・デル・スルで、私は久しぶりに、ようやくまた、ひとりになった。ノアは出発前、3週間前の夜、この街で酔っぱらって暗い路地で誘拐されたが、スペイン語ができたからなんとかそこから逃げ出すことができた、という体験を私に話した。いまからその街に向かおうとしている私になんでそんな話をするのかと思ったが、おかげで、人の多い場所から離れないように気をつけた。

当然のことながら、安全にはつねに気を配らなくてはならない。それには、目立つところにアクセサリーをつけないことや、スマートフォンを手に持って歩かないこと、夜に暗い路地をうろつかないこと、そして、ケープタウンだろうが中米のどこかの国だろうが、その国についての情報を集め、その土地の文化に敬意を払うことも大事だ。

誰かに威嚇されているように感じたり、不穏な空気を察したりしたときは――つまり、身の危険を覚えるような状況に陥ったときは、自らその状況を変化させ、不安を取り除いたほうがいい。その場で足を止めたり、方向を変えたり、誰かに話しかけたり、道を訊いたりすれば、まわりに流されることなく、自分が場をコントロールできるようになる。

その一方で、ひとりでいると、人を信頼できるようにもなる。先行き不透明な危うさと自由とのバランスがとれるようになり、どんな状況でも、自分ならきっとうまく対処できるという、自己効力感が生まれてくる。

「複雑な状況を自分に有利になるよう持っていける自信がつけば、対処できるものごとの範囲も広くなる」と、ドイツの著述家で政治活動家でもあるザラ・ディールは書いている。[注47]

自分のリズムで過ごす日々

サン・フアン・デル・スルでは、カフェをはしごしたり、日光浴をしたり、たくさんの本を読んだり、大量のケーキを食べたりして過ごした。そしてここの砂嵐やにわか雨に飽きると、マデラスビーチ「サン・フアン・デル・スルから10キロほど北にある、太平洋に面したビーチ」から数キロのぼった山のなかにある、森やジャングルを見わたせるヒュッテを予約した。私はまた、手つかずの自然のなかに引きこもった。

ここでは自分のリズムで日々を過ごした。眠りたいときに眠り、木の枝にいる何匹かのサルを眺め、読書がしたくなれば長々とカフェにすわり、1日じゅう誰とも口をきかないこともあれば、1日じゅう仕事をしていることもあり、また別の日には、宿で偶然知り合った数人のカナダ人に誘われて、夕食をともにすることもあった。

「もちろん、喜んで」この言葉は旅のモットーになった。とくに断る理由がなければ、誘いには喜んでのった。気の向くままに行動したり、引きこもってみたり、ここでは気分次第でその日その日を自由に過ごした。タクシーをよけて転びそうになったりもしたし、頭上で砂嵐が起こっているときに辛抱強くビーチから離れずにいたこともあったが、ここでの日々を私は心から楽しんだ。けれど頭の片隅では、しょっちゅうノアのことを考えていた。

あるカフェで感じのいいデンマーク人に声をかけられ、ビーチで飲もうと誘われた。私はそれをいったんは受け入れたものの、30分後には断った。どうしてもそういう気分になれなかったのだ。知らない人にどう思われようと、断ったことをどう受け取られようと、どうでもよかった。ひとりでいると、いろいろなことが簡単になるように思う。ここにいるのは知らない人ばかりなのだ。だから正直に、もうこれから出かける気にはなれない、と彼にメッセージを送った。

でも結局、もっと遅い時間に、外に出たくなった。満ち足りた気分でビーチ沿いのバーのデッキチェアに腰かけて、パスタを食べる。コーラの瓶にスマホを立てかけて、沈みゆく夕日の前で、読みかけの電子書籍を読んだ。愉快なラブストーリーに、私は声をあげて笑った。最高に楽しいひとときだった。

翌朝、ハンモックに寝転んでいると、わずかな時間ではあったが、孤独に襲われた。二日酔いのときのように気分が悪くなり、暑くなり、寒くなり、鳥肌がたち、汗が吹き出て、どうしていいかわからなくなった。でもあせってはいなかった。こうした発作は、しばらくすればまたおさまるものだ。そのことは、よくわかっていた。私は耐えた。

やがて、気分を持ちなおした。肌に当たる太陽の光がまた感じられるようになり、山のなかのジャングルにいるすばらしさや、一面に生い茂る葉や、山の斜面や、その先の海まで見わたせる景色の美しさもまた感じられるようになった。すべてのものは来て、また去って行く。永遠に留まるものはない。これも、ひとり旅が教えてくれたことだった。

私は勢いよく体を起こした。ちょっと体を動かしたほうがいいように思えたので、ジャングルのヒュッテからビーチまで、歩いて下りていくことにした。昨日と同じバーでアイスコーヒーを注文すると、なぜかベイリーズ［クリーム系リキュール］がたっぷりと入ったフローズンドリンクが出てきた。まあいいか、と思い、デッキチェアにすわって、今日というすばらしい日にひとりで乾杯をした。コーラばかり飲んで、家にいるときのように健康に気を遣った食事もしていなかった（毎日ケサディーヤばかり食べていた）。

ハイキングの本質は自由であること

手にしている本を読んで、私はくすっと笑った。さっきまでの孤独はもうとっくに忘れていた。太陽を浴びて、気晴らしをして、本を読んで笑ったことで、二日酔いのような孤独の症状は、頭痛薬をのんだときのようにすっきりと消えていた。それから、このあとの数日間の予定を立てた。近くのハイキングコースからよさそうなものを選び、この地域の歴史や文化についての説明を読んだ。

「ハイキングを本当に楽しみたいのなら、ひとりで出かけなくてはならない。人と一緒では、たとえふたりしかいない場合でも、その行為はハイキングと呼ぶには値しなくなる。

その場合はむしろ、ピクニックとでも呼んだほうがいいだろう。ハイキングにはひとりで行くべきだ。なぜなら、ハイキングの真の本質は自由にあるからだ。自分の好きなように足を止めたり、歩いたり、自分が行きたいと思えるこの道やあの道に、好きなように進んだりできなくてはならない。それも、自分自身のペースで。そして目にしたり感じたりするものすべてを虚心坦懐に受けとめて、自分の思考に反映させなくてはならない」(注48)

イギリスの作家のロバート・ルイス・スティーヴンソンは、すでに100年以上前にそう書いている。今日《こんにち》の社会においては、多くの人が、静けさを避けようとする。社会は私たちの真の関心事を覆いかくしてしまう。なぜなら静けさが訪れることもなければ、会話が途切れることも、私たちがひとりで思考をめぐらせることもけっしてないからだ――周囲はつねに騒がしく、ひとりで考えごとをする機会もなければその必要もない。

友達のフランキーは、誰かがそばで話している感覚を味わえるように、古いテレビドラマシリーズの『フレンズ』を見ながらでないと眠れないと言っていた。彼女には、静けさが耐えがたいらしい。どうしてなのだろう?

「多くの人は、自分のなかに外部の刺激で覆いかくされている何かがあることを漠然と感じているのです。それを説明するとき、私はいつもこんなたとえを使っています――日常や、日常において見たり感じたりするものは、砂の入ったコップのようなものなのです。砂は、外からの刺激によって絶えず揺さぶられています。

ですがひとりになると、砂は沈殿して、いろいろなことがクリアに見えてきます。多くの人はそのことが怖いのです。ひとりでいて、ほかに気を逸らされることがなければ、いろいろなものが表面に浮かびあがってきます。ひとりでいるには、それらに耐える必要があるのです」[注49]と心理学者のウルズラ・ヴァーグナーは述べている。

旅行やハイキングの効能

旅行やハイキングのあとになんらかの知識を得たと述べる人や、重大な決断をようやく下すことができたと述べる人はたくさんいる。[注50]私たちは、不快な感情に耐えることを学ばなくてはならないのだ。思考から排除していたものや、潜在意識のなかで私たちが告白したり向き合ったりするのを待っている何かを、表面に浮上させなくてはならない。それには瞑想が効果的だ。瞑想をすれば、誰かに口出しされたり妨げられたりせずに、記憶の断片を拾い集めることができるし、[注51]自分を外側から観察して、自分と周囲との関係を客観的に見つめることもできる。

不快な感情への耐性は、冷たいシャワーを浴びたり、寒中水泳をするなどして、体の回復力を高めることでも身につけられる。**要は、命にかかわるほどの極端な行為でないかぎり、体を鍛えれば、精神も鍛えられるのだ。**

25

ひとりでの逃避行

互いにひとり旅

1泊16ドルで、私はニカラグアの首都マナグアのうらぶれた部屋に泊まっていた。コスタリカに行く前に、もう一度ノアのところに戻る約束をしていたからだ。宿泊先はみすぼらしいホステルで、バスルームではタイルの上をゴキブリが這っていた。

キッチンでは、ドイツから来ているロングのドレッドヘアのフロリアンが、ひどい臭いのする何かを調理している。彼は英語もスペイン語も話さず、スマートフォンも持っていない。私たちはドイツ語で話をしていて、ホステルのオーナーが彼の予約について確認をしたいときには、私が通訳をしていた。「この人はいったいどうやって旅をしているのだろう」と、ある種の感動を覚えながら考えた。

その日の午後、中庭で何度も私のそばを通りすぎ、ほほ笑みかけてくる若い男性がいた。彼の笑顔からは、誰かと話したがっていることがはっきりと伝わってきた。たくさんの歯を見せ、目を輝かせ、目が合ったときには普通よりも何秒か長めに視線が留まり、挨拶代わりに手を振ってもいた。私は挨拶だけを返して、そのまま通りすぎた。誰かと話す気分ではなかったからだ。

ベネズエラから来たヒベール

でも、1度目、2度目のときはそれができたが、さすがに3度目ともなると、私も笑みを返さざるをえなかった。私はハンモックの彼の隣に腰を下ろした。

「僕はヒベール。ベネズエラから来たんだ」と彼はスペイン語で言った。

「君は誰？　ずっとひとりで旅行するってどんな感じ？　寂しくはない？」

「ひとりで旅行してるけど、ひとり旅でなかったら出会えなかったような人や文化にかかわることができるから、寂しくはないかな」と私は答えた。

ヒベールは、私がおもしろい冗談でも言ったかのように、くすくすと笑い声を漏らした。彼の体を包む破れたカラフルなシャツの下で、丸いお腹が揺れた。ほとんど子どものように見えたのだが、年は私と同じで、30歳になったばかりということだった。

「でも女の人なのに、怖くないの？　このあたりで好きこのんでひとりになりたがる女の人には会ったことがないよ」

私は何も答えず、ただ肩をすくめた。ここを危険な場所だとは思っていなかった。私は自分で自分の身の安全をはかることができるし、いまのところ、ここではよい体験しかしていなかった。私の現実は、彼のそれとはまったく異なるようだった。

ヒベールは翻訳アプリに文章を打ち込んだ。

「僕はひとりで10か月歩いてここまで来た、そしてそれは5歩で起きた、ビザを取る機会がない人、僕らは恐れたからできるだけジャングルを通ってきた。僕はジャングルでふたりの友達に扱われた、パナマから朝、僕は歩きつづけなくてはならない」

私の携帯に表示された翻訳文は、あまりほめられたものではなかった。カラフルなトレッキングパンツを穿いて太縁の眼鏡をかけたヒベールは、ひとりで夜通しジャングルを歩いてきた人にはとても見えない。

「あなたは避難民なの?」私はスペイン語と英語を交えて尋ねた。

「そうだよ《シー》」

私が胃のあたりに感じはじめた塊のようなものは、どんどん大きくなった。文字を打ち込めば打ち込むほどに。無言で互いの画面を見せ合う時間が長くなればなるほどに。ヒベールは私の携帯を、私は自分のノートパソコンを手に持っていた。いろいろなことがわかった。携帯はパナマの川で失くしてしまったこと。いま身に着けているもの以外は何も持っていないこと。たいていはこのホステルで手伝いをしたり、掃除をしたりして、ただで泊まらせてもらっていること。ときには温かい食事にありつけること。

「ひとりで旅をするのは楽じゃないけど、ほかに選択肢がないんだ」とヒベールのスペイン語が翻訳される。私はうなずいた。ヒベールは笑って自分のお腹をたたいてみせた。

「これからホンジュラスの国境に向かうんだ。そこでは友達がふたり、マフィアに殺された。寂しいよ。家族のことや、家族が僕に笑いかけてくれてるところを考える。そのあとは泣きたくなるけど、涙は出ない」ヒベールはまた、翻訳アプリを私のほうに差し出した。

私は画面を食い入るように見つめ、読んだ。そしていささか度がすぎるくらいに時間をかけて読み終えると、今度は画面から顔を上げられなくなった。彼が書いたことが信じられなかったし、その内容にどう反応していいかもわからなかった。ヒベールは画面を引っ込めた。

子どもがいない人生は価値がない

私がろくに計画も立てずに旅を楽しんでいるのとはまったく違い、彼は避難の最中なのだ。夜どこで眠るのかも、次の国境を越えられるかどうかもわからないまま、生きるために闘っているのだ。ヒベールはＹｏｕＴｕｂｅで、プエルトリコ人のアーティスト、ルイス・フォンシの「デスパシート」をかけた。自分の携帯を持たない彼は、いまだに私の携帯を手に持っている。ヒベールは音楽に合わせて、私たちがいる古びた小さなテラスをぐるぐると踊りまわった。

「兄弟はふたりいて、どちらにも子どもがいる。子どもがいないのは僕だけだ。人生は家族のなかにあるから、子どものいない僕の人生がいちばん価値がない。だから僕が先に行くんだよ。無事にやり遂げたら、どうにかこの旅を終えることができたら、ほかのみんなもいつか僕のところに来るんだ」

「子どものいない僕の人生がいちばん価値がない」——私は頭のなかで繰り返した。

ヒベールは文字を打ち込みながら、ベネズエラでの生活や、出国するためのパスポートすら発行してもらえないという政情不安について私に話した。この状況に、私はどこか気まずさを感じるようになっていた。会話をしながら、居心地の悪さだけでなく罪悪感まで覚えていた。

でも、彼の話にどれだけ心を揺さぶられようと、それはただの同情にすぎない。彼自身にはなんのプラスにもならないし、たいして重要なことでもない。ただ私は、つらくてたまらなかった。私の人生は順調そのものなのに、彼の人生はそうではないことが。世界のこういう不公平さは、簡単に変えられるものではないことが。どこに生まれるかで、人生のどんな扉が開くかが決まってしまうのだ。自分が受けている恩恵は、自分が恵まれていることを自覚したとたん、苦しいほど不当なものに感じられてしまうものなのだろう。

私たちはどちらもひとりで旅をしているが、旅の内容はこれ以上ないほど異なっていた。私はバックパッカーとして旅をしていて、彼は家族の未来への希望を背負って旅をしている。この旅は、この上なく貴重な見解と認識と出会いを私に与えてくれた。ここまで旅を続けてきたこと、それ以上に、旅に出たことを本当によかったと思えた。

「人生のチャンスを活かすといいよ」ヒベールは携帯画面を私に見せた。

「あなたはとてもいい人だと思う。どうか気をつけて。あなたのことを誇りに思うわ」と私は答えた。瞳の奥にあった重苦しさは隠しきれていなかっただろう。私は笑みを浮かべようとした。ヒベールは、よりよい人生を求めて不法に国境を越えるのだ。それについてとやかく言うのは私の役目ではない。私にできるのは、彼の話を聞くことだ。この夜の時間を彼のために使い、少しでも力づけてあげることだけだ。この出会いは、私の心を大きく動かしていた。

40ドルと抱擁

「君の笑顔はけっして忘れない」と、ヒベールはアプリに書いた。

「私に何かできることはない？」私はさらに尋ねた。彼が肩をすくめるので、手元に残っていた現金の40ドルを彼の手に握らせた。でも、そんなことをしたところで、彼の状況は何ひとつ変わらない。頭ではわかっていたが、そうせずにはいられなかった。

私は彼を抱きしめた。それも、ずいぶんと長い時間。握った手のなかでくしゃくしゃに丸められているドル紙幣よりも、彼が本当に必要としているのはこちらではないかと思ったからだ。その後、ヒベールは私に別れを告げて、眠るために、そこに張られたハンモックのひとつのほうに足を向けた。

部屋に戻ると、私はノートパソコンのケースのなかから自分のパスポートを取り出して、手のなかでいじくりまわした。このえんじ色の表紙に挟まれた48ページの小冊子のおかげで、私の前にはまったくの偶然にも、世界が開かれている。私にさまざまな可能性を与えてくれる世界が。ひとりでいたいか、いたくないかの選択肢を与えてくれる世界が。そして、どちらを選んだとしても、理論上は、状況をいつでも変えられる、そんな自由を与えてくれる世界が。

このパスポートのおかげで、どんな人生を送りたいのか、どこにいたいのか、居心地よく過ごせるのはどこなのかを自分で決めることができる。女性でも自由を選べる時代に生きていて、自由を選べる大陸に生まれたというすばらしい幸運に恵まれてもいる。

この旅では、感謝の気持ちを感じたり、刺激を受けたり、何かに圧倒されたりする体験を何度もしてきた。でもこの夜、殺風景な部屋で太陽の熱のこもった白いシーツにくるまったときには、それだけでなく、この旅で初めて胸が締めつけられるような思いを味わっていた。うしろめたさもあった。自分がここで好きなように動ける自由を享受していることはわかっていたはずなのに、おかしなことに、私はそれについてほとんど考えようとしなかった。

この旅に関する何もかもを自由に決断できていたのに、そういう旅ができることのありがたさについては考えもしなかった。私は、自分の人生に好きなように色を塗ることができるのだ。ヒベールと長い時間を過ごせなかったことが悔やまれた。

26

肌の飢え

触れられることが必要なわけ

幹線道路でヒッチハイクをして、砂利道を通ってビーチ沿いのサーフホステルに到着すると、私はノアの腕のなかに飛び込んだ。まるで、何年も会っていなかった恋人同士のようだ。それからは、私たちはけっして互いのそばを離れなかった。ノアが飲みものを出しているあいだは、バーのカウンターにすわり、ここでの最後の日々をともに過ごした。私がどうにかひとり部屋を手に入れたあとは、ノアは毎晩私のベッドで眠るようになった。私が彼のドミトリーに行った夜もあったし、ビーチで星空を眺めながらふたりで眠った夜もあった。

でもそのときは、蚊に刺されすぎて朝の4時に目を覚まし、結局は彼のドミトリーのベッドに逃げ込んだ。朝食をすませて海で泳ぐと、私はへとへとに疲れてしまい、幅が広くて快適なクッションの、日陰にあるビーチチェアでもう一度眠りに落ちた。眠る前には、隣にいるノアも潮でべたつく私の髪に頭を突っ込み、やはりうとうとしているのが感じられた。頭上のヤシの木が快適な陰を投げかけてくれてはいたが、それでも外はうだるように暑かった。

けれどノアは私の上半身を抱きしめて、一瞬たりとも離そうとはしなかった。夜も、いまここにいるあいだも、けっして。私はその1秒1秒を楽しんだ。彼に触れられることで、ここでの時間がもっと濃密になるような気がしていた。肌と肌を合わせることで。互いの体温を感じることで。彼の抱擁は、肌を通して直接心まで届き、私の内側に焼きついた。ノアは私の表面に触れながら、もっと奥にたどり着ける道を見つけようとしているかのようだった。

温もりや触れ合いへの渇望

私たちの体は、ふたつのパズルのピースみたいにぴったりと合わさった。私の頭は彼の肩に、私の腕は彼のお腹に、彼の上腕は私の首筋の下あたりに——すべてがうまい具合におさまった。彼の体を重たく感じたり不快に感じたりはしなかったし、暑苦しいとも窮屈だとも思わなかった。それは意義のある触れ合いだった。人はごく自然に、人との触れ合いを求めるものなのだ。

人間は、誰かに触れたい欲求と、触れられたい欲求の両方を持っている。遠征試合では歓声をあげて人に抱きつき、長時間お風呂につかったあとには体に丁寧にクリームを塗り込み、友達には挨拶代わりにハグをして、犬の前ではかがみ込み、忙しかった週を乗り越えたらマッサージの予約を入れる。世間の注目は、自分を愛すること、ひとり立ちすること、ひとりという生き方を肯定することばかりに集まりやすいので、つい忘れてしまいそうになるのだが、私たちには、温もりや触れ合いへの渇望があるのだ。

私たちは五感すべてを使って世界とかかわっているので、触覚が完全に欠けてしまうと、世界をそれほど密には感じられなくなる。人は他人とかかわらずには生きていけないし、スキンシップなしでは、感情的にも身体的にも健康的に生きることは不可能になる。(注52)人に触れられていない期間が長引くと、私たちの感覚にも影響が出る。世界や、自分を取りまくものとの結び付きを失くしたようになり、自分のことが、他人の世界を訪れているゲストのようにしか感じられなくなる。

オランダ語には「Huidhunger(肌の飢え)」という言葉がある。英語では「skin hunger」というようだが、ドイツ語にはそれに当たる言葉はない。私たちの現実が言葉によって創造されるものであるなら、語彙の豊富なドイツ語に、パートナーのいない人やひとりでいる人が他者とのスキンシップを恋しがる気持ちを表す表現がないことは、注目に値するのではないか(代わりにドイツ語には〝Heimweh(郷愁)〟や〝Weltschmerz(世界苦)〟といった、ほかの言語にないすばらしい言葉がある。どうしてこんな言葉が生まれたのだろう?)。

「肌の飢え」に陥ると、うつや不安状態や不眠などの症状が現れる。一方、ポジティブな触れ方をされると、私たちの体にはオキシトシンが放出される。血圧を下げ、ストレスや不安を緩和する作用のあるホルモンだ。不安を感じると、人は誰かの手を握ろうとする。誰かにつかまりたい、誰かとつながりたいと思うのは、私たちの本能なのだ。他者から触れられる機会の多い人は、それだけでこの欲求を満たすことができる。赤ん坊は、触れられなければ死んでしまう。大人の場合も元気がなくなるし、精神的な死を迎えてしまう可能性もある。

他人と「社会的距離」を置かなければならない生活を2年ほど経験したことで、私たちはいま、かつてないほどスキンシップを求めている。私の友達のひとりは、誰かに抱きしめられているような重みを感じるためにずっしりとしたふとんを愛用しているし、また別の友達は、週に一度、必ずマッサージに通っている。自分のためにそれだけの時間をとって、相手はまったくの他人であるにもかかわらず、なんのためらいもなく体を触らせる彼女の割りきりのよさに、私は感動を覚えた。

パートナーがいるほうが健康？

パートナーがいて、その相手との関係が順調な人は、おおむね十分なスキンシップがとれているので、ひとりでいる人に比べて満ち足りた健康的な生活を送っている場合が多い。とはいえ、「パートナーがいる人は、いない人よりも幸せで健康だ」と単純には言いきれない。幸福と健康を左右するのは、パートナーとの「関係の質」にほかならないからだ。

それにパートナーがいなくても、ポジティブなスキンシップを十分とれている人はたくさんいるし、そうした人たちの多くは、パートナーがいる人以上に良質なスキンシップがとれていたりもする。

しかし、パートナーがいない高齢者の場合は事情が異なる。人と交流したり、スキンシップをしたりする機会があまりない人が多いので、うつにも陥りやすくなる。「社会の個別化がどんどん進み、地域でスキンシップをとれる機会が減ったのも、その要因のひとつである」と、オーストリアのケプラー大学病院精神療法インスティテュートの精神療法士、フランツ・ブルンナーは述べている。(注53)

人と会うとき、ドイツ人は相手に手をさし出し、日本人は頭を下げ、フランス人は頬に2回キスをする。ある調査結果によると、フランスのティーンエイジャーは、30分に110回のスキンシップがあったのに対して、アメリカの同年代の若者は、同じ時間内に2回しか相手の体に触れなかったという。(注54)こうしたスキンシップの頻度と暴力傾向を関連づけた研究もある。フランスに見られるような「高接触文化」では暴力的な傾向は比較的低いが、「低接触文化」では極端にその傾向が高くなるという。互いに体を触る頻度が高いほうが、殴り合いになる頻度は低いのだ。(注55)

人は、ポジティブなスキンシップとネガティブなスキンシップの両方を通じて、感情をぶつけ合うものなのだろう。

友達とのスキンシップ

ノアはニカラグアで、私に大きな安心感を与えてくれた。これほど長く、幾晩も続けてこんな穏やかな気持ちになれたのは、前のパートナーと別れて以来初めてだったかもしれない。恋人と別れた直後は、その人と同じくらい親密になれる人はもう二度と現れないような気がしてしまう。でも実際には、そんなことはありえない。同じくらい親密になれる出会いは、すぐそこで私たちを待っているかもしれないのだ。

友達のアメリーは、いつもたっぷりと時間をかけて私のことを抱きしめてくれる。少なくとも1分間は離さない。カフェで私が話をしているときには、手を握ってきたりもする。恋人同士でなくてもスキンシップはあっていいのだということや、精神的な好意がどれほど人を幸せな気持ちにするかを初めて示してくれたのは、彼女だったのかもしれない。アメリーは、友人間のスキンシップのすばらしさを教えてくれた。

触れられるたびに、彼女が私をきちんと見てくれていることが伝わってきたし、触れられている瞬間は、私たちは本当につながっているのだという気持ちにもなれた。いまでは私も、彼女の手を頻繁に握るようになった。時間をかけてハグするようにもなった。私が車を運転していて、アメリーが話をしているときには、彼女の足に手を置いたりもする。ただ触れるためだけに。

27

子どもの問題

「ひとりで年をとるのは怖くない？」

「何か食べに行かないか？」と、携帯のロック画面にメッセージが現れた。私はあぐらをかきながら、もう何時間もサーフホステルの長いダイニングテーブルに着いて書きものをしている。気温は34度。ここに来て以来、ずっと同じだ。私は顔を上げ、庭を挟んだ向かい側にいるノアの視線をとらえた。彼はバーにいて、目の前にはビールが置かれている。今日はノアの休みの日だった。

「ウェンディのところ？」と私は返した。ウェンディというのは、隣に住んでいる一家の母親の名前だ。彼女はいつも、屋外にあるキッチンのトタン屋根の下にある埃っぽいコンロの前に立っている。このあたりの人は、彼女のところに行って今日は何があるかと尋ね、庭に置いてある緑のプラスチック椅子に腰を下ろす。

私はたいてい、ご飯と豆を添えた野菜を食べる。ときには詰めものをした生地や、サラダとサルサとピコ・デ・ガヨ［トマトやタマネギや唐辛子などでつくったサルサの一種］

を食べることもあるが、飲みものは冷たいビールと決まっている。私たちはウェンディのテラスにあった椅子を2脚引きよせ、腰を下ろした。むき出しの足を、私はノアの足の上に重ねた。

子どもを欲しいと思うか

目の前には海が広がり、遠くで波が砕けている。こうして日陰にすわっていなければ耐えがたいほどの暑さだ。一瞬、太平洋に飛び込もうかと思ったが、その考えはすぐに捨てた。私と海を隔てている砂が、日中は熱くなりすぎているからだ。一家の5歳の女の子が、裸足で熱い敷石の上を走って野良犬のあとを追いかけている。ふと、焼きつくようなノアの視線を頬に感じた。

「いつか子どもが欲しいと思う?」視線を女の子のほうに向けたまま、私は彼に尋ねた。

子どもに関してはここ数年、いつかは最終的な結論を出すか、少なくともなんらかの意見を持たなければならないと思っている。子どもを持つか、持たないか——私はどうしたいのだろう? 私の古い友人たちや妹は、もうとっくに答えを出している。彼女たちの答えは「イエス」だ。

いま身近にいる女性のうちの何人かは、この問いにはっきりとした「ノー」を突きつけている。彼女たちは皆、自分の答えに確信を持っている。子どものことは、女性にとって、生きていく過程で答えを出す必要がある問題のひとつだろう。あるいは、女性が生きていく過程でぶつかる最大の問題といってもいいかもしれない――私は母親になりたいのだろうか、それとも、なりたくないのだろうか？

私は去年の秋に30歳になったばかりで、いまは決まったパートナーもいない。それでも、このテーマはつねに頭のどこかにある。いまの自分に不満があるわけではないのだが、私のなかには、数世紀にわたって私たちを形成してきたDNAが組み込まれているからだ。

幸運にも、いまいる環境には、子どもを持つことをそこまで重視している人はいない。少なくともいまの私以上に、それを重大なこととしてとらえている人はひとりもいない。脇腹あたりをつつきながら、「いったいいつになったら……」と母親になることをしつこくせかすような大叔母さんがいるわけでもない。

私はむしろ、自分自身のために答えを出したいのだ。自分の将来像を描き、そこにたどり着くために、自分で選択をして結論を引き出したいのだ。自分は子どもが欲しいのだろうか？　それとも、子どもを持たないと言いきる準備はできているだろうか？　そしてどちらを選ぶにしても、その選択はどういう意味を持つのだろうか？

「いや、そうは思わない」とノアは答えた。

「だけど、あんまり自信はない？」

「これからどうなるかはわからないからな。でも僕には自由が必要だし、いまここにあるようなもの全部が必要なんだ。だから子どもがいる自分は想像できないいな」あまり認めたくはないが、ノアの返事に少しほっとしていた。気づかないうちに息を止めていた。私は息を吐いた。

「友達の話を聞いていて、とても悲しくなったことがあるの。彼女ね、『子どもを生んでやっと、自分の体がしっくりくるようになったの。自分が完全になったみたいに思える』って言ったのよ。出産したらきっとそんな気持ちになるんでしょうね。うまく想像できないけど。でもそれを聞いて、すごく悲しくなった。子どものいる人で、親になる前の自分は人間として不完全だったって言う人はたくさんいるわ。昔の自分や、昔の自分が好きだったことや、いまの自分をつくったいろいろなものを忘れてしまったみたいに。でもそれじゃあ、自分の人格をないがしろにしすぎだと思わない？」

親にならなければ半人前なのか？

私は一気に言葉を吐き出した。ノアは興味深そうに見つめてきた。そのときの私の気持ちや、子どもの有無で何かが変わるのかどうかを、具体的に想像しようとしているかのようだった。ノアは首をかしげ、うなずいて、私に同意した。私たちは、そのことについておおいに議論した。親になる前の人生を不完全だと見なすのは、予定で埋めつくされたカレンダーを誇りに思うのと同じことだ。親であることも、予定だらけのカレンダーも、自分は必要とされているのだと教えてくれる。

当時、私がその友達の言葉に動揺したのは、彼女に攻撃されたように感じたせいもあるかもしれない。なぜなら、彼女の言葉はこう告げてもいたからだ。「あなたはけっして完全になることはないでしょうけど」と。もちろん、そんな意図があったとは思っていない。彼女が「自分の体がしっくりくる感覚」を得られたというのも、本当に喜ばしいことだ。それでも彼女の言葉は、私に対して「あなたには欠けているものがある」という暗黙のメッセージでもあった。

彼女にとっての世界の見方が、私を見るときだけ変わることはありえないからだ。私たちのあいだには溝があった。完全さと不完全さを隔てる深淵が横たわっていて、私は不完全さの側に留まったままでいる。「親になる前は半人前だった」とも彼女は言った。ということは、私は半人前なのだ。もし、子どもを持たない決断を下したら、永遠に半人前のままなのだ。私の旅も、私の自由も、私の仕事も、半分の価値しかないということになる。

マナグアのホステルで会ったヒベールも、同じようなことを言っていた。兄弟には子どもがいるが、自分にはいない。だから自分の人生は、家族のなかでいちばん価値がないのだと。私は彼の言葉について考えた。私たちは、進歩的で発展した社会で生きているはずなのに、結局のところ最後に重視されるのは生殖能力なのだろうか？

ロマンチックな恋愛に対する甘いイメージの裏側には、女性は母親になるべきだというメッセージが隠されている。でも、すべての女性が母親になりたいわけではないし、そのつもりがなくても母親になってしまう人もいる。母親になりたくてもなれない人もいる。

そうしたさまざまな女性がいることを考慮に入れずに、私たちは簡単に「いつになったら子どもをつくるのか」などという質問をぶつけてしまう。それが相手を傷つける質問なのかどうか、私たちにはわからない。でも、もしそうだった場合には、その人をとても深く傷つけてしまう（それなのに私はノアに子どもについて訊いてしまった。反省しなくては）。

子どもについて訊ねるのは、夏の予定を聞くのとはわけが違う。将来の計画や、現在のパートナーのことや、自分の健康面のことや、子どもを持てるだけの安定性やお金があるかどうかや、困ったときに家族のサポートが得られるかどうかを考えなくてはならないし、自分のしたいことよりも子どもを優先できるかどうかや、仕事や自分の夢に関する計画の変更ができるかどうかも検討しなくてはならない。

母親になるということ

母親になるかどうかは個人的な決断ではない。政治的な決断だ。周囲とのあいだにできるキャリアの差や、人目につかない子育ての大変さも考慮しなくてはならないし、子どもができれば、自分の興味が向く対象や、そのときのパートナーとの関係性も変化する。互いに知的な刺激を与えつづけられる関係というのは、子どもがいない場合にしか成立しないからだ。（注56）

それから、子育てに必要な資金のことも考えなくてはならない。それだけのお金を、自分が子育てのために使う意思があるのかどうかも。統計から算出すると、子どもひとりを育てあげるには、一戸建ての住宅を買うのと同じくらいのお金がいるらしい……。それだけのお金があったら、自分のために使ったほうがいいのでは、と私などはつい考えてしまう。もちろん、あくまでも理論上の話であって、そんな大金が本当に手元にあるわけではないのだけど。

自分の夢といえば、私もノアに負けないくらい、いまのここでの暮らしに夢中になっている。毎日が楽しくて仕方がない。その一方で、いまのような何にも縛られない自由が永遠に続くとは限らない、という不安はつねに感じている。自由を失うのは怖いし、自由をあきらめてもいいと思える日がくるかどうかもわからない。

だから、自分が子どものいる人生に本当に向いているのかを自問しつづけている。自分の部屋が騒がしいのは好きではない。私には、ひとりで引きこもったり、本や文章を書いたりするための静かな空間が必要だからだ。どう考えても、子どもに関する問いにポジティブな答えを出せるような状況とは言いがたい。

「私が自分に贈った最大のプレゼントは自由なの」

何か月か前、友達にそう言ったことがある。誰かのために責任を負うのは、私には荷が重すぎる。いまではその程度には自分のことを理解していた。いまの私が負うことのできる責任と自由の落としどころが、犬を飼うことだった。思いたったときにすぐに車に荷物を乗せて海へ出かけたり、冬の計画を立て、夢を見て、ふらっと出かけ、自分の好きなタイミングでまた戻ってこられたりできることほど、私を幸せにしてくれるものはない。私生活でも仕事面でも、そうしたことができる環境を、私は何年もかけてつくり上げてきた。

「子どもを持たなかったことを、いつか後悔したらどうするの？」と妹に訊かれたことがある。

「子どもをつくったことを後悔するよりはましよ」と私は答え、苦々しい顔で妹をじっと見た。

「でも、ひとりで年をとるのは怖くない？」と妹は言った。確かに、その言葉の響きは怖い。

「まあ、でも、あなたたち一家がいるから。寂しくなったらうんざりするほどつきまとってやるわよ」と私は言い、妹とふたりで笑い声をあげた。妹は私より3歳下で、彼女の小さな家族には、まもなくふたり目の小さな住人が加わろうとしている。それを知ったときは、自分のことのように大喜びしたが、それでも私の人生は違うとわかっていた。自分の人生を変え、とつぜん家族を持つなんて、とても考えられなかった。

自分の〝ハッピーエンド〟は自分で決める

「いつかはそのことを後悔する」。イスラエルの社会学者、オルナ・ドーナトは、２０１５年に『母親になって後悔してる』（新潮社、２０２２年）という本を書き、世界じゅうに議論の波を巻き起こした。女優のジェニファー・アニストンは2016年、「For The Record（念のために言っておくと）」と題したエッセイを『ハフィントン・ポスト』に寄稿した。[注57] 自身の妊娠説を批判する内容のものだ。私は彼女のことを今後も崇拝しつづけるだろうと思う。

アニストンは「子どもが欲しいと思っているのでは？」あるいは「欲しいのにできないのでは？」というテーマにおいて、最もメディアの関心を集めた女性著名人と言ってもいいかもしれない。「完全になるために、結婚したり母親になったりする必要はない。自分の〝ハッピーエンド〟は自分自身で決めていい」と、彼女はそのエッセイではっきりと自分の意見を表明している。

それに子どもがいるからといって、年を取ったときにひとりにならないとは限らない。パートナーに先立たれるかもしれないし、子どもが親を見放したり、親と連絡を絶ったりする場合もあるかもしれない。

現に、60歳以上の3分の1がひとり暮らしだ。[注58] しかも人との交流の数や範囲でいえば、家族間よりも、個人のネットワーク内でのつながりのほうがずっと比重が大きい。パートナーがいない人のほうが広く充実した友人ネットワークを築いていることは、統計的にも証明されている。[注59] 当然だろう。ひとりでいれば、友達関係を維持するための時間がとれる。友達と一緒に旅行をすることも、イベントに出かけることもできる。

おまけに私には、40年後の世界がどうなっているか判断がつかない。自分の心臓以外にもうひとつの心臓を持つことに、耐えられるかどうかがわからない。自分勝手なのはどちらなのか？　自分の願望を満たしたり、ただ子孫を残したりするためだけに、この危機だらけの世界に子どもを生み出すことだろうか？　それとも、意図的に子どもを持たずに自分の人生を楽しむことだろうか？　どちらもある意味では自分勝手なのではないだろうか？　それなのになぜ、子どもを持たないことだけが最大のわがままのように思われてしまうのだろう？

この「自分勝手」だという非難の声を、私は最近、ごく近しい親族から投げつけられた。家族のお祝いごとに参加できなかったからだ。私の友達のジョージーのように、自分の家族という新しい世界にかかりきりになって、友達付き合いから距離を置き、以前のように連絡を寄こさなくなってしまう女性は、家族思いと見なされる（もちろん、ジョージーに思いやりがあることは間違いないが）。

私はわがままなのか？

一方、夢を追いかけて世界を旅したり、外国で仕事をしたりしていて、なかなか顔を合わせられない女性（ちょうどいまの私のように）は、自分勝手と見なされる。充実した気持ちになれるもの、人生の軸になるものを優先しているという点では、おそらくどちらも同じだというのに、自分のために何かを築きあげたり、ひとりで夢を追いかけたりすることは、社会的に賞賛されにくい。世間からすると、そういう人は半人前なのだ。

私の頭のなかにはいろいろな声がある。すでに浴びせられたことのある非難だけでなく、なかには自分で自分を非難する声もあるように思う。自分に対する問いかけや、自分が危惧していることも。私は人生を楽しみすぎているのだろうか？　人生に対する真剣さが足りないのだろうか？　私は、授乳で夜、眠れなくてもいいとか、自分の夢をあきらめてもいいとか、やりたいことを先延ばしにしてもいいなんて、少しも思っていない。少なくとも、いまのところは。

そう考えると、やはり自分を優先しすぎているのかもしれない。わがままなのかもしれない。でも私は、自分の理想の人生を送りたいのだ。他人の目を通して自分を見たり、決断を下したりするのは嫌なのだ。

私は顔をしかめた。これは静かなところで、自分ひとりですべき議論だ。ノアの隣ではなく。

心の底から正直に、冷静になって、自分自身に問いかけながら進めるべき議論だ――私は20年後、どんな自分でいたいのだろう？　どんな生き方がしたいのだろう？　どんな生活をすれば、私は幸せを感じられるのだろう？　答えはすでに自分のなかにあるような気がしている。私の直観もそう告げている。

でも、それを言葉で表すことはまだできない。自分にとっての現実として受け入れる準備はできていない。私はこのテーマを頭から追いやって、長いあいだノアを見つめ、彼の話に注意深く耳を傾けた。話が彼の家族のことになり、ノアが故郷の街について話しはじめると、私はぼんやりと海のほうに視線を移した。ウェンディがケサディーヤと野菜をテーブルに置いたとき、驚いて思わず飛びあがりそうになった。

自分の決断に絶対の自信を持つ

どんな人生を送っていて、どんな感情を抱いているかは人それぞれ異なる。だから、一般論と自分を切り離して考えるようにすれば、すべては解決するのかもしれない。他人の感情が自分の感情である必要はないのだ。自分の決断に絶対の自信を持って、人生を心から楽しんでいれば、世間の目に自分が半人前に映っていようが気にはならないはずだ。人生には数多くの選択肢があるが、選べる道はひとつしかない。

「何もかも手に入れるのは無理だから」私が10代のころ、ちょっとした決断をするたびに、母はいつもそう言った。ものごとには優先順位が必要なのだ。自分にとって本当に大事なものは何かを見きわめたなら、それ以外はあきらめざるをえない。母の言うとおり、何もかも手に入れるのは不可能なのだから。

私はひとりでいるのが好きだ。子どもを持つことよりも、私にとっては自分が女性としてどう生きるかのほうが大事だ。ベビーカーに乗ったかわいい赤ん坊を見かけても、心が揺らぐことはないし、ひとりで年をとるのも怖くない。どんな選択をしようが、私には自分の人生をよいものにできるという自信がある。友達のおじいさんに、私はこんなふうに言われたことがある。

「いちばん大事なのは、友達関係を維持することだよ。年をとったときに残るのは、友達だけだから」

「子どもは計画するもんじゃない。子どもを持つ流れになることもあれば、持たない流れになることもあるだけだ」と若くして父親になった私の父は言う。私はこの考え方が気に入っている。子どもを持つ流れになることもあれば、持たない流れになることもある。私の場合、いまのところは子どもを持つ流れにはなりそうにない。いつかそんな流れになるのかどうかもわからない。

人生の選択肢はオープンにしておこう

「夏はフランスにいるから、遊びにおいでよ」ノアが私の思考を破り、私を現実へと引き戻した。顔を輝かせて私のことを見つめている。

「仕事は夜だけなんだ。昼間は空いてる。僕の友達のボートで海に出よう。そうすれば、君にお気に入りの場所を見せてあげられるから。夏のフランスはとてもきれいだよ」

ウェンディの庭から10メートルも離れていないところで、波が砕けた。海面には、太陽がきらきらと反射していた。

「うん。楽しみにしてる」と私は答えた。ひとまずは様子を見てみよう。いま私は、残りの人生をひとりで過ごしたいと考えている。でも、ほかの可能性を完全に排除するつもりはない。人生の選択肢は、オープンなままにしておこう。

親がわが子を心から誇りに思う気持ちや、わが子への深い愛情や、子どもとの結び付きを、私が知ることはないかもしれない。でもその代わり、私はまったく別の角度から、自分自身をより深く知ることができる。それもやはり価値があると私は思う。わが子への愛情を感じる機会は訪れないかもしれないが、それはやむをえないとも思う。何かにイエスと言うことは、必ず別の何かにノーを言うことでもあるのだから。それだけに、私たちは自分がイエスと言った道には誇りを持って、それを心から楽しむことを心がけるべきなのだ。

アメリカの作家ヘンリー・デイヴィッド・ソローは、こんなふうに述べている。「人生のすべてを手に入れたわけでなくとも、それをよしとして生きることに真の豊かさはある。それこそが、真の自由なのだ（注60）」

28

さらなる移動

そもそも人は瞬間を生きることができるのか？

「ここに黄色い柵があったらいいと思うな」と私はノアに言った。私たちはあまり高くない塀越しに、海辺に建つ空き家を一緒に眺めている。その家の敷地に、「売家」という看板が立てられているのを見つけていたからだ。

「あそこにはサーフボードを立てかけられるな」ノアが目を輝かせながら、夜には友人たちとグリルやバーベキューができると夢中になって話しはじめる。私とノアは、本当にその家への引っ越しを考えているかのように話をしていた。通りのいちばん奥にある小さな軽食店に行く途中、この家の前を通りかかるたび、いろいろな想像をめぐらせた。ふたりとも、相手の言うことを真剣に聞いてはいなかったし、お互いの理想もまるで噛み合っていなかったが、そんなことはどうでもよかった。ただの空想にすぎないからだ。ただ単に、頭のなかでイメージを膨らませているだけだ。

私たちがずっと一緒にいることや、どこかに定住することを決めたとしたら、その暮らしはどんなものになるのかを。でも、本気でそうするつもりはない。私たちはこの瞬間だけを生きていて、この先がどうなるかはまったく気にしていなかったからだ。

ここに留まるべきか、離れるべきか？

ひとり旅の途中でどこかの場所が気に入って、荷ほどきをしたままのリュックサックがベッドわきに何日も、あるいは何週間も置きっぱなしになると、そのうちこんな問いが頭に浮かぶようになる――ここに留まるべきか、それとも離れるべきか。このふたつの選択肢のあいだで、私は揺れ動いていた。次に何が待ち受けているかわからないというのに、これほど充実した時間を過ごしている場所を離れるのは、容易なことではなかった。これから体験することのすべてとまではいかなくても、そのなかにほんのわずかでも、いまと同じくらいすばらしい体験が含まれているのだろうか。

4週間前、プラヤ・デル・カルメンの小さなバルコニーにいたときのことを考えた。あのときも、私は同じような決断を迫られた。それからここでの体験や、ここで見つけたさまざまなものについて考えた。それらはすべて、あのときあの場所を離れることを選んだからこそ、不確かさへの次の一歩を踏み出したからこそ得られたものだ。それに、私はもっと中米を見てまわりたかった。

数日後、私はフライトを予約した。コスタリカから帰国するフライトだ。パナマにはもう行けそうもない。コスタリカまでどうやって行くかは、これから算段をつけなくてはならない。近づきつつある帰国のことは、何を考えていても私の思考に入り込むようになった。でも帰国のことや、その後のことや、未来のことばかり考えていては、「いまこの瞬間」のことがおろそかになる危険がある。

とはいえ、そもそも私たちは、本当に「瞬間」を生きられるのだろうか？　昨日や明日のことを考えたり、それまでの体験を保存したり、何かを継続したり計画したり、未来の予定を立てたりすることを、完全に封じることはできるのだろうか？　ものごとを最後まで考え抜かずに、その瞬間だけを生きるなんて、ひどく身勝手なことではないだろうか？もし私が「いまこの瞬間」だけを生きるとしたら、明日なんて来ないかのように、有り金を全部使いはたしてしまうだろうか？　サーフィンをしたりはしゃぎまわったりしているせいで、私の指先には深いところまで砂が入り込んでいる。

一瞬、ダーヴィトのことと彼に言われた言葉が頭をよぎった。ヒベールはいろいろな番号からメッセージを送ってくる。きっと誰かの携帯を借りては書いているのだろう。メッセージはいつもスペイン語で、私はそれを翻訳するのに疲れていた。スペイン語はいくらか勉強したが、彼が選ぶ言葉を完全に理解することはできなかった。ただ、翻訳を面倒に感じるのを自覚するたびに、自分が薄っぺらで、感謝の気持ちの足りない傲慢な人間のように思えた。

私はいつでも完全だ

夜になると、海沿いでいちばん標高の高いところまで歩かないかとノアに誘われた。短いハイキングのあと、私たちは並んで山の上に腰を下ろした。ノアは私に自分の本を読んできかせてくれた。彼も、スマートフォンのメモアプリを使ってものを書いているのだ。ノアは1文ごとに翻訳をしてくれたが、どの文も、スペイン語で読んだ響きのほうがよかった。私は笑みを浮かべ、横からじっと彼を見つめた。

この3週間、何をするにもこの背の高い男性と一緒だった。私は本当に彼のことが大好きになっていた。彼とこれほど深い関係を築けたのも、ひとりでいたからこそだ。彼とのことは、この旅でいちばん大切な思い出になるだろう。誰かと一緒に過ごす時間は、1日だろうが1週間だろうが1か月だろうが、けっして十分ということにはならない。時間があればあっただけ、その人と共有できる時間も際限なく延びていくものだ。それを心に留めておけば、別れもいくらか楽になるように思えた。

結局、5日の予定だったニカラグアの滞在は4週間に延びた。ノアは私を村のはずれの、唯一車が乗り入れられる場所まで連れていってくれた。そこでヒッチハイクをすれば、12キロ先にある幹線道路に出ることができる。私は長い時間、ノアを強く抱きしめた。自分は状況をちゃんとコントロールできている。捨てられたわけではないし、自らの意志で決断を下した。ここから去るのは私のほうだ。私の人生は彼と出会う前にもあったし、そのあとにもある。

出会う前から私は完全だったし、これからもそうだ。彼がいなくても、私は完全でありつづける。ノアとはすばらしい時間をともに過ごした。でも、その時間がどれだけすばらしくても、私はそれを手放すことができる。それにしがみつく必要はない。彼とはまた、きっとどこかで会えるはずだから。

次に何が起こるかがわからないと、人は心もとなさを感じるものだし、不安で気が滅入ってしまうこともある。真っ白な紙に、また一から新たなものを描かなくてはならないからだ。ここのような海辺のサーフィンスポットから離れられなかったり、凡庸な恋人関係や、何ももたらさない友人関係を終わらせられなかったり、かなう見込みのない夢をあきらめられなかったり、問題だらけの職場を辞められなかったりするのはそのためだ。

見切りをつけるべきときが来たにもかかわらず、状況を変えられないのは、その後の展開の予想がつかないからだ。未来がどうなるかは、私たちにはまったくわからない。でも、次の角を曲がってみれば、すばらしい何かが待っているかもしれないのだ。

人をぎゅうぎゅう詰めに乗せた、古いピックアップトラックのうしろの踏み段に立ったとき、私は純粋な幸福感に包まれた。その後またヒッチハイクをしたときも、チキンバスに乗っているときも、マナグアで1泊したときも、その翌朝5時にコスタリカ行きのバスに乗るために歩いているときも、こみ上げる笑みを抑えることができなかった。頭は重くぼんやりとしていたが、「ニカラグアで過ごした1か月」を、いつか人生で起きた最高の偶然のひとつとして話すときがくるだろうという予感はあった。

最後にこんな気持ちになったのがいつだったか思い出せないほど、深い満足感と感謝の気持ちを覚えていた。これ以上ないほど、私はひとりでいることを楽しんでいた。

国境では、リュックサックを背負ったまま、いつまで経っても終わりそうにない行列に4時間並んだ（4時間もだ！）。自分はいまから別の国に入ろうとしているのだと実感させられる出来事だった。隣の村にちょっと買い物に行くような感覚で、フランスやデンマークへの国境を越えられるヨーロッパとはまるで違っていた。

オイファンコリー状態に陥る

それから私は、バスに乗ってコスタリカ国内を移動した。乗り換えのためにバスを降り、別のバス停近くのあまり清潔とはいえない場所にすわっていると、とつぜん、幸福感と憂鬱に同時に襲われ、心が重くなった。涙がこみ上げてきて、埃っぽい顔を流れおちた。

こういう状態を、ドイツの作家のベネディクト・ヴェルスは「オイファンコリー」と名づけている。すばらしい体験をして幸せな気持ちに浸っていると、幸福感《オイフォリー》に憂鬱《メランコリー》が入りまじることがある。なぜならその幸せは、一時的なものにすぎないことがわかっているからだ。(注61) ノアと過ごした幸せな時間と、それがいまではもう過去のものになってしまったという事実が、私を「オイファンコリー」の状態に陥らせたのだ。

乗り換えたバスが、険しい崖沿いの道を身をくねらせながら上っているとき、いまの居場所を誰にも知らせていないことに気づいた。72時間前から、ドイツにいる誰にも連絡を入れていない。バスがひどく揺れるので、揺りかごのなかの赤ん坊にでもなったような気がした。目を閉じて、私は少しうたた寝をした。目的地には、きっと無事に着けるだろう。開けっぱなしの窓から笛のような音をたてて吹き込んでくる風は、上れば上るほど冷たくなっていった。

モンテベルデ［標高1300メートル強にある自然保護区。エコツーリズムの中心地でもある］近くの小さな村に到着すると、私は荷物を下ろし、7週間ぶりに丈の長いパンツを穿いた。いまは2月の終わりで、山の上はとても気温が低かった。私は寒さにふるえながら早めにベッドに入った。ここでは、ひとりで静かな時間を過ごし、この4週間の体験をゆっくりと消化するつもりだった。

メキシコのときと同様に、ニカラグアは私にとって、すでによく知った場所のように感じられた。勇気を出しさえすれば、私たちはさまざまな新しい場所に溶け込むことができる。世界は私たちの前に開かれている。とくに、ひとりでいる人に対しては。特定の場所に根を持たない私は、世界のいたるところに根を下ろすことができる。

コスタリカでは1週間、意識的にひとりになった。モンテベルデ近くの国立公園をハイキングし、本を片手に早い時間にホステルのレストランにしのび込み、ライブ演奏に耳を傾け、周囲の人たちにはうなずいて挨拶はしたものの、交流はしなかった。私はずっとひとりで過ごした。

ひとり旅を通して、私は柔軟に回復する力を身につけた。何度でも、自力で気力を奮い起こせるようになった。アイマスクや耳栓をしていると眠れないので、ホステルではAirPodsで熟睡プレイリストを聴きながら眠る習慣がついた。どこにいてもつねに快適に過ごせたし、それがわかったことで、自分は自由なのだという感覚はさらに高まった。見知らぬ人たちと部屋やバスルームを分け合い、思い出や夢を語り合った。新しい知り合いができたときも、その人と一緒に過ごすか、それともひとりでいるかをすぐに決められた。

いろいろな感情を覚え、いろいろな体験をして、いろいろな人と出会い、いろいろな状況を経験した。それぞれは別に起きた出来事でも、すべてがまとまってひとつの大きな全体像をつくり出し、心のなかにしっかりと刻みつけられた。

ひとり旅では決断は自由

ひとり旅は、きつく感じられることもあれば、一生の思い出になることもある。気づかないうちに空《から》になっていた自分のバッテリーを充電できることもあれば、自分自身の本当の欲求について学べることもある。癒しの旅になることもあれば、刺激的な旅になることもある。いろいろな人と出会えたり、孤独になったり、退屈になったり、冒険に満ちた旅になったりもする。どんな旅になるかは自分次第なのだ。あるいは、それをどんな旅にしたいかという、自分の意思によって決まると言ってもいいかもしれない。

1週間後、首都のサン・ホセで安ホテルのプールサイドに寝そべり、夜に出る帰国便を待っているあいだ、私は家に帰ってから楽しみにしていることのリストをつくった。飼い犬のペニー、自分で淹れるふわふわのフォームミルク入りのコーヒー、自分のキッチンに立つこと、オーブンで焼いたパスタ、カロと行く予定のブートキャンプコース、アメリーを驚かせること、ベルリンの街を散歩すること、そして、実家の庭でゆっくりすること。

私の旅は、当初の予定とはまったく違ったものになった。パナマか、もしかしたらコロンビアまで行けるかもしれないと思っていたが、何週間もニカラグアで過ごしたせいで、結局はコスタリカから戻ることになった。しかし、これこそが旅の醍醐味ではないだろうか？

前もって用意された、完璧に所要時間を計算したインターネットのおすすめルートに従うのではなく、成りゆきにまかせて動くことが。思いがけず訪れた場所をふらりと見てまわることが。自分で決断を下し、どこか遠くの国で、二度と離れたくないと思うようなお気に入りの場所を見つけることが。大事なのは予定どおりのルートをこなすことではなく、その過程なのだ。おすすめにしたがうことではなく、勇気を出すことなのだ。

自宅で荷物を放り投げると、私はカウチに倒れ込んだ。この8週間、私は夢を見ていたのだろうか?

自宅で覚えた違和感

自宅で目覚める6日目の朝。正確に言えば、まだ夜が明けきる前の、日の出少し前の時刻に、私はぼんやりとした頭で大きすぎるベッドから這い出した。リュックサックはいまだに、先週帰宅したときに投げ出したままの場所にある。体がだるく、とても荷ほどきをする気にはなれなかったからだ――あるいは、私は人生のこの章に、まだ終止符を打ちたくないだけなのかもしれない――頭のなかでそう訂正した。早々と先に進んでしまうと、旅の思い出まで色褪せるような気がしていた。

ふらふらとバスルームまで歩き、昨晩、床に脱ぎ捨てたままになっている洋服を、つま先で隅に蹴とばした。私の頭はまだ、ここに戻ってきていなかった。天井が高く、床は古いフローリングで、引き出しはものであふれ返っていて、廊下には手紙が積みかさねられている、ふた部屋ある自宅のアパートメントに。ここに戻って以来、よく眠れなくなっていた。ものがありすぎることが、いまの私には重荷になっているのかもしれない。このアパートメントの壁紙には、熱に浮かされた夢のなかで私が1年前に貼りつけた孤独が、ずっと染みついたままになっているからかもしれない。

移動を続けることがあまりに心地よかったために、ここで立ちどまっていることに違和感を覚えているのかもしれない。あるいは、暖かで安全な自宅にいることが、自分には贅沢すぎるように感じられるのかもしれない。とくに、毎朝ウクライナの痛ましいニュースが報じられているこの状況では。しかし、世界はずっとこういうものだった。ある場所では人々がシャンパングラスを合わせる音が響いているというのに、別の場所では……。いや、やめておこう。

私は8週間、リュックサックひとつで暮らした。横の縫い目がほどけてくるまで同じデニムのショートパンツを穿き、道端の屋台で食事をした。知り合う人々との話はたいていお決まりのものだったが、火花を立てて記憶に焼きつく印象的な会話もあった。一度離れた場所にまた戻り、ヒッチハイクをしてピックアップトラックの荷台で日焼けをして、ビーチで眠ったときには全身を蚊に刺されて目が覚めた。

この旅では5つの国を見た――ホンジュラスはバスのスモークガラスの窓を通して見ただけだから、数には入らないかもしれないが。どこで何をしていても、自分の家にいるかのように居心地がよかった。人々が浮かべる温かな笑みも、琥珀色の目も、何気ない一場面も、汚れた埃っぽい道端にすわって幹線道路に足を投げ出しているときも、母国語ではない言葉も、人々とのあいだに生まれる誤解も、容易にはいかなかったり、身ぶり手ぶりを使って説明しなければならなかったりすることも、すべてを心から楽しんでいた。

旅先では、次の本の執筆もした。どこへ行くにも仕事を携え、行った先で仕事ができる自分の環境に感謝しない日は1日もなかった。あるときは外国語での会話に耳を傾け、また別のときには、さまざまな新体験をした長い1日のあとで、私はキーボードに軽やかに指を走らせた。

ここに戻ってきたとたん、すぐにでも次の旅に出たくてたまらなくなった。そのくらい、旅先でたくさんのことを吸収していた。私のタンクはすぐにまた空っぽになってしまうだろうし、旅先では、まさに私が欲していたとおりのインスピレーションを得ることができた。自分が思っていた以上に、私は生きている実感に飢えていた。

しかし、「幸せに酔いしれる」ことがありえるのなら、幸せの二日酔いになることもあるのだろうか？　少なくともいまの私はそんな感じだ。そんなことを考えながら、バスルームの鏡に映る自分の顔を見た。私の顔には、これまでの旅を思い起こさせる何本かのしわが刻まれている。

たとえば、夏に出かけたスペイン旅行。あのときは、世の中に日焼け止めというものがあることをすっかり忘れていたらしい。それでも、これらのしわは私の一部だ。私は疲れていたが、どこか心地のいい疲れだった。あれほど多くの出来事と、大事な出会いを経験したあとは、ひとまず「一時停止」ボタンを押さなくては、きっと次に進むことはできないのだろう。私はいまの自分の状態を、そんなふうに理解した。

〝わが家〟はどこにあるのか

私のなかには、帰国してから思いがけず見つけたいくつかの問いがある。でも、それらの問いを抱えたままでも生きていけるし、いまは答えが出なくてもかまわない。

そのなかには、自分の〝わが家〟はどこなのかという問いもある。いまは、自分にとってのわが家がどこにあるのかわからないが、いつか答えが出るのだろう。私はこの街が大好きだが、ここに留まる理由は何もない。これも、旅の途中で明確に認識したことのひとつだ。私はここでなんの責任も負っていないし、私をここに縛りつけるものもない。それに、〝わが家〟が自分のなかにしか存在しないとしたら、自分自身が〝わが家〟でもあるのだとしたら、私はいつでも自分の家にいることになる。

そういう考えをもって、これからも多くの国を旅しながら暮らす生き方を想像すると、幸せな気持ちになった。それこそが、私にとって最適な生き方なのかもしれない。これからの数十年、私の人生はそんなふうに過ぎていくのかもしれない。最小限のものだけを持って、旅をして、いろいろな場所に住んで、たくさんの人々と知り合って、その先々で文章を書く——想像すると心が浮き立ち、深い満足感を覚えた。

いつか、スペインの海沿いでしばらく暮らしてみたい——私は昔からそんな夢を持っていた。それが自分に合っているかを試すなら、いまが最適のタイミングではないだろうか？　私は思い立って、人差し指だけを使って「家具つきアパートメント　バルセロナ」とスペイン語で検索窓に入力し、エンターボタンをクリックした。どこにいても仕事ができる私の前には、あらゆる世界が開かれている。おまけに私はひとりで、何にも縛られていない。私は自由なのだ。

「未来のことはまだわからない」昨晩とったメモの最後に書きつけたのは、そんな言葉だった。そして私は、出発した。

29

おじいちゃん

最後はひとり？

「まさかひとりになるとは思わなかった」私の祖父は、ほとんど気づかない程度に肩をすくめた。私たちのあいだにあるテーブルクロスを、穴が空きそうなほどに見つめている。いまは3月の半ばで、私は南に向かう途中だった。地中海まで行くつもりだが、その通り道に地元の町があったので、家族のところへ寄るのを楽しみにしていた。

「絶対わしのほうが早く逝くと思ってたんだがな」そこには孤独があった。祖父母が長年ふたりで生活してきた、中庭に面したこの小さなアパートメントのいたるところに孤独が漂っていた。祖父母は、これまでの人生のほとんどをともに過ごしてきた。じつに60年もの年月だ。そして去年の秋以降、祖父はひとりになった。ひとりで残されるのはどんなものなのか――そのことについて、私は数週間前にノアと話したばかりだった。

祖父は80歳にして料理や洗濯を覚え、家事をこなす必要にせまられた。もちろん、本人はそれを歓迎してはいない。むしろ正反対だ。祖母の不在はあらゆるところに感じられた。

空っぽの赤いひじ掛け椅子にも。青と白のチェックのランチョンマットが敷かれたキッチンテーブルの空席にも。祖父母はふたりでひとりのようなものだった。何しろ、半世紀以上にわたって人生をともに過ごしてきたのだ。でも、それだけ長い結婚生活を送っても「最後はひとり」にならないという保証がないのだとしたら、この言葉はどうしてこれほど多くの人を不安にさせるのだろう？

突然ひとりになることもある

自分からひとりを選んだわけではなくても、否応なしにひとりになってしまうこともある。人生がどんな経過をたどろうと、あなたのもとを去っていく人はいる。あなたのほうから離れなくてはならない人もいるだろうし、その一方で、新たに知り合う人もいる。周囲の人間関係をどんなふうに構築しようと、それは変化するものだ。

だから、自分を豊かにしてくれる人がいて、その人が自分のもとを去ることになったとしても、それで自分の人生が終わるわけではないということは、つねに頭に入れておいたほうがいい。その場合に備えて、心の準備をしておいてもいいかもしれない。

祖父母のあいだにあったものを思うと、私は感動を覚えてしまう。愛情があって、一緒にいることがあたりまえで、その関係を何十年も続けてきたのだ。60年間を誰かと一緒に過ごすことは、ひとりでいるよりずっと勇気がいることなのかもしれない。相手のもとを去ったり、見放したりせずに、その人のもとに留まるほうが、ずっと難しいのかもしれない。

自分にも同じことができるだろうか？　いつか、そうしたいと思う日がくるのだろうか？　本当に難しいのは、ひとりで生きるすべを身につけることではなく、ひとりの人と深くかかわることなのだろうか？

ひとりでいることは、誰にも、どこにも縛られないという意味でもある。明日、目が覚めたときに、ニカラグアの海辺の黄色い柵のある小さな家に住もうと思い立ったとしたら、私はすぐに実行に移せる。それはとてもすてきなことだ。なんて自由なのだろう。でも、それは同時に、自分はこれからも、誰のもとにも、どんな場所にも留まらないということでもある。私はまだ、誰かと深いかかわりを持つことができるのだろうか？

30

1600キロメートル

車で身軽に出発する

私はサービスエリアで少し足を動かし、疲れた顔に氷のように冷たい水をたっぷりとかけて、コカ・コーラライトを1本買った。それからフォルクスワーゲンバスに戻って、犬をドライブボックスに入れてベルトで固定し、アメリカのアーティスト、ノア・カハンの曲をスピーカーから流して、アクセルを踏んだ。海に行きたいという気持ちがまた湧いてきたのは、ほんの数日前のことだ。そう感じた瞬間に、私は心を決めた――ひとりで車に乗って出かけよう。きっとすばらしい冒険になるだろう。

いままでにない長距離ドライブ

こんなに長い距離をひとりで運転したことはこれまでなかった。でもそれは、それだけの遠出をする勇気がなかったからではない。そういう発想にならなかっただけだ。車を運転するのは好きだが（運転を怖がっていたころが懐かしい）、１６００キロをひとりで運転しようなどと考えたことはなかった。ところが、いまではこのアイデアに夢中になっていた。この春には犬を連れてフランスに行って、そこで執筆をすることにしよう。好きなだけフランスで過ごそう。

そのあいだは地中海沿いで車中泊をしてもいいし、スペインまで足を延ばして、バルセロナでの暮らしがどんなものかを試してもいい。それには車で行くのがいちばんだ。事前に計画を立てる必要も、何かを予約したり何かを待ったりする必要もない。ただ出発すればいいだけだ。キャンプ用の小さなコンロも、コーヒーの粉が入った缶も、食べものを少しと水と分厚い毛布も——必要なものは全部持った。

一度出発してしまえば、もうそれほど遠いとは感じなかった。それどころか、目的地に近づけば近づくほど、もっと走りつづけていたいと思うようになった。私は１６００キロを２日で走りきった。おじいちゃんのところに寄ったあとはシュトゥットガルトの友達を訪ね、その翌日の昼にはまた出発した。午後にフランスとの国境を越え、カルノン・プラージュ［地中海沿いにあるフランスのリゾート地］のモンペリエ近くの海岸に着いたのは、真夜中をとうに過ぎたころだった。

ここには以前、当時のパートナーと一緒に来たことがある。ここから始まったふたりの物語を、今度は私がひとりで拾い上げ、続きを書き足そうとしているかのような感覚を覚えた。今回のひとりのドライブも、１年も経てば、思い返すたびに幸せな気持ちになる思い出のひとつになっているだろう。

長い距離だったが、誰かと運転を交代しなくても難なく移動できた。しかもその道中を、私は心から楽しんだ――昔の曲を見つけてまた聴いてみたり、古い友達と何時間も電話で話し込んだり、しばらくのあいだはただ静けさを楽しんだり。そして目的地に着いて車をとめたときにも、疲れはほとんど感じていなかった。幸福感で満たされていて、心はとても穏やかだった。

今回のことで、地中海までのドライブが持つ意味はがらりと変わった。子ども時代からティーンエイジャーになるまでのあいだに家族と一緒に出かけたときには、車には天井までぎっしりと荷物が詰め込まれていて、途中で何度か休憩を挟んだり、暇つぶしに近くを走る車の数を数えたり、喧嘩をしたりしながらの道中だった。でも、いまではその印象はひっくり返っていた。ひとりで同じルートを走ったことで、これまで頭のなかで「地中海までのドライブ」と直結していたイメージは、すっかり上書きされた。私は海辺で眠り、さざ波の音で目が覚めた。

しかし、3月は車中泊にはまだ早かった。私は寒さにふるえ、車内に敷いたマットレスの上で、朝日を浴びながら体にきつく毛布を巻きつけた。近くを通る車の影が何度も目の前をかすめていく。スモークガラス越しにしばらく周囲の海辺の様子を眺めたあとで、私はようやく、犬と一緒にベッドから這い出した。車載用ヒーターを使っても車で寝るのは寒すぎたので、仕方なく計画を変更し、バルセロナに行く前にフランスにしばらく滞在することにした。

そしてふた晩を過ごしたあと、窓からタパスバーと曲がりくねった通りの見える、モンペリエの旧市街にあるお手頃なレンタルアパートメントに移動した。夜になると、ワイングラスを片手になじみのないキッチンで踊り、その後もう一度外に出て、バーの前にすわって夜の空気のなかで手足を伸ばした。

初めてひとりで行動するときには違和感を覚えるかもしれないが、しばらくすると、いたって普通のことになる。そもそも私たちはどうして、ひとりですることと、ふたりでしかできないことを区別して考えてしまうのだろう。ここでひとりで過ごす時間はとても濃密で、快適で、静かだ。私は心から、ここに来てよかったと感じていた。

ノアとの再会

「いま近くにいるよ」と私は翌朝、ノアにメッセージを送り、枕に乗せている頭の隣に電話を置いた。いまはノアもヨーロッパに戻っている。彼の家族は、スペイン国境に近いフランスに住んでいる。それ以上のことは何も知らなかった。

「来週会わない？　車ならあるから」

「どこにいるの？」とノアから返信があった。私は自分の現在地と、この小さなレンタルアパートメントからの眺めを撮った写真を送った。写真には、私の視線の先にある、旧市街の細い路地が写っている。

「電車に乗って僕がそっちに行くよ。今日の夜には着けると思う」と、ノアからの返信には書いてあった。私としては、もちろんそれでもかまわない。

真夜中ごろ、近くのバーからふらふらと歩いてふたりでレンタルアパートメントに戻ってくると、ノアは靴を脱がずにベッドに直行し、ジーンズも何もかもすべて身に着けたまま、大の字になって倒れ込んだ。ノアに再会できたのはうれしかったが、彼と一緒にヨーロッパにいるのはなんだか妙な気もした。私は思わず目を疑った。

ノアの汚れたジーンズが、真っ白なシーツに触れている。足を摺りあわせながらスニーカーを脱ぎすてて、ノアは私に笑いかけていた。私は服を脱ぎ、下着だけになってノアの前に仁王立ちになり、腰に手を当てた。

「やめて。何してるのよ。ベッドに入る前に服を脱いでちょうだい。汚いじゃないの」

私は人差し指でノアのジーンズをつついて、ベッドから出るよう英語で促した。

「外で着た服のままベッドには入らないで。それからアパートメントに入るときは靴を脱いで」

「なんだよ？　いったいどうしちゃったんだよ？」ノアは笑いはじめた。「外で着た服」という言い方がおかしかったのか、笑いがとまらないようだった。

「じゃあ犬の足はどうするんだよ？　外用の足から家用の足に取り替えるのか？」と彼は言い、世界で最も困難な課題をこなしてでもいるように、のろのろとわずらわしそうにジーンズを脱いだ。そしてわざとらしく疲れた様子で、下着姿でベッドの私の隣に倒れ込んだ。

「これで満足?」フレンチバルコニーのドアから3月の冷たい空気が吹き込んでくる。昨日ここに着いたとき、私はふたつあるバルコニーのドアをどちらも開けはなっていた。外の気温は12度くらいだろう。

「あそこに置いて」そっけなく小声で言って、ひじ掛け椅子に掛けてある私のゆったりしたジョギングパンツのほうを指さした。

「厳しすぎるよ」とノアは声をあげ、自分を落ち着かせようとするかのように額に手を当てた。

「ビーチで一緒に裸で眠ったルイーザはどこにいったんだ?」

「あのときと同じってわけにはいかないの。ここにはルールがあるのよ」

私は起きあがって、ノアの頭にカウチのクッションを投げつけると、バルコニーのドアを閉め、暖房をつけてから彼の隣に寝ころんだ。

互いに知る新たな面

ノアが夜の9時半にタパスレストランに夕食をとりに行こうと言ったとき、私はてっきりふざけているのだと思った。

「夕食は7時にとるほうがずっといいと思わない？」と訊くと、ノアのほうも私がふざけているのと思ったようで、いきなり笑いはじめた。地球のこちら側で一緒に時間を過ごしてみると、互いに知らなかった一面や、文化の違いが明確になった。

私はタトゥーだらけの彼の上腕をなでた。ここにいる私たちは、ここから海を隔てた向こう側で知り合ったときの、なんの義務も負っていなかった私たちとは別人だ。あのときの私たちの体験を、別の環境でそのまま再現することはできない。私はノアの新たな面を知ったし、彼も私の新たな面を知った。

タトゥーだらけのこの大柄な男性は、繊細で、内向的で、基本的に無口だった。ただ私のことをじっと見つめているだけのときもある。ここでのノアは、絶えずパーティー音楽に囲まれ、昼の12時にビアポンをしていた、ニカラグアでの彼とは違う。でも、それは当然のことだ。私だって、あのときと同じではないのだから。

翌朝、ノアはしばらく私のまわりで意味もなくうろうろしたあと、期待に満ちた顔で私の目の前に立った。そろそろ朝食をとりに行きたいらしい。私はノートパソコン越しに彼を見て、それからまたEメールと請求書のほうに視線を戻した。

「いまはあなたに付き合ってる暇はないの」私は首をかしげてノアににっこりと笑ってみせた。

「ひとりで行ってきて」

相手との関係を深めながら自分を見失わない

ふたりでいるのも楽しいとはいえ、やはりひとりでいるときとはわけが違う。いまの状況は、「誰かと一緒にいる」のがどんなものかを、とても的確に表しているような気がした。私はひとりのときのほうが多くのことをこなせるし、集中できるし、生産性も上がる。より自分らしくいられる。早起きをして、意欲的になれて、執筆も進む。

でも誰かと一緒だと、本来の自分ではなくなってしまう。その誰かは、ずっとベッドから離れようとしなかったり、極端に遅い時間まで夜遊びをしたがったり、スポーツをさぼってピザを注文しようと私に持ちかけたりするからだ。過去にはことごとく失敗してきたが、じつはこれこそ、私が次に取り組むべき課題なのかもしれない。

ふたりでいても自分を見失わずに（以前の私は、男性に認めてもらいたくていつも恋人探しをしていた）、上手にバランスを取りながら、パートナーとの関係を維持すること。これまで、恋人とふたりでいるときは、素の自分を抑えたり、趣味を控えたりしてきた。でも本当は、自分の考えを優先させたとしても問題にはならないはずなのだ。「ぼくのために時間を取ってくれなくなったぶん、君の魅力は損なわれたよ」などと言う人は、おそらくいないだろうから。

私はノアとの関係を深めながらも、同時に自分を見失わずにいることも学びつつあった。

一緒に朝食をとりに行くこともあれば、互いに干渉しない時間もあり、夜になればふたりで踊りに行くこともあった。私がキッチンテーブルで執筆をしているときには、ノアは煙草を吸ったり電話をしたりしながら、バルコニーで何時間も過ごしていた。前にニカラグアにいたときよりも、私たちはよい時間を過ごせていた。

健全にひとりを楽しむというのは、状況に応じて人付き合いの形を柔軟に変化させながら、誰かといる時間も同じように楽しむことだ。自分の境界線を把握する一方で、ありのままの自分でもいるということだ。

メキシコで新年を迎えたとき、私はひとりでいることを学んだ代わりに、人との過ごし方を忘れてしまったのだろうかと自問した。この旅に出る前に、おじいちゃんと話していたときにも同じ疑問が頭をもたげた。そして10日間、ノアと昼夜をともにしたいまなら、その問いにも答えられる。

眠っているときも笑顔

私は人との過ごし方を忘れたわけではない。自分の欲求を、前よりもうまく読みとれるようになっただけだ。よい時間を過ごすには、誰かと一緒のほうがいいときもあれば、ひとりのほうがいいときもある。**誰かと一緒にいるときに自分にとっての答えが見つかることもあれば、ひとりのときに見つかることもある。どちらも同じくらい大事なもので、ど**

ちらのほうがいいというわけではない。私は両方とも得意だし、両方を楽しめる。この変化を思うと、自然に笑みがこぼれた。数年前の私は、こんなふうではなかった。

「寝てるとき、君ほど幸せそうな顔をしてる人は見たことがないよ」とノアは私にささやいた。ふたりでいる朝はこれが最後で、その後私はバルセロナに行くつもりだった。私はまばたきをしながらノアを見つめた。腕にはきつく犬を抱きしめている。

「どういうこと？」

「君は寝てるとき、ずっと笑ってるんだよ。夜中に目が覚めたときに君のほうを見ると、いつも笑顔なんだ」

「どうして夜、目が覚めちゃうの？」思わずそう尋ねた。私は夜中に目が覚めることはけっしてない。温かくてふわふわの犬を抱きしめて、新たな日を迎えるのを楽しみにしながら、あっという間に眠りに落ちる。そして外が明るくなったころにまた目を覚ます。

「夜中に寝返りを打ったときに目が覚めて、時計を見ることは多いんだ。だけど君はいつも眠ったときのままでそこにいて、寝ながら笑みを浮かべてる。まるで世界には問題なんか何ひとつないみたいに。心配しなきゃならないことなんて何ひとつないみたいにさ。そんな様子を見てると、すごく安心するんだ」

　私は目を閉じた。ノアからもらった言葉が、これ以上ないほどすてきなものに思えた。私は、自分が持つ基本的信頼感や、グアテマラのジャングルで過ごした時間や、ここ数か月や数年のあいだに感じた直観や、そのあいだに経験したことについて考えた。それから、

「だって私、心配してることなんてひとつもないから」と小声で言った。

よく思い浮かべるお気に入りのイメージのひとつに、こんなものがある。海を眺めたときに見えるのは、穏やかな海面と、海面に立ついくつかの波だけだ。でも、目には見えなくても、その下は驚くほど深くなっている。私たちには想像もつかないほど深い。そこにある水の量だって計りしれない。しかし、それらは目には見えない。見えるのは、表面に起こる波だけだ。

私たちの内面は深い海

一度読んで以来、私の心に焼きついて離れない、次のようなたとえもある。私たちがどんな存在で、どんなことができて、これから何を経験するかは、すべて海になぞらえて考えることができる。私たちの内側には、海のような深さが隠されていて、そのおかげで誰もが安定して過ごしている。そして、私たちが人生で経験する浮き沈みは、波だ。でも、波は表面を乱すだけで、内なる核にまでは届かない。私たちの本質を形づくる、内なる核を奪うことは誰にもできない。私たちのなかには、そんな深みが存在する。

ひとつひとつの経験は波であり、乗りこえるのに心身をすり減らすような難題は、そのなかでもとくに大きな波だ。しかし何が起きようと、私の奥深くに存在している、満ち足りた核が破壊されることはない。人生で何が起きようと、私の核は傷つかない。

人は「波」だけを、つまり、目に見えたり耳にしたりする表面上のことだけを基準にして口を出す。でも実際には、水の量は表面に立つ波よりも、その下の部分のほうがはるかに多い。あなたは海だ。波があなたのすべてではない。自分にこのふたつの階層があることを、そして自分の内側には核があることを意識すれば、人生の難題にも落ち着いて対処できるはずだ。私はそう思っている。

「基本的に、私は何かを心配しないの。心配するのは、心配しなきゃならないようなことが起きてから。私の言ってること、わかる?」そう言ってから、キッチンでふたりぶんのコーヒーを淹れるためにベッドから出た。ほとんどの場合、私は苦もなくベッドから出ることができる。新しく始まる1日を、いつも心から楽しみにしているからだ。

ノアはあきれたように目をぐるりと回した。

「ときどき、君はどの世界に生きてるんだろうって不思議に思うよ」

「私自身の世界よ。でも真面目な話、何か悪いことが起きる前提で不安がっていたって、その心配はたいてい無駄になるわ。これからいろいろ嫌なことは起こるだろうし、それは私にもわかってるけど、結局最後にはなんとかなるものよ。必ずね」

「じゃあ、嫌なことが起こるまでは?」

「笑顔で眠って、笑顔で起きるの。笑顔にはいろんな効果があるって、誰かが言ってたわ」

31

キッチンテーブル論

快適ではないところに幸せを見つける

7年生［4年間の小学校を終えてから入る中等教育機関の3年生］のとき、私たちは地理の授業で「世界のどこか」をテーマに調べものをして、発表しなくてはならなかった。どの場所を選ぶかは各自の自由だった。私は「バヌアツ」という名前の、オーストラリアとハワイのあいだのどこかにあるらしい南太平洋の島を選んだ。「世界幸福度報告書」について書かれた何かで、この国について読んだことがあったからだ。

そこには、（約17年前には）世界で最も幸福な人たちが住んでいるということだった。私はその当時からすでに、どうやってその事実を突きとめたのか、そしてその調査はどのくらい信頼できるものなのかを疑問に思っていた。それでも、どこかの新聞で見つけた記事には興味を引かれた。ドイツにいる私たちと比べると、そこに住んでいる人たちが所持しているものは少ないが、だからこそ彼らは幸福だというのだ。

バヌアツは、業績主義社会でも消費社会でもない。そのため、マーケティングや広告で人々の思考が操られることも、どれだけ努力しても不十分だということも、ものがあふれているのに必要なものが増えつづけることもない。そのおかげで、人々は幸せに暮らせているのだという。

「ここの人たちが幸せなのは、ごくわずかなもので充足感を覚えているからです。ここでの生活は、家族と地域の共同体を中心に回っています」と、オンライン新聞『バヌアツ・オンライン』のマーク・ローウェンは述べている。(注62) つまり、選択肢が少なければ少ないほど、暮らしが簡素であればあるほど、私たちは幸福ということになる。

人には、簡素さへの憧れがあるのだろう。ひとり旅をしているうちに、私は「できるだけ少ない荷物で旅をする」という習慣を身につけた。最初のポルトのときはまだ無理だったが、いまでは行き先が暖かい場所でありさえすれば、ノートパソコンと手荷物用の小さな旅行バッグひとつで、3日から3か月のあいだ旅をすることができる。持っていくものは最小限だ。

選択の苦悩を捨てる

普段の生活でも、私はいつも5着の洋服を着回している。ジーンズは黒いものを1本しか持っていなくて、だいたいそればかり穿いている。考えなくてもすむようなことなら、あまり頭を使いたくないのだ。もしかしたらこの簡素さのおかげで、私は自分にとって本当に大事なものに意識を集中できているのかもしれない。

旅をしているうちに、私は気づいた。ものや、余計な荷物や、物質的な思い出を持たずにいることは、私の幸せと密接に結びついている、と。選択肢がありすぎたり、どんどんものが増えていったりすると、簡素さが恋しくなることがある。何を着るか、誰と会うか、どこに行くか、何を食べるか、週末に何を買うかで頭を悩ませずにすむことが、とても贅沢に思えることがある。旅行中、手持ちの3枚のTシャツが汚くなったときは、新しいものを買うのではなく、それらを洗ってまた身に着けた。そうやって、絶え間のない「選択の苦悩」を味わわずにすむようにしていた。

どうしても必要なもの以外は手放して、それによって自由を獲得するというミニマリズムは、近藤麻理恵が最初に広めたことではない。1960年代以降、物質社会を離れてバンでヨーロッパを旅してまわる人たちはつねに存在しているし、彼らはバンに積める以上の荷物は持たない。ドイツの『ディー・ツァイト』紙は、こうしたバンでの生活を扱った記事で、簡素さへの賛美の裏にある真実を的確に指摘している。「彼らのインスタグラムのストーリーズではほとんど語られないことがある。彼らのように自由に、ものを持たずに生活するには、まずはある程度の資金が必要だという事実だ(注63)」。確かにミニマリズムは、必要なときにいつでもものを買い足せなければ成立しない。つまり、貧しさを美化するときにミニマリズムという言葉を使うのは、本当はあつかましいことなのだ。しかしその一方で、ミニマリズムという概念は、それ自体が、あふれるほどものを所有する資本主義社会に対する痛烈な批判にもなっている。しかし、もし簡素さのなかに幸せがあるのだとしたら、ものを選ばずにすむことで、暮らしが穏やかになるのだとしたら、本当によい人生を送るには何が必要なのだろう？　必要最小限のものしか持たない生活とは、いったいどんなものなのだろう？

必要なのは「簡素さ」と「合い間時間」と「不完全さ」

私は快適でない場所が大好きだ。これを私は「キッチンテーブル論」と呼んでいる。たとえば、人間工学にもとづいたすわり心地のいい椅子があり、引き出しには厳選されたペンや紙などの文房具が詰まっていて、ファイルや書類の収納場所も用意されているような仕事部屋を提供されたとしても、私はノートパソコンをつかんでキッチンテーブルで仕事をするだろう。

ごちゃごちゃとものが置かれているなかで、快適とはいえない椅子にすわり、膝を上げてあごを乗せたり、ときどきは冷蔵庫をのぞきに行ったり、途中からあぐらをかいたりしながら、創造力をほとばしらせるだろう。私は空港でも仕事をするし、電車やカフェで仕事をすることもある。

人は、理想的とは言いがたい場所や不慣れな環境で、ちょっとした空き時間などに集中して仕事をすると、最高のアイデアを思いついたり、たった1時間のうちに、家の仕事机に向かっていたら8時間かかってもできないほどの成果をあげられたりするものなのだ。**私は、完璧さは力を奪うものだと思っているし、力を発揮するには、簡素さと、合い間の時間と、不完全さが必要だと思っている。これこそ「キッチンテーブル論」なのだ。**

私がひとりを好むようになったのも、これが理由なのかもしれない。多くの人にとっては、ひとりでいることも、不完全で快適でない状態に含まれるからだ。しかし私にとって、ひとりでいることは、自由な選択の余地を与えてくれるものであり、創造力の源でもある。ただし、快適でないところに幸せを見いだすにはコツがいるらしい。

少なくとも、心理学者のクリスチャン・ブッシュはそう確信している。アメリカの心理学雑誌『サイコロジー・トゥデイ』誌のブログに、彼はこんなふうに書いている。「多くの人はセレンディピティ［思いがけない幸運に出会ったり、それを発見したりする力］を、偶然に訪れる受動的な幸運と見なしている。しかし実際には、セレンディピティとは、いくつかの点を目にとめてそれらを結びつける、能動的なプロセスなのだ。ほかの人々の目には峡谷にしか見えないところに橋を見いだして、自発的にチャンスをつかみ、行動するのが、自分で幸運を見つけるということである」

クリスチャン・ブッシュによれば、幸運な偶然を見つけられるかどうかは、私たちのものごとへの取り組み方や、考え方や、ものの見方に左右されるところが大きいという。(注64) 私の場合、ひとりでいることや、なじみ深い場所からあえて離れるといった、誰もが好むわけではない行為が重要なのだろう。そうした行為こそ「人には峡谷にしか見えないところに橋を見いだす」ことなのだ。

なじみ深い場所というのは、柔らかな綿のようなものであり、寝心地のよすぎるベッドのようなものでもある。ある人にとっては安心や安息を意味するが、ある人にとっては退屈そのものであり、その結果、無気力に陥る原因になる。なぜなら新しい体験は、私たちの感覚を研ぎすますために必要なものだからだ。

アドレナリンが分泌され、緊張することで、人はいろいろなことを明確に認識できるようになる。私たちは、ときどきそうした興奮を——快適ではない何かや、苦労して乗りきるべき何かを——必要とするものなのだ。しかし、私の場合、誰かとふたりでいるときに、そうした欲求が満たされたことは一度もない。

相手が下した決断を、私は少なくとも半分は信頼するし、相手に同意を示してうなずきながら、その人のあとをただついて歩くだけになる。一方でひとりのときは、すべてを自分が担わなくてはならない。調べものをして、ありとあらゆる決断を下さなければならない。つらいときもあるが、漫然と過ごすよりもハードルがあるほうが得るものは多い。

到着の誤謬

ひとり旅というのは、自分に何ができるかを自分自身に示すことでもある。私はひとりでデンマークまで運転してコンサートに出かけ、知り合いがひとりもいないイビサに留まなのだ。

り、コロナから回復して間もないころにグアテマラまで飛んで、ひとりで山の上のジャングルに滞在した。ひとり旅とは、なじんだ場所から飛び出して、自分を誇りに思える行為なのだ。

フランスまでの運転中、私はずっと鳥肌が立っていた。そしてノアの世界へと小旅行をしたあとは、勉強しはじめたばかりのスペイン語以外に、フランス語も少し覚えた。出会う単語をどんどん吸収していった。

自分が望みさえすれば、私は田舎に家をかまえて、家族を持つこともできただろう。でも私の人生は、いまこの場所にたどり着いている。そして私は世界の誰とも、自分の人生を取り替えたくはない。私は旅をするのが好きだ。快適でないことが、冒険が、新しい経験をするのが好きだ。まだ旅をしている途中だというのに、私はどこかに到着したような感覚を覚えていた。

どこかに到着したり、目標を達成したりすれば、幸せになれると思い込んでいる人は多い。

「とりあえずあそこに着いたら……」

「あれとかこれを手に入れたら……」

「10キロやせたら……」

「一緒にいてくれるパートナーが見つかったら……」

心理学者はこうした思い違いを「到着の誤謬」と呼んでいる。目標を達成したら、その後はずっと幸せになれるなんてことはない。なぜなら目標にたどり着いた幸せな瞬間は、一瞬で消えてしまうものだからだ。そのあとはまた、そこに向かって努力するための新たな目標が必要になる。[注65]

実際の幸せというのはむしろ、普段の生活のなかや、目標を達成するまでの過程にある。結婚式を挙げたり、一戸建て住宅に引っ越しをしたりするといった、一度きりの目標にあるのではない。そうでなければ、大きな目標を達成したあとは、心に大きな空洞ができてしまう。

必要なのは快適でないこと

バルセロナでは、濃霧の向こうに日が沈みつつあった。私が借りたアパートメントのある細い路地のあいだを、風が吹き抜けていく。5階まで上る階段は幅がひどく狭くて、この週が終わるころには、体じゅうが痣《あざ》だらけになりそうだった。でも、その不便さを補ってあまりあるほどのすばらしい眺めだった。私はまだ、この場所をよく知らない。この区域も、この街も。でも、これまでに訪れた数々の場所でしてきたように、この街を知って、自分のものにするのが待ちきれなかった。そうすることが、私にとってはこの場所への「到着」を意味していた。

もしかしたら私には、「快適でないこと」、が必要なのかもしれない。完璧に整えられた仕事部屋ではなく、キッチンテーブルや、騒々しい通りの隅にあるカフェのぐらつくスツールが。目標ではなく、旅をすることが。なじみがなく、快適でないどこかにいると、活力が湧いてくる。冒険心を刺激されるし、自由を実感できる。それは新たな始まりであり、いまあるものとこれから起こり得ることとのあいだで、私はバランスを考える。

旅先で出会うすべてのものやすべての人を、これから先の人生に携えるのは不可能だ。これは、未来の自分にとってのよい人生を探すための旅なのだ。それを見つけるための私の準備は、すでに完璧に整っている。

32

バルセロナ

ひとりでいることと孤独との違いについて

私は湯気の立ちのぼるコーヒーを片手に、この小さなアパートメントと向かいの家々を隔てる大きなガラス窓の近くに立った。私は深い期待感とともに目覚めていた。これからの人生で、どれだけの人と新たに知り合うのだろう。どれだけの体験をして、どれだけの街を見るのだろう。涙が頬を伝うほど笑うことがどれだけあるのだろう。いまはまだ予想もできないこと、いまの私には理解できていないことが、世の中にどれほどあるのだろう。私はそんなことを考えていた。

もう、アドレナリンも緊張も感じていなかった。心はとても穏やかだったし、頭もさえわたっている。自分がこの場所に「到着」しつつあるのを感じながら、ここ数年の出来事を自分のなかに浸透させた。

フランキー、テキサスから来ていたふたりの男性、ブリアンナ、エドゥアルド、ロビン、ハネス、ヒベール。そして、ノア。世界を、それもひとりで旅していなかったら出会えなかったであろう人たちのことを考えた。

ひとりでいるのが怖くなくなる

ポルトでは友達の死を悼んで引きこもり、かじかんだ指でレストランの屋外席にすわった。ひとりで店内にすわるのは落ち着かなかったし、自然にそうできるような勇気も持ち合わせていなかったからだ。本当は、そうするだけの勇気は私のなかにあったのだけど、当時の私は気づいていなかった。一緒にいても孤独を感じる人との付き合いは断《た》った。すでに、ひとりでいるのは怖くなくなっていた。

私は手探りで前に進み、新しいことに挑戦しつづけた。ホステルに泊まることに失敗し、回れ右をしてそこからすぐに逃げ出したこともある。でも一方で、不安を克服し、不安に思っていたことを楽しめるようにもなった。車の運転もそうだし、ひとりでコンサートに出かけられるようにもなった。

コスタリカでは、ジャングルの上をジップライン［ワイヤーロープにベルトやハーネスを使ってぶら下がり、滑車で滑り下りるアクティビティ］で滑空した。ひとりで取り残されたときは、孤独も経験した。コロナに罹患して自己隔離を余儀なくされ、精神的に追いつめられたときも、同じように孤独だった。私は孤独と闘い抜いて、孤独を受け入れ、ともに生きることを学んだ。なじみのない環境に、何度も自分から身を置いた。

そうすると、それまで考えたこともなかった問いや、その答えが頭に浮かんできた。私個人にとっての境界線を引くことや、自分にとっては何が大事か、そして自分はどんなふうに愛されたいのかを学んだ。すばらしい出来事や思いもかけない偶然は、私の場合、ひとりのときに起きることも知った。

ひとりでいることは、生きていくうえで学ばなくてはならない最も重要なことのひとつかもしれない。ひとりでいるときの居心地の悪さや、孤独に陥ることへの恐怖を、文字どおり誰かにしがみつくことなく耐え抜いてみる。そして向こう側にたどり着いたなら、こう気づけるだろう――なんだ、ひとりでもなんとかなるじゃないか、と。私はいまでは、ひとりが大好きになっている。ひとりでいると、心地よい静けさのなかで自分の考えに耳を傾けられるからだ。

ひとりでいても、ひとりで旅をしていても、人とのつながりや人間関係を拒否することにはならない。今後はずっとひとりでいたいという意思表示になるわけでもない。ただ単に、人といることもひとりでいることも同じくらい大切にして、どちらも楽しんでいるというだけだ。それでも、ひとりでいる時間のほうは、もっと意識的にとってもいいかもしれない。

私の人生を振り返ってみると、本当に楽しい思い出は、どれもひとりのときに経験したことだ。ニカラグアをヒッチハイクで移動したとき。デンマークへコンサートに行ったとき。プラヤ・デル・カルメンの小さなレンタルアパートメントのバルコニーで、素足に陽の光を浴びながら、開いた本を片手にひとりで肩を揺らして笑っていたとき。

それに、私たちが本当にひとりになることはありえない。世界は人であふれていて、その気になれば、いつでも誰かと結びつけるのだから。まわりがなんと言おうと、ひとりでいるからといって、必ずしも孤独だとは限らないのだ。

パートナーを見つけるのが幸せ？

現代においても、30歳を過ぎてひとりでいると、常識に反した生き方をしているように見られがちだ。ひとりでいる人間は、どこか世間の枠からはみ出た存在だと思われる。とりあえずパートナーさえいれば（たとえ疲弊し、悪い影響を与え、あなたにふさわしいとは言えないような相手でも）誰もいないよりはましだと、私たちは思い込んでいる。長年かけて洗脳されたかのように。できるだけ早く生活を落ち着けて、パートナーを見つけるべきだ、それこそが唯一の幸せだと、多くの人が信じている。

でも、本当にそうだろうか？　確かに、多くの人にとってはそうなのかもしれない。しかし、それでも私たちは、本当にそれが自分の幸せなのかを考えてみるべきだ。私は、自分のハッピーエンドは自分で書きたいと思っている。それがどんな物語になってもかまわない。私と同じ考えの人は、ほかにもいるはずだ。

ひとりでいるのが自分で選んだ結果だろうと、不本意な結果だろうと、それが世間の期待に反する状態なのに変わりはない。常識外れとか、社会に反発する生き方だと思う人は多いだろう。それだけに、ひとりでいるには勇気がいるし、自分の選択に確信を持たなくてはならない。そうでなければ、すぐに深い悲しみにとらわれて、すっかり打ちのめされてしまう。

「fake it till you make it(本当にできるようになるまで、できているふりをする)」を試してみるのも手かもしれない。ひとりでいることに自信を持っているふりをするのだ。体にぴったりとはいえない借りもののコスチュームでも、着ているうちに、本物の自信がついてくる。最初は見せかけにすぎなかったとしても、そのうちひとりでいるのも悪くないことに気がついて、ひとりを楽しめるようになり、最後にはこんなふうに言えるかもしれない——私はいま、とても充実した毎日を送っている、と。それも、本心から。それが「ひとりで過ごすのはどういうことか」「どんな人生を送るべきか」という問いに対するあなたの答えなのかもしれない。自分は何に幸せを感じるのかを突きとめよう。それがわかったら、できるだけ頻繁にその状況を経験できるよう心がけよう。

私たちは、イギリスのコーンウォールの断崖を、手をうしろで組んで風に髪をなびかせながら、ひとりで歩くことができる。その一方で、タイのパーティーホステル［バーなどが併設されていて遅い時間まで音楽が流れ、出会いを求める人が集まるようなタイプのホステル］で、見ず知らずの人たちとにぎやかにお酒を飲んで酔っぱらい、一夜のうちに、長年の友達よりもずっと濃密で親密な関係になることもできる。私たちのことを何ひとつ知らない彼らとは、過去も将来も考えず、いまだけの世界を創造できる。ひとりで引きこもれる一方で、積極的に人生を楽しむこともできる。世界は私たちの前に開けている。〝いま〟に集中した日々を送ると、長期的な人間関係を構築できない寂しさはあるが、そのときの欲求に忠実に生きる人生は、とても自由だ。

それでも、最後はひとりになる不安をぬぐいきれない人は多いかもしれない。そんなときは、未来の視点からいまを見てみるといい。想像してみよう。たとえば、誰かがあなたにこんなふうに言ったとする。あなたは2年後に、けっして離れ離れにならない、あなた自身も離れたくないと思うような相手に出会い、その人と永遠に過ごすことになると。そう言われたら、それまでの2年間、あなたは何をするだろう？　人生を全力で楽しもうとするのではないだろうか？

今日じゃなくて来週に

「ひと晩かふた晩、バルセロナに会いに行くよ。いい？」ノアが電話の向こうでそう言った。返事を待っているようだったが、私は意図的に間を置いた。少し時間をとって、考えをめぐらせる。去年、私はそれほど好印象を抱いたわけではない男性たちとも会う約束をして、その後もまた彼らと会った。どういうわけか、無性にそういうことをしたくなるときがあったのだ。気晴らしのために男性と会って、彼らが私に向ける関心や、彼らの存在を楽しみたくなることが。私は彼らを求めていたわけではない。でも、自分ではそのことがよくわかっていなかった。自分が何を求めているのか、まるでわかっていなかったのだ。

しかし、自分に自信が持てれば、人は誰も必要としないし、何もかもが変化するものだ。雰囲気が変わるし、人に与える印象も変化する。自分の人生に自信を持って向き合えるし、困難も容易に克服できるようになる。私はその変化を自分で実感している。それに、心が穏やかなら、前よりももっとよい決断を下せるようにもなる。

私はスマートフォンを耳と肩のあいだに挟んで十分に時間を取り、頭で考えるだけでなく、お腹の深いところにある自分自身の気持ちを探った。目の前にある幅の狭い通りを眺め、カップからひと口コーヒーを飲んだ。すると、お腹のなかから幸福感が湧きあがってくるのがわかった。私は無言でうなずいたあと、それをはっきりと言葉にした。

「うん、楽しみにしてる。でも今日じゃなくて来週末のほうがいいな。すてきなサルサバーを見つけたから、そのときに案内するわね」

誰かといても、自分が望めば、私はいつでもひとりになれる。それがわかっているから、心はとても穏やかだったし、満ち足りてもいた。だから、つねにひとりでなくてもかまわなかったし、何度でも誰かと時間を共有することができた。

ポッドキャストを聞きながら、アパートメントのＩＨクッキングヒーターについたボロネーズソースをふき取っていたとき、不意に、自分が前よりもよい決断を下せるようになっているのに気づいた。

健全なパートナー関係

人付き合いをする気分でなければ、ノーが言えるようになった。ただ人に会いたいから誰かに会う、ということはなくなったし、興味のない相手に儀礼的に会うこともなくなった。何かを不快に感じれば、境界線を引けるようにもなった。自分に好意を持ってくれる男性に、その好意を楽しむためだけに会うこともなくなった。男性に会うのは、私がその人に関心があるときだけだ。もう、関心がない人と会う約束をすることはない。いまの状況に、私はとても満足していた。前よりもずっと明確な判断ができるようになっていた。

健全なパートナー関係というのは、あなたがいることを喜び、あなたを尊重し、信頼し、励まし、それらを適切な言葉や態度で示してくれる相手との関係を指す。しかし、パートナーや親しい友達に対して、相手が期待するとおりの行動がとれたり、言葉をかけたりできる人はめったにいない。だから私は、自分で自分に対してそれをしようと心に決めた。

自分自身と健全なパートナー関係を築くのだ。私の望むとおりの言動をとってくれる人がいないなら、自分で自分にそのとおりのことをするまでだ。自分を誇りに思い、自分を励まし、何をするにも最大限に楽しめるようにするのだ。

ひとりをポジティブにとらえられるようになりたいなら、まず必要なのは、自分の孤独を把握して、それを受け入れたり、対処したりすることだろう。

それから、「ひとり」と「孤独」の違いを理解することも大切だ。ひとりでも、孤独だとは限らない。ひとりでいることに満足しているなら、何かが欠けているわけではないからだ。

その一方で、ひとりでなくても孤独を感じるときはある。たとえば、誰かと一緒にいるのに、その人が自分をきちんと見てくれていないと感じるときがそうだ。ひとりと孤独は無関係な場合もある。自分の体験を誰かと共有できないことを、残念に思うときもあるかもしれない。でも、誰かと共有しないことが癒しになる場合もあるはずだ。

ひとりでいるとき、私は誰かといるときよりも深く考えをめぐらせられる。「恍惚」というのがどんなにすてきな言葉かふと気づくこともあれば、家のなかを何分もかけて歩きまわって、置いてある植物をひとつひとつじっくりと眺めてみることもある。私たちには、こうした無為な時間が必要なのだ。ひとりでいれば、自分を忘れることもできる。

ひとりのときに生まれる頭のなかの空白は、きわめて重要な問いについて考えるスペースを与えてくれる――私はどんな人間なのだろう？　私にとって大事なものはなんだろう？　私は何に関心を持っているのだろう？　慌ただしい高速道路のような日常を離れ、思考を自由にめぐらせると、自分の考えはどんな方向へ向かうだろう？

私たちの欲求も、単なる思い込みも、フィルターを通さずに自分のなかに浸透させて、時間をかけて詳細に吟味すれば、以前よりもずっと明確に把握できる。その結果、「いまはすべてに満足している」という結論が出ることもあるだろう。その場合は、そのことに感謝するようにしよう。

成りゆき任せに動く

私はノートパソコンをつかみ、アパートメントの階段を跳ねるように下りて通りに出ると、角にある小さなカフェに入った。昨日の朝も訪れた場所だ。私はここで、すでに自分のリズムを見つけていた。

朝は執筆をし、創造力を発揮しながら数時間仕事をする。そのあとは、走ったり、ヨガやピラティスや散歩をしたりして体を動かす。昼には太陽を浴びながら本を読み、午後になると大学の課題をこなし、メールの受信箱を見て、新しくきた問い合わせに対応し、その後はカフェで仕事をするかスペイン語の勉強をする。それが終わると、どこかで新しい友達をつくる。

ここでの日々は快適だった。わが家ではないのに、わが家にいるように居心地がよかった。こうした感覚を、私はすでに、ひとりで訪れたさまざまな街で味わっていた。ポルトでも、パルマ［スペイン・マヨルカ島の中心都市］でも、コペンハーゲンでも。まるで自分が街と同じリズムで呼吸してでもいるかのように。そう感じるのは、私がすぐに街と打ち解けられるからかもしれない。私はそれほど時間が経たないうちに、自分がその街を熟知していて、どこに何があるかをいちいち調べなくてもすむような気分になれる。

それに、予定を立てずに成りゆきにまかせて動いていると、つねに新しい何かを見つけることもできる。旅先ではなんの義務も負っていないし、そのときの気分で行動しても失うものは何もない。私はもう少しここにいたかった。この街とは、波長が合うような気がしていた。

家々のあいだから姿を現した朝日が、ここエルボルン地区の春の雰囲気をコートのように包み込んでいる。バルセロナはとてもオープンで刺激的な街だった。夜にはひとりでタパスバーに行き、バーテンダーとスペイン語で言葉をかわした。デートの約束をする夜もあれば、ラ・バルセロネータ［バルセロナの海沿いの地区］で海に足を浸している夜もあった。

また別のある夜は、ひとりでサルサを踊りに行き、小柄なスペインの男性たちとバーのあちこちを踊りまわってへとへとになった。私は、しばらくスペインに住んでみたくなった。いまいる大陸部のスペインでもいいし、バレアレス諸島［マヨルカ島などがあるスペイン東部沖の地中海の島々］のどこかでもいい。しばらくのあいだ、海の近くで暮らすのだ。いつかはそれを実現しよう。あたりには、にぎやかな空気が漂っていた。カフェの男性ホールスタッフが私に気づき、こちらに向かってほほ笑みかけた。

「わが家」の候補地は、世界のいたるところで私たちを待ち受けている。それは育った家である必要はないし、子ども時代を過ごした街や、いちばん長く住んだ街である必要もない。人はつねに変化するものだし、人の気持ちも同様だ。そのときの自分がゆったりとくつろげる場所が「わが家」なのかもしれない。その場所は、8900キロも離れたどこかにあるのかもしれない。

自分はどこに住みたいのか、という問いは、つねに私たちのなかにある。ひとりの場合はとくにそうだ。答えを出すための意見を言う人は誰もいないので、ひとりで結論にたどり着かなくてはならない。よい人生を送るための選択肢は膨大で、あまりにも多種多様だ。ときには、その数におじけづいてしまうかもしれない。でも、私はそれ以前に、もっと初歩的な問いへの答えを見つけられていない。「そもそも私たちは、どこかの場所をわが家だと感じたいものなのだろうか？」という問いだ。私たちは、自分自身以外のどこかの場所を、わが家だと思いたいのだろうか。

あなたには自分自身がいる

どこに住みたいのか、誰と一緒なら心地よく過ごせるのかという問いには、何度でも新たに答えを出すことができる。そして、以前とは違った答えが出た場合には、以前選んだ場所や人から離れたらいい。心地よく過ごせる相手は、ずっと同じである必要はないと私は思っている。むしろ、あらゆるものを「不変」のものだと考えるのは、かえってマイナスになる。

私たち自身の核が強固であれば、周囲で変化があったとしても、壊滅的な喪失には感じられないはずだ。それに、揺るぎない核が存在すれば、自分にとって何がプラスになるのかもはっきりと識別できる。身近にあるもののなかから、すばらしい何かを見つけられる。私たちは、自分が思っているよりずっと頻繁に、いるべき場所を訪れているかもしれないのだ。

孤独に耐えることを学び、孤独を受け入れ、孤独を友達だと見なせるようになれば、自分が強くなったことを実感できるはずだ。それに、孤独なときに私たちが恋しく思うのは、必ずしも人だとは限らない。本当に恋しく思っているのは、人といるときに抱く自分の感情である場合も多いのだ。いずれにしても、それはたいした問題ではない。重要なのは、自分はひとりでも完全だという事実を頭に入れておくことだ。誰かに拒絶されたとしても、私たちの本質を形づくる「核」にはなんの影響も及ぼさないと知っておくことだ。

そのうえで、相手が自分を本当に豊かにしてくれるのかを吟味するといい。「こんな人でもいないよりましだから」と妥協して誰かと時間を過ごす必要はないのだ。私たちには、私たち自身がいるのだから。

ひとりでいることの本質を要約しよう。これは、私の旅の物語のまとめでもある。

「自分のなかに、自分にとってのわが家があることを感じていれば、まわりで何があろうと、あなたにはなんの影響も及ぼさない。あたりを見まわすと、すべては完全で、欠けているものは何ひとつない。なぜなら、あなたにはあなた自身がいるからだ」

あなたはひとりで、十分満ち足りた存在なのだ。

おわりに

数か月後

目を覚ますと、私は昇りつつある朝日を眺めた。今日は私の31歳の誕生日だ。完全にひとりで過ごす、人生初の誕生日だ。ベッドに朝食が運ばれてくることもなく（ここ数年、そんな経験はしていないが）、キャンドルに火がともされることもなく、プレゼントもなければなんの予定もない。

バルコニーに出て、向かいの建物の上からゆっくりと顔をのぞかせた太陽のほうに顔を向け、私は目を閉じた。朝のうちはいつも夜の湿り気がまだ通りに残っているが、日が昇るにつれて気温が上がると、湿気はいつの間にか消えている。

私はむき出しの脚を折りまげ、上半身に引きよせると、その上からすっぽりとオーバーサイズのセーターをかぶせて、体をうしろにもたせかけた。このアパートメントも下の通りも、まだ静まり返っている。足元にいる犬のいびきがかすかに聞こえるだけだ。私は自分の呼吸を感じ、この小さな町から聞こえてくるほんのわずかなざわめきを、海のさざ波の音だと思い込もうとした。11月の初めにしては、驚くほど暖かかった。
お腹がすくと、春にバルセロナで買ったゆったりとしたTシャツを着て、犬を抱えて階段を下り、ひとりで食事をとりに出た。ブランチをとって、太陽を浴びて、午後は海の近くでだらだらと寝そべりながら本を読むつもりだった。考えられるかぎり、最高の誕生日だ。私はお気に入りのカフェで外の空いたテーブルにつき、ピスタチオクリームを添えたパンケーキと搾りたてのオレンジジュースを注文した。

「しばらくのあいだ海の近くで暮らしてみたい」という願望を現実にして、2か月前に、私はマヨルカ島に来た。今度の冬はここで過ごすつもりだった。ここの石畳は少しつるつるしすぎていて、空気はどことなくぱりっとした匂いがする。南でしか感じられないような暖かくなりそうな気配と、海と潮と道路と、暖かな秋の匂いがした。海は見事なターコイズブルーで、本のページが風でぱらぱらとめくれそうになった。その湾にいるのは私だけだった。

勇気と不安、ひとりと孤独

ビーチで長い1日を過ごしたあと、夕方には6本ひとパックになった水を肩にかついで、パスタをつくるために買った食材と郵便物を脇の下に挟み込み、アパートメントの入り口のドアを足で押しあけ、犬を先になかに入らせた。5階の部屋に着くと、がらんとしたカウンターの上に荷物をすべて置き、大きな冷蔵庫から冷えた缶コーラを取り出した。

少し開いたままのバルコニーのドアから、沈みゆく太陽が暗色のフローリングに細長い光の線を投げかけている。私は軽いきしみ音をたてる床を歩いて、バルコニーのガラスのドアを完全に開けて、光と外の空気を室内に入れた。新しい隣人の騒がしい声が聞こえてくる。大声でスペイン語で何か話をしている。鍋と鍋がぶつかる音や、ドアが閉まる音もする。バスルームのボイラーのノブが回され、温水がパイプを通って、隣のシャワーに流れていく。

下にある裏庭からは、昼夜を問わず吠えている数匹の犬の声も聞こえてくる。まるで音の洪水だ。最初のうちはいらいらしたが、少し経つと、どういうわけか私はこれらの音を聞くと落ち着くようになっていた。きっと、私がこの新しい暮らしに慣れたということなのだろう。いまでは午後じゅう会話の断片が聞こえていても、まったく気にならなくなっていた。

窓の外に見えるものへと、私は視線をさまよわせた。周囲にあるベージュの壁の建物へ。小さなガラス張りのサンルームへ。ほとんど隙間を空けずにびっしりと縦列駐車されている車へ。そして、交差点に伸びる長い影へ。

私は深く息を吸い込んだ。言葉では表せない感情が、心のなかを満たしていた。私の心の平静さは、何があろうと乱されそうになかった。

勇気があることは、不安がないことと同じではない。勇気はあっても、不安にかられて次の一歩が踏み出せないことはある。同じように、ひとりでいることが孤独だとは限らない。それどころか、純然たる幸せなのかもしれない。ひとりでいることは、幸せなのだ。

訳者あとがき

「ひとりで行動できる人（できない人）」という言葉を耳にするたびに、ひとりでいるにはなんらかの資質が必要かのような印象を受ける。読者のみなさんのなかにも、ひとりで行動するのをあきらめている人がいるのではないだろうか。そんな人たちに、ひとりを楽しむことは誰にでもできると語りかけ、新しい一歩を踏み出す後押しをしてくれるのが本書である。

ひとりでいることを学べば、身軽に動けるぶん時間が有効に使えるし、自分をよく知ることもできて、人生にもプラスになると著者は言う。誰もいない状況下で自分自身と向き合えば、自分が何を求めていて、何に幸せを感じるかを把握することができるからだ。

本書『ハッピー・ロンリネス――群れないドイツ人 幸せのかたち』は、著者のマリー・ルイーゼ・リッターが「ひとり」を心から楽しめるようになるまでの数年にわたる変化の記録だ。そうなるまでの学びの過程が、非常に率直に綴られている。現在のリッターはひとりでいるのが大好きだというが、以前の彼女の思考や行動パターンは、まさしく「ひとりが苦手」な人のそれである。旅は友達やパートナーと出かける特別なもので、ひとり旅など考えもしなかったこと。行きたいイベントがあればチケットを2枚買い、一緒に行く人が見つからなければ行くのをあきらめていたこと。本書の端々に出てくる「それ以前」

の彼女の描写を見れば、もともとひとりで行動するタイプではなかったことがよくわかる。そんな彼女が、あるきっかけからひとり旅に出ることになり、さまざまな経験を経て、ひとりで過ごす方法を身につけていく。さまざまな角度からひとりのよい面を学んだ彼女は、果てはひとりで生きていく人生についても考えるようになる。

リッターは、1991年生まれのドイツのブロガーであり、インスタグラムで6万人近いフォロワーを持つインフルエンサーでもある。文筆を仕事にするために大学でジャーナリズムを専攻したあと、現在は執筆活動のほか、フリーのコンサルタントとしても活躍している。彼女は執筆の動機についてこう語っている。自分の体験を伝えることで、読者にもひとりで行動する勇気を持ってほしかった、と。

本書はドイツで、11週連続でベストセラーリストのトップ10入りを果たしている。自分だけの時間を持ってその利点を知り、ひとりをポジティブにとらえ直そうと呼びかける著者のメッセージは、それだけ多くの読者に支持されたということだろう。

日本の読者の方々にとっても、この本が「ひとり」のイメージを変えるきっかけになれば、訳者としても幸いである。

本書の翻訳に際しては、サンマーク出版の武田伊智朗さん、株式会社リベルのみなさんに大変お世話になった。この場を借りて心よりお礼を申し上げたい。

安原実津

注

1. *Zeit*(2022年12月)より引用。https://www.zeit.de/zett/2022-11/alleinsein-lernen-psychologie-interview
2. Silvia Follmann, *A Single Woman. Ein Plädoyer für Selbstbestimmung und neue Glückskonzepte*, Goldmann 2019
3. https://www.diogenes.ch/leser/titel/connie-palmen/die-suende-derfrau-9783257070224.html
4. 詳細は次を参照のこと。https://www.zeit.de/zett/politik/2020-02/black-history-month-diese-schwarzen-frauen-solltet-ihr-kennen
5. ドイツ連邦統計局　プレスリリースNo.084　2023年3月6日 https://www.destatis.de/DE/Presse/Pressemitteilungen/2023/03/PD23_084_621.html
6. https://www.elitepartner.de/magazin/finden/singles-in-deutschland/
7. Mirna Funk, *Who Cares! Von der Freiheit, Frau zu sein*, dtv 2022
8. https://www.elitepartner.de/magazin/finden/singles-in-deutschland/
9. Jean-Francois Lyotard:*Das postmoderne Wissen. Ein Bericht*, Wien 1999(『ポスト・モダンの条件—知・社会・言語ゲーム(叢書言語の政治1)』ジャン＝フランソワ・リオタール著、水声社、1986年)、以下の書籍より引用した。Daniel Schreiber, *Allein*, Hanser Berlin 2021
10. この言葉は次のインスタグラムで学んだ。Instagramerin @vany.schreibt
11. https://www.psychologie-heute.de/beziehung/artikel-detailansicht/41848-sagen-sie-mal-herr-rauchfleisch-woran-erkennt-man-beziehungsabhaengigkeit.html
12. https://ratgeber.lumiastiftung.de/hirnschaedigung-wachkoma/hoffnungund-trauer/umgang-mit-hirnschaedigungen/
13. https://www.psychologin.co.at/stress.html
14. Rolf Dobelli, *Die Kunst des klaren Denkens*, Piper 2020.(『Think right　誤った先入観を捨て、よりよい選択をするための思考法』ロルフ・ドベリ著、サンマーク出版、2020年)
15. Splendid Research 2019. https://www.splendid-research.com/de/studien/studie-einsamkeit/
16. https://www.spiegel.de/gesundheit/psychologie/grant-studie-wie-ein-zufriedenes-leben-gelingt-a-851729.html

17. Johann Hinrich Clausen, Ulrich Lilie, et al., *Für sich sein. Atlas der Einsamkeiten*, München 2021
18. 同前
19. 同前
20. 同前
21. 同前
22. 同前
23. https://www.gfk.com/de/presse/Anteil-der-Singlehaushalte-in-Deutschland-nimmt-zu
24. https://www.elitepartner.de/magazin/finden/singles-in-deutschland/
25. Sarah Diehl, *Die Freiheit, allein zu sein – Eine Ermutigung*, Arche Verlag 2022, P. 274–276
26. 同前
27. https://www.spiegel.de/gesundheit/psychologie/einsamkeit-wer-alleinlebt-hat-haeufiger-depressionen-und-aengste-a-1265376.html
28. https://www.gfk.com/de/presse/Anteil-der-Singlehaushalte-in-Deutschland-nimmt-zu
29. https://www.psychologin.co.at/stress.html
30. https://www.dasgehirn.info/denken/motivation/urlaub-die-groesserepause-fuers-gehirn
31. 同前
32. https://utopia.de/news/psychologin-warum-alleinsein-uns-im-leben-weiterbringen-kann/
33. https://www.focus.de/gesundheit/news/die-macht-der-intuition-hirnforschung_id_2032786.html
34. 同前
35. https://www.sueddeutsche.de/wissen/psychologie-warum-menschen-sichso-gern-in-die-eigene-tasche-luegen-1.3738822
36. https://magazin.audible.de/stefanie-stahl-interview-selbstfuersorge/
37. https://gedankenwelt.de/sawubona-ein-schoener-gruss-eines-afrikanischen-stammes/

(ii)

38. Silvia Follmann, *A Single Woman. Ein Plädoyer für Selbstbestimmung und neue Glückskonzepte*, Goldmann 2019
39. https ://www.businessinsider.de/wissenschaft/unverheiratete-und-kinderlose-frauen-sind-die-gluecklichsten-menschen-sagt-ein-verhaltensprofessor-2019-5/
40. https://www.welt.de/iconist/partnerschaft/article184878410/Getrennt-schlafen-Warum-der-Hund-der-bessere-Schlaf-Partner-ist.html
41. Sarah Diehl, *Die Freiheit, allein zu sein – Eine Ermutigung*, Arche Verlag 2022, P. 198
42. Gary Chapman, *Die fünf Sprachen der Liebe – Wie Kommunikation in der Partnerschaft gelingt*, Francke-Buch 2010（『愛を伝える5つの方法』ゲーリー・チャップマン著、いのちのことば社、2007年）
43. こうした機会は次のウェブサイトなどで見つけることができる。Workaway.com.
44. このときのプレイリストはSpotifyのluiseliebtで聴くことができる。
45. Sarah Diehl, *Die Freiheit, allein zu sein – Eine Ermutigung*, Arche Verlag 2022, P. 93
46. 同前 P.94
47. 同前 P.186
48. Johann Hinrich Clausen, Ulrich Lilie, et al., *Für sich sein. Atlas der Einsamkeiten*,München 2021, P. 75
49. https://www.zeit.de/zett/2022-11/alleinsein-lernen-psychologie-interview
50. Sarah Diehl, *Die Freiheit, allein zu sein – Eine Ermutigung*, Arche Verlag 2022, P. 222
51. 同前
52. https://www.meinegesundheit.at/cdscontent/ ?contentid=10007.767656
53. 同前
54. https://www.refinery29.com/de-de/2020/04/9719322/skin-hunger-beruehung-menschen-corona
55. https://www.elle.de/lifestyle-health-beruehrungen-skin-hunger-mentalhealth
56. Sarah Diehl, *Die Freiheit, allein zu sein – Eine Ermutigung*, Arche Verlag 2022, P. 271

57. https://www.huffpost.com/entry/for-the-record_
b_57855586e4b03fc3ee4e626f
58. https://www.destatis.de/DE/Presse/Pressemitteilungen/2021/09/PD21_
N057_12411.html
59. https://www.spiegel.de/wissenschaft/mensch/single-studien-alleine-
aberglueecklich-a-1106630.html
60. Sarah Diehl, *Die Freiheit, allein zu sein – Eine Ermutigung*, Arche Verlag 2022, P. 64
61. https://www.artandbooks.ch/benedict-wells.html
62. https://www.spiegel.de/panorama/gefuehlsstudie-die-glueckskinder-
vonvanuatu-a-426418.html
63. https://www.zeit.de/entdecken/reisen/2022-06/vanlife-wohnmobil-camping-
leben-reisen
64. https://www.brigitte.de/liebe/persoenlichkeit/psychologie--3-gewohnheiten-
von-menschen--die-unverschaemtes-glueck-zu-haben-scheinen-13341230.
html ?utm_source=pocket-newtab-global-de-DE
65. https://www.brigitte.de/liebe/persoenlichkeit/psychologie--der-
ankunftsfehler-hindert-viele-menschen-gluecklich-zu-sein---dich-
auch--11538024.html

(iv)

Marie Luise Ritter, VOM GLÜCK, ALLEIN ZU SEIN
©2023 Piper Verlag GmbH, München
Published by arrangement through Meike Marx Literarry Agency, Japan

著者

マリー・ルイーゼ・リッター Marie Luise Ritter

1991年、ドイツ・ライプツィヒ近郊生まれ。大学でジャーナリズムを専攻しながら2011年にブログの執筆を開始。ソーシャルメディアマネージャーとして企業で働いたあと、現在はライターやソーシャルメディア・インフルエンサーマーケティングのコンサルタントとしてフリーで活動している。インスタグラムで5万8,000人のフォロワーを持つインフルエンサーでもある。

訳者

安原実津 やすはら・みつ

ドイツ語・英語翻訳者。訳書にティーモン・フォン・ベアレプシュ著『潜在意識をアップデート』、ロルフ・ドベリ著『Think clearly 最新の学術研究から導いた、よりよい人生を送るための思考法』『News Diet』(いずれもサンマーク出版)、ジャック・ナシャー著『望み通りの返事を引き出す　ドイツ式交渉術』(早川書房)などがある。

ハッピー・ロンリネス
——群れないドイツ人 幸せのかたち

2024年5月10日　初版印刷
2024年5月20日　初版発行

著者　マリー・ルイーゼ・リッター
訳者　安原実津
発行人　黒川精一
発行所　株式会社サンマーク出版
〒169-0074　東京都新宿区北新宿2-21-1
電話　03-5348-7800
印刷・製本　三松堂株式会社

定価はカバー、帯に表示してあります。
落丁、乱丁本はお取り替えいたします。
ISBN978-4-7631-4125-5 C0030
ホームページ　https://www.sunmark.co.jp